Schriften zum Unternehmens- und Kapitalmarktrecht

Herausgegeben von den Direktoren
des Instituts für Unternehmens- und Kapitalmarktrecht
der Bucerius Law School in Hamburg

Jörn Axel Kämmerer, Karsten Schmidt und Rüdiger Veil

36

Marc Amstutz

# Globale Unternehmensgruppen

Geschichte und Zukunft
des europäischen Konzernrechtes

Mohr Siebeck

MARC AMSTUTZ, geboren 1962; 1980–1986 Studium der Rechtswissenschaft (Bern); 1992 Promotion (Zürich); 1996 LL.M (Harv.); 2000 Habilitation (Freiburg i. Üe.); seit 2000 Inhaber des Lehrstuhls für Handels- und Wirtschaftsrecht sowie Rechtstheorie an der Universität Freiburg i. Üe.; Co- Direktor des Instituts für Recht und Wirtschaft (IDE) und Vorstandsmitglied des Instituts für Europarecht an der Universität Freiburg i. Üe.

ISBN 978-3-16-155181-9
ISSN 2193-7273 (Schriften zum Unternehmens- und Kapitalmarktrecht)

Die Deutsche Nationalbibliothek verzeichnet diese Publikation in der Deutschen Nationalbibliographie; detaillierte bibliographische Daten sind im Internet über *http://dnb.dnb.de* abrufbar.

© 2017 Mohr Siebeck Tübingen. www.mohr.de

Das Werk einschließlich aller seiner Teile ist urheberrechtlich geschützt. Jede Verwertung außerhalb der engen Grenzen des Urheberrechtsgesetzes ist ohne Zustimmung des Verlags unzulässig und strafbar. Das gilt insbesondere für Vervielfältigungen, Übersetzungen, Mikroverfilmungen und die Einspeicherung und Verarbeitung in elektronischen Systemen.

Das Buch wurde von Martin Fischer in Tübingen gesetzt, von Gulde Druck in Tübingen auf alterungsbeständiges Werkdruckpapier gedruckt und von der Buchbinderei Spinner in Ottersweier gebunden.

*Für Su, Vic und Oscar*

# Vorwort

Die Geschichte des europäischen Konzernrechts ist bislang die Geschichte eines Scheiterns. Eines 50-jährigen Scheiterns. Nach wie vor bleibt indes ein globales Unionskonzernrecht für den Binnenmarkt unentbehrlich. Das Parlament hat, in dieser Einsicht handelnd, im Jahre 2012 an die Kommission appelliert, die Arbeiten an einer Konzerngesetzgebung wieder aufzunehmen. Ein Jahr später äußerte sich auch der Gerichtshof in dieser Sache. Sein *Impacto Azul*-Urteil hört sich wie eine Aufforderung an die Legislative an, die erforderlichen Maßnahmen zu ergreifen, um die Niederlassungsfreiheit transnationaler Konzerne endlich Wirklichkeit werden zu lassen.

Die Rufe wurden erhört, die gesetzgeberische Maschinerie ist in Gang gekommen. Schon Ende 2010 wurden in der Union erste Schritte unternommen, um die Probleme, die grenzüberschreitende Gruppen rechtlich stellen, in Angriff zu nehmen. Seit ungefähr drei Jahren widmen sich Kommission, Rat und Parlament vermehrt dieser Frage. Die Gesetzgebungsarbeiten stehen zwar noch nicht vor ihrem Abschluss. Dennoch scheint es heute nicht unwahrscheinlich, dass – in einem freilich noch schwer abschätzbaren Zeitraum – ein politischer Konsens erreicht wird und transnationale Konzernregeln in der Union in Kraft treten. Deshalb meine ich, dass die Zeit gekommen ist, sich mit der Dogmatik der in Entstehung begriffenen europäischen Konzernrechtsnormen auseinanderzusetzen. Eine derartige – zwangsläufig »unfertige« – Dogmatik begreife ich als Hilfs- und Orientierungsmittel für die laufenden Gesetzgebungsarbeiten im Unionskonzernrecht und – vor allem – als einen Beitrag zur wissenschaftlichen Debatte.

Die vorliegende Schrift lässt verschiedene Lesepläne zu. Wer sich in erster Linie über die gegenwärtigen Entwicklungen im europäischen Konzernrecht informieren will, lese Kapitel 1, Abschnitte V und VI, wo die aktuell von Kommission, Rat und Parlament diskutierten legislativen Vorhaben präsentiert werden, sowie Kapitel 4, das eine Dogmatik dieser

Vorhaben erarbeitet. Über die Geschichte des europäischen Konzernrechts gibt Kapitel 1 insgesamt Auskunft. Mit den sozialwissenschaftlichen Aspekten des Konzernphänomens, namentlich seiner *global history* (d. h. seiner Entstehung und Entwicklung in der Globalisierung der Märkte) und seiner wirtschaftssoziologischen sowie ökonomischen Funktion in der Weltwirtschaft, setzt sich Kapitel 2 auseinander. In Kapitel 3 wird eine Konzernrechtsmethode entwickelt, die vor allem den *lawmakers* dienen soll, die Rechtsfragen, die globale Gruppen in der Union aufwerfen, zu identifizieren, und die ihnen aufzeigt, nach welchen Leitlinien eine Konzerngesetzgebung zu strukturieren ist.

Die Schrift hat lange gewährt und von der Unterstützung vieler profitiert:

Seit Jahren halte ich ein Seminar über Konzernrecht an der Universität Freiburg i.Üe., anlässlich dessen ich dank der kritischen Fragen der Teilnehmer viele Einsichten erlangt habe, die in dieser Schrift berücksichtigt wurden. Für diese Inputs bin ich allen Teilnehmerjahrgängen *in globo* verpflichtet.

Alsdann ist es mir ein Anliegen, Frau MLaw Hanna Marti Adji, Rechtsanwältin, Herrn MLaw Matteo Tavian, Rechtsanwalt, und zumal Herrn MLaw Ramin Silvan Gohari, MJur (Oxford), für ihre Hilfe beim Verfassen dieser Studie zu danken. Ramin Gohari hat Recherchen betrieben, die für diese Schrift unentbehrlich waren, und konstruktive Kritik geübt. Dafür bin ich ihm herzlich verpflichtet.

Mein grösster Dank gilt den Herren Prof. Dr. Dr. h.c. Walter R. Schluep† und Prof. Dr. Dr. h.c. mult. Gunther Teubner, meinen zwei akademischen Lehrern und Freunden, mit denen ich über Jahre das Privileg hatte, konzernrechtliche Fragen in großer Tiefe zu besprechen. Die Erkenntnisse, die ich in diesen Gesprächen gewonnen habe, sind maßgeblich in diese Schrift eingeflossen.

Im Herbst 2016                                                              Amstutz

# Inhaltsverzeichnis

Vorwort ............................................................. VII
Abkürzungsverzeichnis ......................................... XIII

Einleitung ............................................................ 1

Kapitel 1: Geschichte ............................................ 9
  *I. Vollharmonisierung* ....................................... 9
  *II. »Kernbereichsharmonisierung«* .................... 11
  *III. Winter Report* ............................................ 13
  *IV. Aktionsplan vom 21. Mai 2003* ................... 14
  *V. Reflection Group on the Future of EU Company Law:*
    *Abschlussbericht vom 5. April 2011* ............... 15
    1. Drei konzernrechtliche Empfehlungen ......... 15
    2. Anerkennung des Gruppeninteresses (»*doctrine of the group interest*«) ............................................ 15
    3. Simplified Single Member Company Template ................. 17
    4. Transparenz von Gruppenstrukturen .......... 19
  *VI. Aktionsplan vom 12. Dezember 2012* ........... 20
    1. Konzernrechtsthemen ................................ 20
    2. Anerkennung des Gruppeninteresses .......... 21
    3. GmbH mit einem einzigen Gesellschafter
      (»Societas Unius Personae«) ...................... 22
    4. Transaktionen mit nahestehenden Unternehmen
      und Personen (»Related Party Transactions«) ................. 23
  *VII. Stand der Gesetzgebungsarbeiten* ............... 24
    1. Doktrin des Gruppeninteresses ................... 24
    2. Societas Unius Personae ............................ 27
    3. Related Party Transactions ........................ 30

## Kapitel 2: Funktion ........... 33

*I. Recht und Sozialtheorie* ........... 33
  1. Soziologische Jurisprudenz ........... 33
  2. *Trading zones* ........... 37
  3. *Boundary objects* ........... 40
  4. Konzernrecht und Sozialtheorie: Auf der Suche nach einem gesetzgeberischen Leitbild ........... 41

*II. Geschichte der Konzernform* ........... 43
  1. Wirtschaftswandel und Evolution der Rechtsformen ........... 43
  2. *Global economic history* ........... 44
  3. Soziale Strukturen der Globalisierung und Konzernform ........... 46
     a) »Erfindung« der Konzernform ........... 46
     b) Soziale Strukturen der Globalisierung ........... 47
     c) Funktion der Konzernform ........... 48

*III. Konzern als lernende Organisation* ........... 49
  1. Theorie der Hypertextorganisation ........... 49
  2. Erkenntnisinteresse: Organisationale Wissensgenerierung ........... 50
  3. Hypertextorganisationsstruktur: Drei operative Organisationsschichten ........... 52
  4. Konzern als Hypertextorganisation ........... 54
     a) Hypertextorganisationsfunktionen: Wissensgenerierung als trilateraler Prozess ........... 54
     b) Transdisziplinarität I: *Creative chaos* ........... 57
     c) Transdisziplinarität II: *Requisite variety* ........... 59
     d) Transdisziplinarität III: *Informational redundancy* ........... 61

*IV. Leitbild: Konzern als Heterarchie* ........... 63
  1. Rückblick: Wirtschaftsumfeld und organisationale Binnenstrukturen des Konzerns ........... 63
  2. Begriff der Heterarchie ........... 65
  3. Leitbildbeschrieb: Heterarchie und organisationale Doppelorientierung des Konzernhandelns ........... 66

## Kapitel 3: Methode ........... 71

*I. Aufgaben einer konzernorganisationsrechtlichen Methode* ........... 71

*II. Methodenfrage I: Regelungsbereiche* ........... 72
  1. Bereichsspektrum ........... 72
  2. Referenzmöglichkeit I: Ungeeignetheit der »Unternehmenskorporation« ........... 73
  3. Referenzmöglichkeit II: Konzernfunktionen als Maßstab ........... 76

*III. Methodenfrage II: Regelungsfigur* ............................. 76
   1. Regelungsfiguren des Privatrechts ........................... 76
   2. »Doppelorientierung des Handelns« als privatrechtliche
      *terra incognita* ............................................. 77
   3. Regelungsfigur der Doppelzweckgemeinschaft ................ 79

*IV. Methodenfrage III: Regelungsstruktur* ......................... 80
   1. Mehrstufigkeit des Konzernverbundes ....................... 80
   2. Rechtsformunabhängigkeit versus Gesellschaftstypenrecht ...... 80
   3. Konzernorganisationsrecht als Innominatrecht ............... 81

# Kapitel 4: Zukunft ............................................... 83

   *I. Dogmatik des Unionskonzernrechts* ............................ 83

   *II. Konzernleitungsstrukturen: Doktrin des Gruppeninteresses* ......... 87
      1. Doktrin des Gruppeninteresses als organisationsstrukturelle
         Lehre ................................................... 87
         a) Januskopf der Doktrin des Gruppeninteresses ............... 87
         b) Ermessensansatz: Gruppeninteresse als Abwägungsinstrument 88
         c) Struktureller Ansatz: Heterarchisierung der
            Konzernorganisation ..................................... 89
      2. Pflichtennexus der Mutterorgane ........................... 91
         a) Regelungsbereiche ..................................... 91
         b) »Konzernklausel«? ...................................... 91
         c) Konzernleitungspflicht .................................. 93
      3. Funktion ................................................ 96

   *III. Konzernleitungsschranken: Societas Unius Personae* .............. 98
      1. Doktrin des Gruppeninteresses und konzernrechtliche
         Abhängigkeit ............................................ 98
      2. Konzerneingliederung der Societas Unius Personae ........... 98
         a) Regelungsstruktur ..................................... 98
         b) Konzerneingliederungstechniken ........................ 100
         c) Unionsrechtliches System der »Satzungskompetenz« ......... 101
         d) Mitgliedstaatliche Umsetzungspflicht ..................... 103
      3. Konzernleitung der Societas Unius Personae ................. 104
         a) Gruppeninteresse im Exekutivsystem
            der Societas Unius Personae .............................. 104
         b) Unternehmensgegenstand der Societas Unius Personae ....... 106
         c) Konzernleitungsschranke I: Fehlen konzernglied-
            übergreifender Zuständigkeiten .......................... 107
         d) Konzernleitungsschranke II: Nachteilsausgleichssystem ....... 110
      4. Funktion ................................................ 114

*IV. Konzernorganisationsakt: Related Party Transactions* .............. 116
   1. Ausgangspunkt: »Konzernspezifisches Spannungsverhältnis« .... 116
   2. Ordnung der Related Party Transactions als Recht
      des Konzernorganisationsaktes ............................ 117
      a) Harmonisierungsdefizite ................................ 117
      b) Related Party Transactions als konzernorganisations-
         rechtliches Institut ..................................... 119
      c) Konzernorganisationsakt durch wirtschaftsrechtliche
         Interpretation ......................................... 120
   3. Funktion ................................................. 123

Kapitel 5: Thesen ................................................. 125

Schriftenverzeichnis .............................................. 135
Sachregister ..................................................... 151

## Abkürzungsverzeichnis

| | |
|---|---|
| AB | Aktiebolag |
| ABl. | Amtsblatt der Europäischen Union |
| Abs. | Absatz |
| abw. | abweichend |
| AcP | Archiv für die civilistische Praxis (Tübingen) |
| AEUV | Vertrag über die Arbeitsweise der Europäischen Union, Konsolidierte Fassung, ABl. C 326, 26.10.2012, 47 |
| AG | Die Aktiengesellschaft (Köln) |
| AJP | Aktuelle Juristische Praxis (Zürich/St. Gallen) |
| AktG | Aktiengesetz vom 6. September 1965 (BGBl. I 1089) |
| Aktionärsrechterichtlinie | Richtlinie 2007/36/EG des Europäischen Parlaments und des Rates vom 11. Juli 2007 über die Ausübung bestimmter Rechte von Aktionären in börsennotierten Gesellschaften, ABl. L 184, 14.7.2007, 17 |
| ALI | American Law Institute |
| Anm. | Anmerkung |
| Art. | Artikel |
| Aufl. | Auflage |
| BB | Betriebs-Berater (Frankfurt a. M.) |
| Bd. | Band |
| BGBl | Das Bundesgesetzblatt |
| BGHZ | Entscheidungen des Bundesgerichtshofs in Zivilsachen |
| BJR | Business Judgement Rule |
| Bsp. | Beispiel |
| BV | besloten vennootschap |
| BWV | Berliner Wissenschafts-Verlag |
| CA | California |
| Cambridge J. Econ. | Cambridge Journal of Economics (Oxford) |
| cf. | confer |
| COM | Commission |
| D. | Recueil de jurisprudence Dalloz (Paris) |
| ders. | derselbe |
| dies. | dieselbe, dieselben |
| d.h. | das heißt |
| DB | Der Betrieb (Düsseldorf) |
| Dok. | Dokument |

| | |
|---|---|
| EBLR | European Business Law Review (Berlin et al.) |
| EBOR | European Business Organization Law Review (The Hague) |
| EC | European Community |
| ECFR | European Company and Financial Law Review (Berlin) |
| ECGI | European Corporate Governance Institute |
| ECL | European Company Law (Deventer) |
| ECLE | European Company Law Experts |
| EG | Europäische Gemeinschaft |
| ELJ | European Law Journal (Oxford) |
| EMCA | European Model Company Act |
| endg. | endgültig |
| et al. | et alii |
| EU | Europäische Union |
| EuR | Europarecht (Baden-Baden) |
| EuZW | Europäische Zeitschrift für Wirtschaftsrecht (München) |
| EWG | Europäische Wirtschaftsgemeinschaft |
| EWGV | Vertrag zur Gründung der Europäischen Wirtschaftsgemeinschaft vom 25.03.1957 |
| EWIV | Europäische wirtschaftliche Interessenvereinigung |
| F&E | Forschung und Entwicklung |
| f./ff. | und folgende Seite(n) |
| Gaz. Pal. | Gazette du Palais (Paris) |
| GD | Generaldirektion |
| GmbH | Gesellschaft mit beschränkter Haftung |
| GmbHR | GmbH-Rundschau (Köln) |
| GUE/NGL | Confederal Group of the European United Left/Nordic Green Left |
| Hrsg. | Herausgeber |
| HV | Hauptversammlung |
| IAS | International Accounting Standards |
| IAS-Verordnung | Verordnung (EG) Nr. 1606/2002 des Europäischen Parlaments und des Rates vom 19. Juli 2002 betreffend die Anwendung internationaler Rechnungslegungsstandards, ABl. L 243, 11.9.2002, 1 |
| ICLEG | Informal Expert Group on Company Law |
| IEEE | Institute of Electrical and Electronics Engineers |
| IFRS | International Financial Reporting Standards |
| IHRIM | International Association for Human Resource Information Management |
| inkl. | inklusive |
| insb. | insbesondere |
| J. Gen. Phil. Sci. | Journal for general philosophy of science (Dordrecht/Boston) |
| KMU | kleine und mittlere Unternehmen |

| | |
|---|---|
| KOM | Kommission |
| KSzW | Kölner Schrift zum Wirtschaftsrecht (Köln) |
| L | Reihe L (Rechtsvorschriften) des Amtsblatts der Europäischen Union |
| lit. | litera |
| loc. cit. | loco citato |
| LSE | London School of Economics |
| M | Muttergesellschaft |
| m.a.W. | mit anderen Worten |
| m.Nw. | mit Nachweisen |
| MA | Massachusetts |
| MIT | Massachusetts Institute of Technology |
| MitBestG | Mitbestimmungsgesetz vom 4. Mai 1976 (BGBl. I 1153) |
| N | Randnummer |
| NJ | New Jersey |
| NJW | Neue Juristische Wochenschrift (München) |
| Nr. | Nummer |
| Nw. | Nachweis(e) |
| NY | New York |
| NYU J. L.&Bus. | New York University Journal of Law&Business (New York) |
| NZG | Neue Zeitschrift für Gesellschaftsrecht (München) |
| Rev. soc. | Revue des sociétés (Paris) |
| RPT | Related Party Transaction |
| Rs. | Rechtssache |
| Sàrl | Société à responsabilité limitée |
| SCE | Societas Cooperativa Europaea |
| SE | Societas Europaea |
| Soc. Stud. Sci. | Social studies of science (London/Beverly Hills) |
| SPE | Societas Privata Europaea |
| SSRN | Social Science Research Network |
| Strategic Management J. | Strategic Management Journal (Hoboken, NJ) |
| Stud. Hist. Phil. Sci. | Studies in history and philosophy of science (Dordrecht) |
| SUP | Societas Unius Personae |
| SZW | Schweizerische Zeitschrift für Wirtschafts- und Finanzmarktrecht (Zürich) |
| T | Tochtergesellschaft(en) |
| Unterabs. | Unterabsatz |
| US | Universitetsservice |
| VS | Verlag für Sozialwissenschaften (Wiesbaden) |
| WM | Wertpapier-Mitteilungen (München) |
| WuR | Wirtschaft und Recht (Frankfurt a. M.) |
| z. B. | zum Beispiel |
| ZeuP | Zeitschrift für europäisches Privatrecht (München) |

| | |
|---|---|
| ZfRSoz | Zeitschrift für Rechtssoziologie (Wiesbaden) |
| ZGR | Zeitschrift für Unternehmens- und Gesellschaftsrecht (Frankfurt a. M.) |
| ZHR | Zeitschrift für das gesamte Handelsrecht und Wirtschaftsrecht (Frankfurt a. M.) |
| ZIP | Zeitschrift für Wirtschaftsrecht (Köln) |
| ZSR | Zeitschrift für Schweizerisches Recht (Basel) |
| ZvglRWiss | Zeitschrift für vergleichende Rechtswissenschaft (Frankfurt a. M.) |

# Einleitung

## I.

Ein Recht der transnationalen Unternehmensgruppen gibt es nirgends auf Erden. Nur eine Praxis globaler Konzerne. Zwar bedient sich diese Praxis durchaus rechtlicher Figuren, nämlich verschiedener Gesellschaftstypen aus mehreren Rechtsordnungen.[1] Die Wahl dieser Rechtskleider und der Konzernstrukturen geschieht manchmal geordnet, manchmal ohne erkennbare Prinzipien, nach den konkreten Bedürfnissen des Moments, ja zuweilen nach den Gelegenheiten, die sich den Begehrlichkeiten kurzfristig denkender Manager gerade anbieten. Dies aber stets in einem letztlich »rechtsfreien« Raum, welcher wirtschaftsethisches Verhalten nur mit Mühe zu gewährleisten vermag,[2] geschweige denn einen angemessenen Ausgleich zwischen den Interessen der am Konzern auf seinen verschiedenen Stufen Beteiligten schüfe. Ohne den Vergleich allzu weit treiben (und vor allem ohne pauschale oder spezifische Vorhaltungen erheben) zu wollen: Die Spielwiese transnationaler Konzerne gleicht in seiner Struktur oft dem *deep web*.[3]

Das alles ist weder neu noch unbekannt. Deshalb die Frage: Aus welchen konkreten Gründen sieht sich die Union seit ein paar Jahren veranlasst, einen erneuten »Neustart im europäischen Konzernrecht«[4] zu wagen? Seit Anfang des jungen Millenniums war es in der europäischen Konzernrechtsdebatte – nach einer Reihe von gescheiterten Fachgruppenberichten, Aktionsplänen, Richtlinienentwürfen usw.[5] – still geworden. Erst Anfang 2010 kam das Konzernrecht wieder ins Gespräch.[6] Die seitherigen Suchbewegungen in Europa waren ergiebig. Sie haben gezeigt,

---

[1] Cf. Forum Europaeum On Company Groups 2015: 510.
[2] Zu dieser Frage Amstutz 2015: 189.
[3] Cf. Han 2013: 76.
[4] Hommelhoff 2014a: 63.
[5] Zur Geschichte des europäischen Konzernrechts *infra* 9 ff.
[6] Dazu insb. Conac 2013: 203 ff.; Teichmann 2014b: 50.

dass im Bereich des Unionskonzernrechts viele Mängel im Hinblick auf die Verwirklichung der Niederlassungsfreiheit (Art. 49 AEUV) zu verzeichnen sind.[7] Zumal die *Impacto Azul*-Vorabentscheidung des Gerichtshofs[8] hat deutlich gemacht, dass in Europa

»eine weiterhin tief zerklüftete Konzernrechtslandschaft [...] [besteht]. Selbst unter der zunehmenden Zahl von Mitgliedstaaten, deren Gesellschaftsrecht gesetzliche Regelungen für Konzerne kennt, herrscht keineswegs Einigkeit über deren Zielrichtung [...]. Dass die Organisation grenzüberschreitender Unternehmensgruppen dadurch nicht gerade erleichtert wird, liegt auf der Hand«.[9]

M. a. W. wirkt sich das Fehlen eines Rechts für transnationale Konzerne in der Union als praktisch spürbare Behinderung von deren Niederlassungsfreiheit aus, mit entsprechenden Schäden für den Binnenmarkt.[10]

Dieses neue Bewusstsein für die Probleme, die die Hemmnisse der Niederlassungsfreiheit für grenzüberschreitende Unternehmensgruppen mit sich bringen, hat zu deutlichen Verschiebungen im europäischen Konzernrechtsdenken geführt, das in der Vergangenheit dahin ging, einheitliche Schutzstandards für beherrschte Unternehmen, ihre Minderheitsgesellschafter und Gläubiger zu postulieren. Erkannt wurde, dass das klassische Konzept eines Schutzrechts für abhängige Gesellschaften und Außenstehende (wie es das geschriebene deutsche Konzernrecht zu verwirklichen sucht[11]) den konzernrechtlichen Transnationalismus in Europa nicht löst, ja gar nicht zu lösen in der Lage ist. Denn diese Transnationalismusfrage kann nur aus einer spezifischen Perspektive angegangen werden: Unter welchen juristischen Voraussetzungen lassen sich für die Entstehung, die Transformation und die Geschäftsführung europaweit tätiger Konzerne operative *level playing fields* schaffen? Oder anders gewendet: Wie lassen sich gleichmäßige Bedingungen der Konzernbildung, -umbildung und -leitung in der europäischen Globalisierung herstellen?[12] Diese neue Problemumschreibung hat zur Einsicht geführt, dass das angestrebte Ziel eines globalen Konzernrechts nur über eine

---

[7] Dazu statt aller TEICHMANN 2014b: 45 ff. m.Nw.
[8] EuGH v. 20.6.2013, Rs. C-186/12, ECLI:EU:C:2013:412, *Impacto Azul*; eine Übersicht über die konzernrelevante Rechtsprechung des Gerichtshofes findet man in SØRENSEN 2016: 393 ff.
[9] TEICHMANN 2014b: 49; cf. auch WELLER/BAUER 2015: 22 ff.
[10] CONAC 2013: 210; ECLE 2012: 7 f.
[11] Cf. konzise und überzeugend LUTTER 2009: 1066 f.
[12] Cf. CHIAPPETTA/TOMBARI 2012: 268; CONAC 2013: 211.

Wende »vom Schutzrecht zum Enabling law«[13] zu erreichen ist, was in jüngerer Zeit eine verhältnismäßig breite Zustimmung gefunden hat.[14] Anders ausgedrückt muss sich die Union, will sie die Niederlassungsfreiheit auch Gruppen zuteil werden lassen, konzernorganisationsrechtliche Regeln geben.[15]

## II.

Der gesetzgeberische Plan besteht heute – nach einem (seit der Einleitung der ersten legislativen Schritte im Jahre 2010) eher bewegten Gesetzgebungsprozess – darin, mit drei Konzernrechtsinstituten zu arbeiten:
(1) mit der Doktrin des Gruppeninteresses,
(2) der Societas Unius Personae (nachstehend: »SUP«) und
(3) den Regeln der Related Party Transactions (nachstehend: »RPTs«).

In dieser Monographie geht es darum – womit sich das europarechtliche Schrifttum noch allzu wenig auseinandergesetzt hat[16] –, diese drei Rechtsinstitute in ein funktionelles Verhältnis zueinander zu bringen. Damit ist

---

[13] TEICHMANN 2013: 184; cf. ferner HOMMELHOFF 2014a: 63.
[14] Dazu eingehend *infra* 24 ff.
[15] Cf. in erster Linie HOMMELHOFF 2014a: 64 f.; TEICHMANN 2013: 184 ff.; CONAC 2013: 205 ff.; CHIAPPETTA/TOMBARI 2012: 265; ganz generell – d. h. unabhängig von der europäischen Konzernrechtspolitik – lässt sich sagen: »Echtes« Konzernrecht regelt primär die Organisation des Konzerns als solche (und nicht bloß die Schutzbedürftigkeit der abhängigen Gesellschaft und der daran Beteiligten). Damit ist freilich nicht die ganze Konzernfrage geregelt; hinzukommen muss (mindestens) noch ein Konzernhaftungs-, Konzerntransparenz-, Konzernaußen- und Konzernfinanzierungsrecht (cf. etwa ECLE 2015: 3 ff.). Diese Rechtselemente müssen aber nach Maßgabe des Konzernorganisationsrechts gestaltet werden. Diese Einsicht – die, wie erwähnt, zur Zeit in der europäischen Konzernrechtslehre wohl einer Mehrheitssicht entspricht (cf. etwa DRYGALA 2013: 198 m.Nw.; EKKENGA 2013: 181) –, führt zu einem Konzept des Konzernrechts »als ein die Privatautonomie einschränkendes Regelungsinstrument [...], aber auch umgekehrt als ein solches, das die Privatautonomie weiter entfaltet« (HOPT 1992: 292). Beide Aspekte sind sorgfältig aufeinander abzustimmen, da ansonsten Reibungen, Holprigkeiten, ja sogar Blockaden im Getriebe des Systems entstehen (zumal bei einer komplexen Organisation wie dem Konzern; cf. eingehend *infra* 49 ff.); dazu vor allem FLECKNER 2010: 682.
[16] Cf. allerdings beispielhaft HOMMELHOFF 2014a; TEICHMANN 2013; ferner auch FORUM EUROPAEUM ON COMPANY GROUPS 2015: 509; für die Beziehung von Gruppeninteressendoktrin und RPTs: DRYGALA 2013; für die Beziehung von Gruppeninteressendoktrin und SUP: CONAC 2013: 197; in eine andere Richtung argumentiert

zugleich angedeutet, was die Vision des Konzern(organisations-)rechts in der vorliegenden Studie ist: Dieses ist ein Recht der Verschleifung der Organisationsstatute, nach welchen die Konzernglieder inkorporiert sind.

Die Schwierigkeiten, die mit der Gestaltung eines solchen Verschleifungsrechts einhergehen, finden ihre Ursachen in den tiefen Schichten unserer »westlichen« Wirtschafts- und Privatrechtsgeschichte (die natürlich miteinander aufs Engste liiert sind[17]). Diese Ursachen kann man – zu analytischen Zwecken – in zwei Kategorien einordnen: Die eine hat historiographischen, die andere privatrechtstheoretischen Charakter. Erst diese duale Kategorienbildung erlaubt es überhaupt zu identifizieren, worin genau die angesprochenen Schwierigkeiten bestehen, mit denen die Umsetzung der dieser Studie zugrundeliegenden Vision des Konzern(organisations-)rechts als Verschleifungsrecht in eine handfeste Rechtsdogmatik zu ringen hat:

(1) Zunächst: Die Geschichtsschreibung hat gezeigt, dass in den 20er-Jahren des 19. Jahrhunderts nicht nur die ökonomische Globalisierung begonnen hat, sondern auch, dass in dieser Periode wirtschaftliche Organisationsformen entstanden sind, die sich dadurch auszeichnen, dass sie Individual- und Kollektivinteressen »zusammenspielen« lassen.[18] Die Haupterscheinung dieses Organisationstypus' ist unstrittig der Konzern. Darin verbindet sich eine Vielzahl von Einzelgliedern – üblich ist inzwischen geworden, diese als »verbundene Unternehmen« anzusprechen (paradigmatisch § 15 AktG) –, denen jeweils Individualinteressen eigen sind. Gleichzeitig beschränkt sich der »Verbund« als solcher aber nicht auf eine Statistenrolle. Auch er meldet seine eigenen Interessen an, Kollektivinteressen eben (die man heute, wie noch zu zeigen ist,[19] unter dem Stichwort des Konzern- oder Gruppeninteresses behandelt). Dieses Nebeneinander antagonistischer Ausrichtungen in der Unternehmensgruppe – die vielberedete »Einheit und Vielheit im Konzern«[20] – ist ursächlich für die erste Schwierigkeit, mit welcher die Gestaltung eines Rechts der Unternehmensgruppe als Verschleifungsrecht konfrontiert ist: Welche Funktion hatte der Konzern in der sich allmählich globalisie-

---

MÜLBERT 2015: 667, der die SUP als Alternative zur Doktrin des Gruppeninteresses versteht (und damit eine Position einnimmt, die von der vorliegenden abweicht).

[17] Cf. WIETHÖLTER 2014a: 199 ff.
[18] Cf. infra 77 ff.
[19] Cf. infra 87 ff.
[20] BÄLZ 1974: 287.

renden Wirtschaft des frühen 19. Jahrhunderts? Und hat er heute noch dieselbe?[21] Die Frage stellt sich deshalb mit besonderem Nachdruck, weil ein Recht des Konzerns dessen »Logik«, dessen Funktionsweise gerecht werden muss (wie überhaupt jedes Rechtsfach, sei es beispielsweise das Familien-, das Vertrags- oder das Strafrecht, seinem jeweiligen Gegenstand gesellschaftstheoretisch zu entsprechen hat[22]). Diese Schwierigkeit kann nur in Auseinandersetzung mit der Wirtschaftsgeschichte angegangen werden: Sofern es nämlich zutrifft, dass sich der Konzern zur wichtigsten Rechtsform im grenzüberschreitenden Verkehr schon früh im 19. Jahrhundert etabliert hat – also gewissermaßen ein Zeitgenosse oder Weggefährte der ökonomischen Globalisierung darstellt –, muss, um die Funktion des Konzerns in Erfahrung zu bringen, der Frage nachgegangen werden, aus welchen Gründen der Konzern ausgerechnet in der Ära der Emergenz globaler Wirtschaftsstrukturen »erfunden« wurde.[23] Das leitet dann in wissenschaftliche Gefilde über, wie namentlich in die Organisationslehre und die Betriebswirtschaftswissenschaft, so dass anspruchsvolle Fragen der Inter- bzw. Transdisziplinarität zu beantworten sein werden.[24]

(2) Sodann: Die Privatrechtstheorie hat bisher – mit wenigen Ausnahmen[25] – die Grundstruktur der Unternehmensgruppe als doppelorientierten Handlungskomplex nicht registriert. Durch die Kreuzung von Individual- und Kollektivinteressen vermischt dieser Handlungskomplex letztlich den Interessengegensatz-,[26] den Interessenwahrungs-[27] und den Zweckgemeinschaftsgedanken[28] (also die drei Kerngedanken, mit denen die herkömmliche Transaktionszivilistik arbeitet) in eigenartiger

---

[21] Cf. infra 43 ff.
[22] Cf. statt aller WIETHÖLTER 2014b: 249 ff.
[23] Cf. infra 46 ff.
[24] Cf. infra 33 ff.
[25] Erwähnt seien in erster Linie die zwei »seminalen« Studien des modernen Konzernrechts: BÄLZ 1974, und HOMMELHOFF 1982; cf. ferner (ohne Anspruch auf abschließende Auflistung) LUTTER 1974, 1985, 1987, 2009; HOMMELHOFF 1988, 2014a; DRUEY 1988a, 1988b, 2000, 2004, 2005, 2012; TEUBNER 1990a, 1992; ASSMANN 1990; AMSTUTZ 1993, 2016.
[26] D. h. den »Austauschvertrag«; dazu in erster Linie WIELSCH 2009: 382 ff.
[27] D. h. die »Treuhand (fiducia)«; dazu die anspruchsvollen Ausführungen von COLLINS 2009: 250, 254.
[28] D. h. die »Gesellschaft«; dazu vor allem die sehr differenzierten Überlegungen von MARTINEK 1987: 67 ff., 231 ff., 378 ff.

Weise,[29] die nach Erforschung ruft.[30] In diesem Komplex besteht die zweite Schwierigkeit des Andenkens eines Konzernrechts, das als Verschleifungsrecht konzipiert ist. Das Phänomen der Doppelorientierung des Handelns[31] stellt in der Tat das klassische Zivilrecht vor äußerst heikle Probleme. Es fordert letztlich die Entwicklung neuer dogmatischer Rechtsfiguren, die in der Lage sind, die *poiesis* individualer und kollektiver Interessen zu operationalisieren. M. a. W. verlangt dieses Phänomen ein doktrinelles Denken, das sich den wirtschaftsrechtlichen Herausforderungen von pluralistischen Arrangements stellt, namentlich dem Challenge der Unternehmensgruppe, die sich durch die Fähigkeit auszeichnet, zwischen Zentralität (Kollektivausrichtung) und Dezentralität (Individualausrichtung) laufend zu oszillieren.[32] Diese Fähigkeit setzt voraus, dass die mannigfaltigen Spannungen von simultan präsenten Individual- und Kollektivinteressen, denen man im Konzern begegnet, kompatibilisiert werden, um so ausgewogene Geschäftsabläufe zu gewährleisten. Es muss also ausgemacht werden, mittels welcher Methoden der traditionellen Zivilistik Formen abgerungen werden können, um den Konzern privatrechtlich »einzufangen« und wirtschaftsrechtlich kohärent zu ordnen.[33]

Die Bewältigung dieser zwei Schwierigkeiten ist unerlässliche Voraussetzung dafür, dass eine Dogmatik des transnationalen europäischen Konzernrechts entwickelt werden kann.[34] Zu diesem Zweck kann man sich nicht damit bescheiden, ausschließlich aus dem positiven (oder geplanten) Recht heraus zu argumentieren. Vielmehr müssen auch Nachbarwissenschaften konsultiert werden. Diese Einsicht hat einschneidende Folgen für den Aufbau der Gedankenführung in der vorliegenden Schrift (nämlich die Kapitel 2 und 3, die der soziologischen Jurisprudenz[35] zuzuschlagen sind).

---

[29] Zu diesen Formen der Vermengung der drei grundlegenden Figuren des klassischen Privatrechts statt aller TEUBNER 2014a: 66 ff.
[30] Cf. *infra* 76 ff.
[31] Cf. *infra* 77 ff.
[32] Cf. *infra* 56, 68.
[33] Cf. *infra* 79 f.
[34] Cf. *infra* 79 ff.
[35] Zu diesem Begriff *infra* 33 ff.

## III.

Die Studie ist in fünf Kapiteln organisiert:
Kapitel 1 ist einer zeitgeschichtlichen Flurbereinigung des europäischen Konzernrechts gewidmet. Diese Geschichtsbetrachtung lässt erkennen, dass die seit 1966 unternommenen legislativen Arbeiten an einem europäischen Konzernrecht (Konzernrecht der Societas Europaea [nachstehend: »SE«], »organische Konzernverfassung«, Versuch der Übernahme der deutschen Konzernrechtsbestimmungen [§§ 291 ff. AktG] usw.) in ein beispielloses Scheitern gemündet sind. Auf diesen Befund hin stellt sich vor allem die Frage: weshalb ist dem so? Über die Jahre hat sich in der öffentlichen und vor allem in der wissenschaftlichen Diskussion ein Narrativ ausgebildet, das noch heute als gleichsam »offizielle« Antwort auf die Frage dieses gesetzgeberischen Misslingens vorgebracht wird: Politikversagen.[36] Dieses Narrativ bedarf nach all' den verflossenen Jahren der Überprüfung. Um dies zu tun, müssen Fakten betrachtet werden. Ich werde deshalb vorab die einzelnen Schritte der einschlägigen Diskussion historisch-linear resümieren (ins Interpretativ-Komplexe bzw. Komplex-Interpretative werde ich erst später, nämlich in den Kapiteln 2 und 3, eindringen). Das Fazit kurzum: Allzu lange hat das europäische Konzernrecht auf der Basis eines (namentlich vom überkommenen geschriebenen deutschen Recht inspirierten) hierarchischen Konzernleitbilds gearbeitet, ohne zu realisieren, dass die Unternehmensgruppe ein heterarchisches Phänomen ist. Dass dieser Kategorienfehler im Hinblick auf die im Unionskonzernrecht verfolgten Ziele ins Nichts führen musste, war unvermeidliches Schicksal.

Kapitel 2 handelt von der Funktion des Konzerns in der Wirtschaft. Dieses Kapitel stellt die Evolution des Unionskonzernrechts in die Logik einer neuen, vor allem auf geschichtswissenschaftlichen und wirtschaftssoziologischen Erkenntnissen gründenden Perspektive, die sich seit den 1990er-Jahren allmählich in Platz gesetzt hat. Worin besteht diese Perspektive genau? Es geht um eine epochale Entwicklung: Hierarchisches Konzernrechtsdenken wurde allmählich (aber nichtsdestoweniger entschieden) durch ein solches heterarchischer Ordnung ersetzt. Was heißt das? Kurzum und stichwortartig: Polykorporatismus, »Enabling law«, Konzernorganisationsrecht, Ablehnung des veralteten Schutzrechts-

---

[36] Cf. z. B. THOLEN 2014: 22, 215; CONAC 2013: 197, 203, 207; LUTTER/BAYER/SCHMIDT 2012: 143.

ansatzes. Die neue Formel heißt: Unternehmensgruppe als vielköpfige Hydra.[37] Mit dieser Formel wird versucht, die Konzernorganisation zu verstehen, die mehrere Handlungszentren besitzt, um die Spitze durch eine funktionale Binnendifferenzierung des Verbundes zu entlasten. Ein globaler Konzern kann nicht rein zentralistisch geleitet werden. Denn das altehrwürdige System des von einer Geschäftsleitung geführten Betriebs kann mangels Leistungsfähigkeit, Verarbeitungsvermögens, operativen Gesamtüberblickes und – vor allem – mangels umfassenden Wissens eines Zentralmanagements Unternehmen globalen Ausmaßes nicht steuern. Eine transnationale Gruppe braucht eine heterarchisch organisierte Führung, eine Leitung also, die sich aus mehreren entscheidungsbefugten Schaltstellen im Gruppenorganigramm zusammensetzt. Der Konzernverbund ist im Bilde ausgedrückt – so werden wir sehen – ein Gebilde ohne Spitze und ohne Zentrum, also ein Komplex von ausdifferenzierten operativen Funktionen.

Wie aber diesen Polykorporatismus in eine privatrechtliche Form umsetzen? Das ist die Thematik von Kapitel 3. Es handelt sich um eine Frage der konzern(organisations-)rechtlichen Methodologie. Drei Probleme werden aufgeworfen: Vorab muss identifiziert werden, welche Rechtsfragen ein Konzernorganisationsrecht lösen muss (»Regelungsbereiche«). Sodann gilt es auszumachen, welche wirtschaftsrechtliche Rechtsfigur den Konzernverbund zu »tragen« vermag. Schließlich ist zu eruieren, nach welchen Prinzipien das Konzernganze organisiert (»verfasst«) werden soll.

Auf der Basis all' dieser sozialwissenschaftlich erarbeiteten Zusammenhänge soll alsdann in Kapitel 4 eine europarechtliche Dogmatik des heterarchischen Konzernrechts entworfen werden. Dabei geht es, wie gesagt, darum, die Regeln der Doktrin des Gruppeninteresses, der Societas Unius Personae und der Related Party Transactions funktionell zu einem heterarchischen Konzernrecht zu verschleifen. Das Privatrecht des Konzerns soll unter aktuellen (global-)gesellschaftlichen Bedingungen fortgedacht werden. Kennworte dafür sind: Doppelorientierung des Handelns,[38] Heterarchie,[39] Organisationsinnominatrecht.[40]

Geschlossen wird mit Kapitel 5, das die wichtigsten Thesen der Arbeit zusammenfasst.

---

[37] TEUBNER 1992.
[38] Cf. *infra* 77 ff.
[39] Cf. *infra* 65 f.
[40] Cf. *infra* 81 f.

*Kapitel 1*

# Geschichte

> I am an old scholar, better-looking now than when I was young. That's what sitting on your ass does to your face.
>
> Leonard Cohen, Beautiful Losers, 1966/2009, 3.

## I. Vollharmonisierung

Die Chronik des Unionskonzernrechts beginnt damit – sieht man einmal von den zähen, letztlich unbefriedigend ausgefallenen und hier nur kurz zu erwähnenden Versuchen ab, ein Konzernrecht der SE zu begründen[1] –, dass die Kommission in den Jahren 1974 und 1975 einen zweiteiligen Vorentwurf einer Konzernrechtsrichtlinie (9. Gesellschaftsrechtsrichtlinie-VE) mit Vollharmonisierungsabsicht vorgelegt hat.[2] Das darin verfolgte

---

[1] Das SE-Konzernrecht steht in der vorliegenden Studie nicht zur Diskussion, da sich diese schwerpunktmäßig mit den Konzerngesetzgebungsarbeiten auseinandersetzt, die unter Kommissar Barnier im Jahre 2010 eingeleitet wurden, namentlich mit dem Aktionsplan vom 12. Dezember 2012 und den darauf folgenden politischen und rechtswissenschaftlichen Kontroversen; cf. zum SE-Konzernrecht in erster Linie die anspruchsvolle Untersuchung von HOMMELHOFF/LÄCHLER 2014: 257 ff., die nachweist, dass die konzernverflochtene SE – nicht anders als die deutsche Aktiengesellschaft – den §§ 15 ff., 291 ff. AktG untersteht; allerdings teile sich der deutsche Gesetzgeber damit die Regelungsgesamtverantwortung für die konzernverbundene SE mit dem europäischen Verordnungsgeber (dieser übernehme die Strukturierung und Umstrukturierung des Konzerns als Förderrecht; jener trage die Verantwortung für die fördernde Konzernführung sowie für den Schutz der Außenseiter in der beherrschten Gesellschaft); ferner auch THOLEN 2014: 166 ff., der eine nützliche Chronologie der Versuche, ein SE-Konzernrecht zu begründen, vorlegt; cf. schließlich FORUM EUROPAEUM ON COMPANY GROUPS 2015: 508.

[2] Vorentwurf einer 9. Richtlinie zur Angleichung des Konzernrechts, I. Teil Dok. Nr. XI/ 328 74-D, II. Teil Dok. XI/593 75-D.

Modell wurde als »organische Konzernverfassung« bezeichnet, das sich als »Abkehr von den deutschen Differenzierungen zwischen Abhängigkeitsverhältnis und Konzern einerseits sowie Vertrags- und faktischem Konzern andererseits«[3] verstand. Es zeichnete sich durch zwei Eigenschaften aus: Zum einen nahm es sich als reines Schutzrecht zugunsten der Gesellschafter und Gläubiger im Konzern aus. Zum anderen wurde dieser Schutz *ipso iure* ausgelöst, sobald das Tatbestandsmerkmal der einheitlichen Leitung erfüllt war, d. h. eine Gesellschaft durch Stimmenmehrheit oder andere Mittel eine oder mehrere Gesellschaften wirtschaftlich mehr oder weniger zentral – was zugleich heißt: mehr oder weniger dezentral – zusammenfasst.[4]

Dieser Vorentwurf wurde 1984 unter Aufgabe des ursprünglichen Modells und weitgehender Anlehnung an das deutsche Konzernrecht (§§ 291 AktG) revidiert – namentlich auch unter Übernahme von dessen Zweiteilung in Vertrags- und faktische Konzerne –,[5] aber mangels Konsensfähigkeit in der Kommission seither nicht weiterverfolgt.[6] Dennoch verdienen es zwei Punkte dieses definitiv als gescheitert geltenden Vorentwurfs hervorgehoben zu werden, weil sie in der späteren Diskussion immer wieder (zuweilen in abgewandelter Form) auftauchten:

(1) Dem komplexen System der §§ 15 ff. AktG wurde im Vorentwurf von 1984 nicht gefolgt; vielmehr arbeitete die Kommission (namentlich bei der Konzernrechnung) mit dem angelsächsischen *control principle*.[7] Dieser Umstand hat sich, wie wir sehen werden,[8] auf das Verständnis des Konzerns, mit welchem die Kommission in späteren Initiativen rang, als allzu vereinfachend ausgewirkt, was aber nicht nur negativ zu werten

---

[3] HOMMELHOFF/LÄCHLER 2014: 260.

[4] Dazu statt anderer FORUM EUROPAEUM KONZERNRECHT 1998: 680f.

[5] Vorentwurf einer 9. Richtlinie zur Angleichung des Konzernrechts, Dok. Nr. III/1639/84; dazu eingehend THOLEN 2014: 199 ff., der die Unterschiede zwischen diesem Vorentwurf und dem deutschen Recht akribisch herausarbeitet.

[6] THOLEN 2014: 155 f.; es ist nicht auszuschließen, dass in gewissen Mitgliedstaaten der ausgesprochen deutschrechtliche Charakter des zweiten Vorentwurfs eine gewisse Skepsis geweckt hat; so ausdrücklich HABERSACK/VERSE 2011: 71; cf. auch GUYON 1982: 174, der bemerkt, dass »[t]he legal rules to be applied to groups have been inspired by German law«, und anschließend andeutet, dass darin einer der Gründe des Scheiterns des Vorentwurfs einer 9. Richtlinie liegen könnte; kritisch gegen eine solche Sicht der Dinge FORUM EUROPAEUM KONZERNRECHT 1998: 684; für eine Einschätzung der gegenwärtigen Perspektiven der 9. Richtlinie DRYGALA 2013: 201.

[7] THOLEN 2014: 199 f.; cf. auch *infra* 68, Anm. 171.

[8] Cf. *infra* 42.

ist, sondern auch Chancen für neue Ansätze, das Phänomen der Unternehmensgruppe konzeptuell anzugehen, eröffnet hat.
(2) Einer Tochter zugefügte Nachteile sollten im faktischen Konzern nicht nach dem Modell von § 311 ff. AktG ausgeglichen werden, sondern nach Maßgabe der Geschäftsführerhaftung. Das herrschende Unternehmen wurde damit als faktisches Organ strengstens auf das Eigeninteresse der abhängigen Gesellschaft verpflichtet.[9] In der Folge wurde dieses Denkmuster – auch dies wird noch zu behandeln sein[10] – nur mit Mühe überwunden.

## II. »Kernbereichsharmonisierung«

Ende der 1990er-Jahre wurde vom Forum Europaeum Konzernrecht,[11] einer aus Hochschullehrern zusammengesetzten Arbeitsgruppe, der Verzicht auf ein »geschlossenes« Konzernrechtssystem postuliert und der Vorschlag einer »Kernbereichsharmonisierung«[12] (bzw. »Teilharmonisierung«) durch Richtlinien und Empfehlungen gemacht. Dieser Vorschlag bestand im Wesentlichen darin, lediglich jene Problemaspekte des Konzerns zu regeln, die sich für die Vollendung des Binnenmarktes (insb. der Niederlassungsfreiheit) als unerlässlich erweisen würden.[13] Als regelungsbedürftig in diesem Sinne wurden die Gruppenpublizität,[14] die ordnungsgemäße Konzerngeschäftsführung,[15] die Sonderprüfung,[16] die Pflichtangebote[17] sowie das Ausschluss- und Austrittsrecht für kleine Restminderheiten[18] angesehen. Empfohlen wurde zudem die Einführung

---

[9] Zu diesem Punkt eingehend THOLEN 2014: 200 f.
[10] Cf. *infra* 90.
[11] Cf. FORUM EUROPAEUM KONZERNRECHT 1998: 672 ff.
[12] FORUM EUROPAEUM KONZERNRECHT 1998: 685 ff.
[13] Cf. FORUM EUROPAEUM KONZERNRECHT 1998: 687: »Eingegriffen werden soll nur dort, wo Konzerne und fehlendes oder dysfunktionales Konzernrecht von Mitgliedstaaten Grenzen im Binnenmarkt, zumal Marktzutrittsschranken, errichten bzw. aufrechterhalten«.
[14] FORUM EUROPAEUM KONZERNRECHT 1998: 698 ff.
[15] FORUM EUROPAEUM KONZERNRECHT 1998: 704 ff.; in diesem Punkt plädiert das Forum hauptsächlich für die Übernahme der französischen *Rozenblum*-Rechtsprechung; dazu eingehend *infra* 110 ff.
[16] FORUM EUROPAEUM KONZERNRECHT 1998: 715 ff.
[17] FORUM EUROPAEUM KONZERNRECHT 1998: 725 ff.
[18] FORUM EUROPAEUM KONZERNRECHT 1998: 732 ff.

einer Option, die es einer Muttergesellschaft erlauben würde, unter Vorbehalt der Zustimmungen ihrer eigenen Gesellschafter eine einseitige Konzernerklärung ihrer Tochter gegenüber abzugeben, die ihr (der Mutter) erlaubte, eine einheitliche Leitung auszuüben; Voraussetzung dafür war allerdings, dass die herrschende Gesellschaft zwecks Gläubigerschutzes für die Verbindlichkeiten einer insolvent gewordenen Tochter haftet; auch müsste sie in diesem Fall deren Minderheitsgesellschafter abfinden.[19] Schließlich wurde vorgeschlagen, dass eine Haftung der Geschäftsleiter der Konzernspitze bei Insolvenzeintritt der beherrschten Gesellschaft greift.[20] Der Begriff der Unternehmensgruppe sollte sich nach Auffassung des Forum Europaeum Konzernrecht nach dem Kontrollprinzip richten.[21]

Das nahezu aus denselben Mitgliedern zusammengesetzte (und als Folgeforschergruppe des ursprünglichen Arbeitskreises gedachte) Forum Europaeum On Company Groups hat 2015 diese Sicht der Dinge nochmals bekräftigt:

»Konkrete [sc. konzernrechtliche] Einzelregelungen sollten auf dieser [sc. die Binnengrenzen in der Europäischen Union überschreitenden] Ebene […] streng auf jene beschränkt bleiben, die für grenzüberschreitende Aktivitäten im Binnenmarkt erforderlich sind«.[22]

Darauf ist zurückzukommen.[23]

---

[19] Forum Europaeum Konzernrecht 1998: 740 ff.; Conac 2013: 201 f., sieht darin eine Anlehnung an das deutsche Aktienkonzernrecht; diesen Standpunkt relativiert Tholen 2014: 206, mit plausiblen Argumenten; ferner vermittelnd Hopt 2007: 219.

[20] Forum Europaeum Konzernrecht 1998: 760 ff.; zu den angelsächsischen Ursprüngen dieser Pflichtposition Tholen 2014: 206 f.; der Vorschlag konzernkapitalmarktrechtlicher Pflichten wird hier beiseitegelassen, weil er durch die Übernahmerichtlinie verwirklicht wurde; cf. *infra* 19.

[21] Forum Europaeum Konzernrecht 1998: 695 f.; in diesem Sinne auch EMCA 2013: 7: »In a comparative perspective, the definition of a group has been mainly construed on the basis of two different concepts. One is the concept of unified management. (e. g., Section 18 of German Corporation Act). The other is the concept of control (e. g., section 1159 (1) UK Companies Act, section 7 of Danish Company Act, section 12(1) of Finnish Company Act, article 22 of the Directive 2013/34/EU of 26 June 2013 on the annual financial statements, consolidated financial statements and related reports of certain types of undertakings, etc.); zum Ganzen näher Tholen 2014: 203; ferner *infra* 68, Anm. 171.

[22] Forum Europaeum On Company Groups 2015: 509 f.

[23] Cf. *infra* 83 ff.

## III. Winter Report

Die Arbeiten des Forum Europaeum Konzernrecht blieben nicht ohne Widerhall. Ganz im Gegenteil. Im November 2001 bekam eine »High Level Group of Company Law Experts« den kommissarischen Auftrag, Möglichkeiten für eine Modernisierung des Gesellschaftsrechts auszuloten.[24] In ihrem Abschlussbericht vom 4. November 2002 (sog. »Winter Report«)[25] wurde dem Konzept der »Kernbereichsharmonisierung«[26] beigepflichtet,[27] was konkrete konzernrechtspolitische Folgen zeitigte.[28] Die Kommission übernahm wesentliche Teile des Berichtes (und mithin der Arbeiten des Forum Europaeum Konzernrecht) in ihren Aktionsplan »Modernisierung des Gesellschaftsrechts und Verbesserung der Corporate Governance in der Europäischen Union« vom 21. Mai 2003,[29] der vierundzwanzig Maßnahmen enthielt, wovon vier konzernrechtsrelevant waren, nämlich:

(1) die Vorverlagerung der Insolvenzverschleppungshaftung für die Tochter zwecks Gläubigerschutzes;[30]

(2) die Erhöhung der Transparenz von Unternehmensgruppen, namentlich in der Form der Offenlegung von Konzernstrukturen zwecks Schutzes von Gesellschaftern und Gläubigern;[31]

(3) eine Rahmenbestimmung, wonach die Leitung eines Konzernunternehmens eine abgestimmte Konzernpolitik festlegen und umsetzen darf, sofern die Interessen seiner Gläubiger wirkungsvoll geschützt werden und

---

[24] Cf. insb. VAN HULLE/MAUL 2004: 485.

[25] Hochrangige Gruppe von Experten auf dem Gebiet des Gesellschaftsrechts, Bericht über moderne gesellschaftsrechtliche Rahmenbedingungen in Europa, Brüssel: 4. November 2002, http://ec.europa.eu/internal_market/company/docs/modern/report_de.pdf; dazu CONAC 2013: 196; THOLEN 2014: 208 f.

[26] Cf. *supra* 11 f.

[27] Cf. THOLEN 2014: 209.

[28] Es mutet seltsam an, wenn in FORUM EUROPAEUM ON COMPANY GROUPS 2015: 508, bemerkt wird: »Aber auch Vorschläge aus der Wissenschaft (wie etwa die des FORUM EUROPAEUM KONZERNRECHT [sc. 1998]) griff die Kommission nicht auf«. Die Vorschläge dieses Arbeitskreises haben bei Lichte besehen einen nicht zu unterschätzenden Einfluss auf das Unionskonzernrecht im neuen Millennium ausgeübt.

[29] Mitteilung der Kommission an den Rat und das Europäische Parlament, KOM(2003) 284 endg.

[30] Mitteilung der Kommission (Anm. 29): 19.

[31] Mitteilung der Kommission (Anm. 29): 22 f.

die Vor- und Nachteile im Laufe der Zeit gerecht auf die Gesellschafter verteilt werden;[32] und

(4) das Problem missbräuchlicher Pyramidenstrukturen (verstanden als »Ketten von Holdinggesellschaften«[33]), für welches allerdings keine konkrete Maßnahme vorgeschlagen wurde, da die Risiken solcher Konstrukte nach Auffassung der Kommission zum Zeitpunkt der Vorlage des Winter Report noch nicht hinreichend analysiert waren.[34]

## IV. Aktionsplan vom 21. Mai 2003

Mit dem Aktionsplan von 2003 verfolgte die Kommission zwei Ziele. Einerseits die Stärkung der Gesellschafterrechte sowie die Verbesserung des Schutzes Dritter[35] und andererseits die Förderung der Wettbewerbsfähigkeit von grenzüberschreitend tätigen Unternehmen.[36] Bedeutungsvoll war dieser Aktionsplan auch deshalb, weil damit die Idee einer Konzernrechtsrichtlinie (und mithin einer Vollharmonisierung des Rechts der Unternehmensgruppen) definitiv aufgegeben wurde.[37]

Nachdem im November 2004 Kommissar McCreevy die Nachfolge von Kommissar Bolkenstein antrat, kam es allerdings zu einem »*grinding halt*«. Nach einer öffentlichen Befragung und Anhörung wurde in einem Ende Mai 2006 publizierten Bericht der GD Binnenmarkt und Dienst-

---

[32] Mitteilung der Kommission (Anm. 29): 23; dabei handelt es sich im Grunde genommen um eine Maßnahme, die erheblich von der französischen *Rozenblum*-Rechtsprechung inspiriert war; cf. FORUM EUROPAEUM KONZERNRECHT 1998: 704 ff.; sodann CONAC 2013: 196 f.; zur *Rozenblum*-Rechtsprechung *infra* 110 ff.

[33] Mitteilung der Kommission (Anm. 29): 23.

[34] Mitteilung der Kommission (Anm. 29): 23; zum Ganzen eingehend THOLEN 2014: 209 ff.; ferner auch CONAC 2013: 196 f.

[35] Mitteilung der Kommission (Anm. 29): 9: »Stärkung der Aktionärsrechte und Verbesserung des Schutzes Dritter: Im Zentrum jedes gesellschaftsrechtlichen Konzepts muss die Gewährleistung eines wirksamen und angemessenen Schutzes von Aktionären und Dritten stehen. Solide Schutzbestimmungen, die bei Aktionären und Dritten ein hohes Maß an Vertrauen in Geschäftsbeziehungen schaffen, sind Grundvoraussetzung für den Erfolg und die Wettbewerbsfähigkeit eines Unternehmens«.

[36] Mitteilung der Kommission (Anm. 29): 10: »Effizienz und Wettbewerbsfähigkeit der Unternehmen sind für das Wirtschaftswachstum und die Schaffung von Arbeitsplätzen von zentraler Bedeutung und hängen von vielen Faktoren, u. a. von soliden gesellschaftsrechtlichen Rahmenbedingungen, ab«; dazu THOLEN 2014: 209.

[37] Mitteilung der Kommission (Anm. 29): 21 f.; cf. CHIAPPETTA/TOMBARI 2012: 263.

leistungen (doch etwas überraschend) festgestellt, dass sich eine deutliche Mehrheit der konsultierten Interessengruppen (71 %) gegen konzernrechtliche Maßnahmen ausgesprochen hatte.[38] Selbst die Befürworter von konzernrechtlichen Maßnahmen wollten diese auf Transparenzfragen beschränkt wissen.[39] Die Kommission griff das Thema in den nächsten Jahren nicht mehr auf; es herrschte Stille.[40]

## V. Reflection Group on the Future of EU Company Law: Abschlussbericht vom 5. April 2011

### 1. Drei konzernrechtliche Empfehlungen

Mit dem Amtsantritt von Kommissar Barnier Anfang 2010 kam das Konzernrecht wieder ins Gespräch. Dieser beauftragte im Dezember 2010 eine »Reflection Group on the Future of EU Company Law« mit der Analyse dreier Fragenkreise, zu denen – eher unerwartet – auch konzernrechtliche Themen gehörten.[41]

In ihrem Abschlussbericht vom 5. April 2011 empfahl die Arbeitsgruppe drei konzernrechtliche Initiativen.[42]

### 2. Anerkennung des Gruppeninteresses (»doctrine of the group interest«)

Die Empfehlung, eine Doktrin des Gruppeninteresses in das Unionskonzernrecht einzuführen, wurde im Abschlussbericht vom 5. April 2011 hauptsächlich mit zwei Gründen motiviert: Einerseits bringe sie mehr

---

[38] Directorate General for Internal Market and Services, Summary Report: Consultation and Hearing on Future Priorities on Modernising Company Law and Enhancing Corporate Governance in the European Union, Brussels (ohne Datum), http://ec.europa.eu/internal_market/company/docs/consultation/final_report_en.pdf: 22.

[39] Directorate General for Internal Market and Services (Anm. 38): 22; zum Ganzen statt anderer HOPT 2007: 202, 204.

[40] Cf. DRYGALA 2013: 198.

[41] Reflection Group on the Future of EU Company Law, Report of the Reflection Group on the Future of EU Company Law, Brussels 5 April 2011, http://ec.europa.eu/internal_market/company/docs/modern/reflectiongroup_report_en.pdf: 4; dazu DRYGALA 2013: 198.

[42] Reflection Group on the Future of EU Company Law (Anm. 41): 4; dazu ausführlich CHIAPPETTA/TOMBARI 2012: 261 ff.

Flexibilität in das Management einer Unternehmensgruppe, womit offensichtlich gemeint ist, dass der *straitjacket effect*, der z. B. dem deutschen Konzernrecht eigen ist (das *de facto* lediglich die Wahl zwischen Vertrags- oder faktischem Konzern zulässt), vermieden wird.[43] Andererseits würde mehr Rechtssicherheit dadurch geschaffen, dass die Grenzen der Konzernleitungstätigkeit klar gezogen seien.[44]

In der Sache wurde diese Empfehlung mit dem Argument begründet – und in diesem Punkt schließt die Reflexionsgruppe unmittelbar an den erwähnten Vorschlag im Aktionsplan aus dem Jahre 2003 an[45] –, dass eine Rahmenordnung für die Geschäftsführung in der Unternehmensgruppe, die auf der Anerkennung des Gruppeninteresses fußt, für einen konzernrechtlichen Transnationalismus unerlässlich sei.[46] Sowohl für die Organe der Mutter als auch für diejenigen der Tochter müsse ein haftungsrechtlicher *safe harbour* geschaffen werden:

»[I]f the doctrine of the group interest is recognized, the effect of this would be that it could operate as a ›safe harbour‹ for the managers of both EU parent and subsidiary companies against liability […] if they take action for a group company taking into consideration the existence of the group as a unitary business entity, particularly in the case of instructions from a parent company to take action that is in the interests of the group as a whole but arguably not in the interests of that particular company. In a cross border situation, that would mean, for example, that if a German parent has a subsidiary in the UK and another one in Italy, the directors of the subsidiaries could be relieved of their duties under UK and Italian law to act in the ›best interests of the company‹ they are serving and could lawfully rely on the ›best interest of the group‹«.[47]

Aus diesen Ausführungen geht hervor, dass der Reflexionsgruppe eine Art kupierte »*Rozenblum*«-Theorie vorgeschwebt zu haben scheint.[48]

---

[43] Reflection Group on the Future of EU Company Law (Anm. 41): 60, 61; EMCA 2013: 5.

[44] Reflection Group on the Future of EU Company Law (Anm. 41): 61; zum Ganzen etwa CONAC 2013: 205 ff.; WEBER-REY/GISSING 2014: 885 f. m.Nw.

[45] Cf. *supra* 14 f.

[46] Dazu HOMMELHOFF 2014a: 64 f.; CONAC 2013: 201 ff., insb. 205 ff.; DRYGALA 2013: 202; EKKENGA 2013: 182 f.

[47] Reflection Group on the Future of EU Company Law (Anm. 41): 60.

[48] CONAC 2013: 219 f., spricht in diesem Zusammenhang von einem »*simplified Rozenblum test*« und versucht, diesen materiell zu konkretisieren; in diesem Sinne ECLE 2012: 9; zum Ganzen auch HOMMELHOFF 2014a: 65 f.; CHIAPPETTA/TOMBARI 2012: 271 f.; zur *Rozenblum*-Doktrin *infra* 110 ff.

Die Kernidee bestand darin, dass in der Union das »Gruppeninteresse« als Rechtfertigungsgrund für die Befolgung von Konzernweisungen anerkannt wird, dass aber die Bestimmung der Voraussetzungen für die Rechtfertigung den mitgliedstaatlichen Gesetzgebern überlassen wird.[49] Indessen sollte es dabei nicht bloß um eine Berechtigung gehen:

»Similarly to the case of an individual company (whose directors must promote the company interest), the parent corporation could be vested with a right but also a duty to manage the group and its constituent companies in accordance with the overall interest of the group«.[50]

Anvisiert wird damit eine Konzernleitungspflicht, worauf später zurückzukommen ist.[51]

### 3. Simplified Single Member Company Template

Empfohlen wurde sodann die Schaffung eines Simplified Single Member Company Templates.[52] Bei diesem neuen Instrument geht es darum, eine Gesellschaftsform vorzusehen, die es im Falle von 100%-kontrollierten Konzernunternehmen erlauben würde, die Strukturen transnationaler Unternehmensgruppen zu vereinfachen.[53] Oder anders gewendet: Mit dem erwähnten Simplified Single Member Company Template soll ein einfach zu handhabender Konzernbaustein zur Verfügung gestellt werden, so dass auf diesem Weg ein teilharmonisierter Rahmen für transnational geführte *subsidiaries* entsteht.[54] Der zentrale Gedanke ist dabei, dass klassische gordische Knoten des Konzernrechts durchschlagen werden:

---

[49] Reflection Group on the Future of EU Company Law (Anm. 41): 59 ff.; dazu CONAC 2013: 203.

[50] Reflection Group on the Future of EU Company Law (Anm. 41): 59.

[51] Cf. *infra* 93 ff.

[52] Cf. Reflection Group on the Future of EU Company Law (Anm. 41): 66 f.

[53] Cf. Reflection Group on the Future of EU Company Law (Anm. 41): 66: »[T]his specific goal of facilitating cross border groups could [...] be realised relatively easily at the EU level by adopting a Directive, which would require all Member States to make available a private company template for a single shareholder company limited to harmonised rules on key issues regarding the formation, operation and governance of such a company. This would be possible because this company would only have one shareholder«.

[54] Cf. Reflection Group on the Future of EU Company Law (Anm. 41): 67: »[S]ubsidiaries of group companies, with a group company as sole shareholder, could make

»[I]ssues that normally are the hardest in [... corporate group law] such as minority protection, conflicts of interest and conflict resolution procedures including buy-outs, squeeze outs and exit rights, would not have to be addressed in the context of a single shareholder company«.[55]

Angestrebt wurde mit dieser Gesellschaftsform, grenzüberschreitenden Konzernen die Möglichkeit einzuräumen, ihren Tochtergesellschaften eine einheitliche Struktur zu verleihen, dies mit dem Ziel, die Anwendbarkeit nationaler Konzerngesetzgebungen (zumindest teilweise) auszuschließen.[56]

In rechtstechnischer Perspektive soll das anvisierte Simplified Single Member Company Template keineswegs zu einem neuen unionsrechtlichen Gesellschaftstypus führen (wie etwa die SE, die EWIV oder die SCE). Vielmehr sollen die Mitgliedstaaten eine in ihrem Recht bereits bestehende Gesellschaftsform zur Verfügung stellen, welche die vom europäischen Recht gestellten Anforderungen erfüllt.[57] Die Reflexionsgruppe sah zwei Wege, um dieses Vorhaben zu verwirklichen:

»This could be achieved either by issuing a separate EU Directive or by amending the 12th Company Law Directive (already providing specific rules for the single member company)«.[58]

---

use of [... a] simplified regime. In that situation a concern will be that the position of creditors and the interest of the subsidiary, its stakeholders and specifically its creditors is respected in a reasonable way. [...]. Although one should be careful to adopt specific rules developed in certain jurisdictions on the EU level, it is clear [...] that the fundamental concept of ›group interest‹ is recognised in many EU jurisdictions and offers a good starting point to develop appropriate rules to safeguard the interest of the subsidiary and its stakeholders, specifically its creditors«.

[55] Reflection Group on the Future of EU Company Law (Anm. 41): 66; dazu CONAC 2013: 210 f.
[56] Reflection Group on the Future of EU Company Law (Anm. 41): 57 ff.; dazu im Einzelnen CONAC 2013: 210 f.
[57] Reflection Group on the Future of EU Company Law (Anm. 41): 66: »[I]n order to secure the basic needs of entrepreneurs, it would identify the rules that are indispensable for a single member company. Member States would have to allow this simplified vehicle to be introduced in their legal system, thereby adopting the ›Simplified Sarl/GmbH/BV‹, etc. Although the essential characteristics of this entity would be formulated at the European level, such a regulatory approach would obviously not change the domestic nature of the company type«; cf. CONAC 2015: 142 f.; MALBERTI 2015: 245 ff.; ferner *infra* 101.
[58] Reflection Group on the Future of EU Company Law (Anm. 41): 66.

## 4. Transparenz von Gruppenstrukturen

Schließlich wurden längere Überlegungen über die Konzerntransparenz angestellt, die zum Schluss kamen, dass die Transparenzrichtlinie,[59] die Übernahmerichtlinie,[60] die 7. Gesellschaftsrechtsrichtlinie über konsolidierte Abschlüsse[61] und die IAS-Verordnung[62] bereits aussichtsreiche, wenn auch noch nicht hinreichende Ergebnisse zeitigten.[63] Im Einzelnen wurde ausgeführt, dass die Transparenz über Konzernbildungen mit der Transparenzrichtlinie zwar nur punktuell, aber grundsätzlich gut geregelt sei.[64] Was die Transparenz von Konzernstrukturen anbetrifft, war die Reflection Group der Meinung, dass die Umsetzung der 7. Gesellschaftsrechtsrichtlinie und IAS 27 für eine immerhin streckenweise gute Information der Gesellschafter und Dritter sorgten.[65] Im Hinblick auf die Transparenz von Konzernführung und -management könne – so die Arbeitsgruppe weiter – davon ausgegangen werden, dass jene Mitglied-

---

[59] Richtlinie 2004/109/EG des Europäischen Parlaments und des Rates vom 15. Dezember 2004 zur Harmonisierung der Transparenzanforderungen in Bezug auf Informationen über Emittenten, deren Wertpapiere zum Handel auf einem geregelten Markt zugelassen sind, und zur Änderung der Richtlinie 2001/34/EG, ABl. L 390, 31.12.2004, 38.

[60] Richtlinie 2004/25/EG des Europäischen Parlaments und des Rates vom 21. April 2004 betreffend Übernahmeangebot, ABl. L 142, 30.4.2004, 12; dazu ausführlich GRUNDMANN 2012: 717 ff.; skeptisch DRYGALA 2013: 201.

[61] Siebente Richtlinie 83/349/EWG des Rates vom 13. Juni 1983 aufgrund von Artikel 54 Absatz 3 Buchstabe g) des Vertrages über den konsolidierten Abschluss, ABl. L 193, 18.6.1983, 1 (aufgehoben durch Richtlinie 2013/34/EU; dazu *infra* 20, Anm. 68).

[62] Verordnung (EG) Nr. 1606/2002 des Europäischen Parlaments und des Rates vom 19. Juli 2002 betreffend die Anwendung internationaler Rechnungslegungsstandards, ABl. L 243, 11.9.2002, 1.

[63] Cf. im Einzelnen Reflection Group on the Future of EU Company Law (Anm. 41): 71 ff.; ähnliche Einschätzung von THOLEN 2014: 165: »Ein Blick auf die verabschiedeten Richtlinien und Verordnungen zeigt, dass diese nur wenige Regelungen mit konzernrechtlichem Bezug enthalten. Diese betreffen zum einen den Bereich der Publizität, zu nennen sind hier die Richtlinie über den konsolidierten Abschluss zusammen mit der IAS-Verordnung sowie die Transparenzrichtlinie, zum anderen – zu nennen ist hier neben den soeben genannten auch die Übernahmerichtlinie – den Bereich des Kapitalmarktrechts. Insgesamt kommt diesen Regelungen im Gesamtsystem des Konzernrechts zwar durchaus Bedeutung zu, jedoch ändert dies nichts daran, dass letztlich nur Einzelfragen geregelt werden. Ein ›europäisches Konzernrecht‹ lässt sich deshalb auch aus den verabschiedeten Richtlinien und Verordnungen nicht ableiten«.

[64] Reflection Group on the Future of EU Company Law (Anm. 41): 70.

[65] Reflection Group on the Future of EU Company Law (Anm. 41): 70 f.

staaten, die nationale Konzerngesetze haben, damit automatisch diesen Fragenkreis abdecken.[66] Auf diese Befunde hin folgte eine Liste von als unerlässlich erachteten Verbesserungsmaßnahmen für die Konzerntransparenz.[67] Daraus ist bis heute nicht allzu viel geworden – sieht man vom substantiellen Empfehlungspapier der ICLEG vom März 2016 ab, auf das hier nur verwiesen werden soll, da sich diese Schrift nur am Rande mit Konzerntransparenz auseinandersetzt[68] –, obschon der Aktionsplan von 2012 zumindest mit dem Projekt der Regelung von Transaktionen mit nahestehenden Unternehmen und Personen sowie der Regelung von managerialen Vergütungen (»*say on pay*«)[69] ein Konzerntransparenzthema aufgegriffen hat.[70]

## VI. Aktionsplan vom 12. Dezember 2012

### 1. Konzernrechtsthemen

Als Ergebnis einer am 20. Februar 2012 durchgeführten Konsultation[71] und nachdem das Parlament am 14. Juni 2012 eine Wiederaufnahme der Arbeiten an einem europäischen Konzernrecht gefordert hatte,[72] veröffentlichte die Kommission am 12. Dezember 2012 einen neuen

---

[66] Reflection Group on the Future of EU Company Law (Anm. 41): 71 f.
[67] Reflection Group on the Future of EU Company Law (Anm. 41): 72 ff.; zum Ganzen auch ECLE 2013: 4 ff.
[68] ICLEG 2016; das Empfehlungspapier dieser Arbeitsgruppe setzt sich maßgeblich mit der Richtlinie 2013/34/EU des Europäischen Parlaments und des Rates vom 26.6.2013 über den Jahresabschluss, den konsolidierten Abschluss und damit verbundenen Berichte von Unternehmen bestimmter Rechtsformen und zur Änderung der Richtlinie 2006/43/EG des Europäischen Parlaments und des Rates und zur Aufhebung der Richtlinien 78/660/EWG und 83/349/EWG des Rates, ABl L 182, 29.6.2013, 19, auseinander, die vorliegend nur gestreift wird, weil die Frage der Konzerntransparenz im Aktionsplan vom 12.12.2012 (der den Schwerpunkt der vorliegenden Studie bildet), wie im Text erwähnt, nur am Rande aufgeworfen wird.
[69] Dazu statt anderer RENNER 2015: 515.
[70] Cf. *infra* 30.
[71] Sog. »Öffentliche Konsultation 2012«, http://ec.europa.eu/internal_market/consultations/2012/company_law_en.htm; dazu THOLEN 2014: 213.
[72] Entschließung des Europäischen Parlaments vom 14.6.2012 zur Zukunft des Europäischen Gesellschaftsrechts, Dok. 2012/2669(RSP), http://www.europarl.europa.eu/sides/getDoc.do?pubRef=//EP//TEXT+TA+P7-TA-20120259+0+DOC+XML+V0//EN&language=EN; cf. auch Feedback-Erklärung vom 17. Juli 2012 und Antworten, http://e

Aktionsplan über die Modernisierung des europäischen Gesellschaftsrechts.[73] Darin wurde u. a. in Aussicht gestellt, dass 2014 eine konzernrechtliche Initiative lanciert wird, die drei einschlägige Fragen betrifft. Freilich muss festgestellt werden, dass sich bislang die am 9. April 2014 in Angriff genommene Umsetzung dieser konzernrechtlichen Punkte des Aktionsplans im Ergebnis als etwas weniger ambitiös entpuppt hat, als erwartet werden durfte.[74]

2. *Anerkennung des Gruppeninteresses*

Eine von der Kommission organisierte Expertenkonferenz, die kurz nach Veröffentlichung des Abschlussberichts der Reflexionsgruppe[75] am 16. und 17. Mai 2011 in Brüssel stattfand,[76] schätzte die hier fragliche Doktrin hauptsächlich positiv ein.[77] Unklar blieb allerdings die Funktion, die

---

c.europa.eu/internal_market/company/modern/index_de.htm#consultation2012; dazu HOPT 2013: 173, 182.

[73] Mitteilung der Kommission an das Europäische Parlament, den Rat, den Europäischen Wirtschafts- und Sozialausschuss und den Ausschuss der Regionen: Europäisches Gesellschaftsrecht und Corporate Governance – ein moderner Rechtsrahmen für engagierte Aktionäre und besser überlebensfähige Unternehmen, COM(2012) 740 endg.; dazu HOMMELHOFF 2014a: 63 ff.; HOPT 2013: 166 ff.; DERS. 2015b: 19; CONAC 2013: 204 f.; EKKENGA 2013: 181 ff.; cf. in diesem Zusammenhang auch den noch vor dem Aktionsplan von der Kommission bei der London School of Economics (LSE) in Auftrag gegebenen und im April 2013 vorgelegten Länderbericht über die Pflichten und die Haftung von gesellschaftsrechtlichen Geschäftsführern, der vereinzelte Aussagen über nationalrechtliche Konzernvorschriften enthält: GERNER-BEUERLE/ PAECH/SCHUSTER 2013a; DIES. 2013b.

[74] Cf. die Übersicht in: European Commission, Press Release: European Commission proposes to strengthen shareholder engagement and introduce a »say on pay« for Europe's largest companies, 9.4.2014, http://europa.eu/rapid/pressrelease_IP14396_en.htm?locale=en; dazu (mit breit angelegter Rechtsvergleichung) FLEISCHER 2014: 2691 ff.; ferner SEIBT 2014: 1913 ff.

[75] Cf. *supra* 15 ff.

[76] Dazu ausführlich CHIAPPETTA/TOMBARI 2012: 263 ff.

[77] PIERRE-HENRI CONAC, in: European Commission, Conference on European Company Law: The Way Forward, 16./17.5.2011, http://ec.europa.eu/internalmarket/company/modern/index_en.htm#conference; FRANCESCO CHIAPPETTA, *loc. cit.;* in diesem Sinne auch FORMER REFLECTION GROUP ON THE FUTURE OF EU COMPANY LAW 2013: 325; skeptisch demgegenüber VANESSA KNAPP, *loc. cit.*, mit dem eher dürftigen Argument, es fehle an empirischen Daten, um die Notwendigkeit eines transnationalen Unionskonzernrechts zu begründen; dürftig deshalb, weil KNAPP in

der Rechtsfigur des Gruppeninteresses zukommen sollte: Während diese Figur von den einen als Instrument verstanden wurde, um die Konzernleitungszuständigkeiten der Organe der Mutter festzulegen,[78] wurde sie von anderen dahingehend begriffen, dass sie es den Organen der Tochter erlauben würde, das Interesse der Unternehmensgruppe bei ihren Geschäftsentscheidungen zu berücksichtigen.[79] Fundamentale Fragen blieben mithin offen, die auch der Aktionsplan vom 12. Dezember 2012 nicht geklärt hat.[80] Auf diesen Punkt wird später zurückzukommen sein.[81]

Im Aktionsplan selber hielt sich die Kommission mit ihren Bemerkungen zurück. Einerseits wurde festgestellt, dass im Rahmen der »Öffentlichen Konsultation 2012« eine EU-weite Anerkennung des Begriffs »Gruppeninteresse« begrüßt, demgegenüber aber der Vorstellung eines EU-Rechtsrahmens für Unternehmensgruppen mit Vorsicht begegnet wird.[82] Die wohl nur als labil zu qualifizierende Begrifflichkeit, derer sich diese Aussage bedient, offenbart, wie unausgegoren sich die *doctrine of the group interest* im Aktionsplan ausnahm.

### 3. GmbH mit einem einzigen Gesellschafter (»Societas Unius Personae«)

Das im Aktionsplan vom 12. Dezember 2012 noch vereinfachend als »GmbH mit einem einzigen Gesellschafter« bezeichnete Vorhaben, aus dem sich rund ein Jahr später das Projekt der SUP ergeben sollte,[83] ist

---

keiner Weise darlegt, dass es empirisch Daten gibt, die einem konzernrechtlichen Transnationalismus die Fähigkeit versagt, die Verwirklichung des Binnenmarktes zu behindern. KNAPP scheint in diesem Zusammenhang lediglich auf das Argument zu setzen, dass jegliche einschlägige Empirie fehlt, was in dieser radikalen Form nicht zutrifft; cf. mit empirischen Nw. etwa BARTMAN 2007: 207 ff.

[78] CHIAPPETTA (Anm. 77): 5.

[79] CONAC (Anm. 77): 2 f.; in einer späteren Stellungnahme hat CONAC 2013: 195, seine Auffassung dahingehend präzisiert, dass dem Konzerninteresse eine Doppelfunktion zukommt: »The recognition of the interest of the group would allow the members of the board of the subsidiary, or the parent company, to take into consideration the existence of the interest of the group«; dieser »Doppelgehalt« der Doktrin des Gruppeninteresses wird vorliegend befürwortet; eingehend dazu *infra* 87 f.

[80] Mitteilung der Kommission (Anm. 73), 17; cf. zu dieser Frage eingehend *infra* 24 ff.

[81] Cf. *infra* 87 ff.

[82] Mitteilung der Kommission (Anm. 73), 17.

[83] Cf. *infra* 27 ff.

die Folge davon, dass vor allem (aber nicht ausschließlich[84]) die deutsche Wissenschaft und Politik vehement gegen die Einführung der Societas Privata Europaea (»SPE«) argumentiert und diese zum Scheitern gebracht haben.[85] Der Zweck der SUP ist derselbe wie derjenige der abgeschossenen SPE: Den KMU eine einfache, flexible und einheitliche europäische Rechtsform[86] zur Verfügung zu stellen, um ihnen kostengünstig und unter Abbau von faktischen Schranken der Niederlassungsfreiheit[87] die grenzüberschreitende Gründung von Tochtergesellschaften zu erlauben.[88]

Im Aktionsplan von 2012 wurde denn auch (implizit) ein entsprechender Richtlinienvorschlag angekündigt,[89] der am 9. April 2014 veröffentlicht wurde.[90] Auf den Inhalt dieses Entwurfes ist später einzugehen.[91]

## 4. Transaktionen mit nahestehenden Unternehmen und Personen (»Related Party Transactions«)

Der Plan, Transaktionen mit nahestehenden Unternehmen und Personen einer verschärften Regelung zu unterstellen, geht auf eine Anregung des Europäischen Corporate Governance-Forums zurück.[92] Unter diesem Begriff versteht die Kommission »Abschlüsse, bei denen ein Unternehmen

---

[84] Cf. zu den verschiedenen mitgliedstaatlichen Einwendungen gegen die SPE CONAC 2015: 141 f.
[85] Dazu statt anderer HOPT 2015: 185 f.; JUNG 2015: 645 f.
[86] Diesen Begriff gilt es allerdings im Hinblick auf die SUP zu präzisieren; cf. infra 101.
[87] Zu diesem Punkt CONAC 2015: 145 ff.
[88] Mitteilung der Kommission (Anm. 73): 15: »Was insbesondere das Gesellschaftsrecht betrifft, vertritt die Kommission die Auffassung, dass KMU einfacheren und weniger schwerfälligen Bedingungen bei ihrer Geschäftstätigkeit in ganz Europa unterliegen sollten, und für die Kommission ist es eine klare Priorität, konkrete Maßnahmen in diesem Sinne zu erlassen«; dazu CONAC 2015: 140 ff.; cf. zum Motiv, durch die SUP zur Bildung von KMU-Konzernen beizutragen, TEICHMANN 2015: 203 ff. m.Nw.
[89] Mitteilung der Kommission (Anm. 73): 17.
[90] Vorschlag für eine Richtlinie des Europäischen Parlaments und des Rates über Gesellschaften mit beschränkter Haftung mit einem einzigen Gesellschafter, 9.4.2014, COM(2014) 212 endg.: 15 f.
[91] Cf. infra 27 ff.
[92] Erklärung des Europäischen Corporate-Governance-Forums zu Transaktionen mit nahestehenden Unternehmen und Personen bei börsennotierten Unternehmen vom 10. März 2011, http://ec.europa.eu/internal_market/company/docs/ecgforum/e cgf_related_party_transactions_en.pdf.

einen Vertrag mit den Mitgliedern der Geschäftsführung oder kontrollierenden Aktionären schließt«.[93] Dass RPTs, die auch Konzernrechtsrelevanz besitzen können,[94] für das Unternehmen und die daran Beteiligten abträglich sein können, liegt auf der Hand. Die zur Zeit der Vorlage des Aktionsplanes vom 12. Dezember 2012 bereits bestehenden Regeln über RPTs wurden als unzulänglich eingestuft. Denn die Unternehmen waren damals lediglich gehalten, solche Transaktionen im Anhang ihres Jahresabschlusses der Art und dem Betrage nach publik zu machen.[95] Deshalb schlug das Europäische Corporate Governance-Forum vor, dass RPTs, die einen bestimmten Schwellenwert erreichen, der Bewertung eines unabhängigen Beraters bedürfen. Darüber hinaus sollten Transaktionen dieser Art, die einen erheblichen Teil des Gesellschaftsvermögens betreffen, von den Aktionären gutgeheißen werden. Diese Empfehlungen wurden im Aktionsplan von 2012 übernommen, unter Ankündigung einer möglichen Änderung der Aktionärsrechterichtlinie.[96]

## VII. Stand der Gesetzgebungsarbeiten

### 1. Doktrin des Gruppeninteresses

Die Erkenntnislage im Hinblick auf die nunmehr so genannte *doctrine of the group interest* hat sich seit der Veröffentlichung des Aktionsplanes vom 12. Dezember 2012 nicht wesentlich entwickelt. Von den Behörden wurde nicht viel unternommen, um die hier fragliche Doktrin rechtspolitisch weiterzubringen und konzeptionell voranzutreiben. So wurde lediglich eine Panelkonferenz über das Thema organisiert, die am 15. Dezember 2015 auf Initiative der luxemburgischen Ratspräsidentschaft und der Kommission stattfand. Deren Ergebnisse sind in einem Weißbuch festgehalten.[97]

---

[93] Mitteilung der Kommission (Anm. 73): 11.
[94] Cf. *infra* 119 f.
[95] Cf. die (aufgehobenen) Art. 43 Abs. 1 Nr. 7b Richtlinie 78/660/EWG und Art. 34 Abs. 7b Richtlinie 83/349/EWG; in Kraft steht heute die Richtlinie 2013/34/EU; dazu *supra* 20, Anm. 68.
[96] Mitteilung der Kommission (Anm. 73): 11.
[97] TOM LOESCH et al., Panel 02: Governance of Subsidiaries in Multinational Groups, in: Presidency of the Council of the European Union et al. (Hrsg.), Corporate Governance in a Changing Financial and Regulatory Landscape: Report on the Findings of the

Fasst man diese Ergebnisse zusammen, so wird das Gruppeninteresse zunächst als betriebswirtschaftlicher Leitfaden verstanden, um Prinzipien der Aufbau- und Ablauforganisation eines Konzerns zu definieren (»strukturelle Funktion«).[98] Alsdann soll diese Figur auch dazu dienen, den Organen der Konzernspitze ein Instrument an die Hand zu geben, um die strategische Ausrichtung der Gruppe – und somit deren Interessen – zu definieren. Und zwar mit dem Ziel, einen Maßstab zur Verfügung zu stellen, damit die Tochter- und Enkelgesellschaftsorgane die Interessen ihres Unternehmens gegen diejenigen des Konzernverbundes abwägen und auf diesem Weg ihre geschäftlichen Entscheidungen rechtskonform treffen können (»operative Funktion«).[99] In dieser Hinsicht bleibt noch viel Konkretisierungsarbeit zu leisten.[100]

Zur Zeit scheint die Kommission ihre Ressourcen in andere Vorhaben investieren zu wollen. Am 20. Juli 2015 wurden der Kommission drei parlamentarische Anfragen gestellt, die die Doktrin des Gruppeninteresses betrafen. Die erste bezog sich auf den Umstand, dass diese Doktrin die Durchsetzung der globalen Strategie einer Unternehmensgruppe zulasten der Interessen von Töchtern bezweckt; gefragt wurde, inwiefern diese Zwecksetzung mit kleineren *subsidiaries* in abgelegenen Regionen Europas, wo die vom Konzern angebotenen Arbeitsstellen von großer Bedeutung sind, zu vereinbaren ist.[101] Die zweite Anfrage ging von der Feststellung aus, dass sich *intra-group operations* hauptsächlich um die

---

17th European Corporate Governance Conference, 15.12.2015, 10–13, http://www.ecgi.org/presidency/luxembourg2015/Luxembourg-Public-PolicyWhitepaper_V13.pdf.

[98] LOESCH et al. (Anm. 97), 10: »[Recommendations for the] manag[ement of] situations where the interests of the group and the interests of subsidiaries are in conflict with each other […] are basing the organizational structure of groups on economical and business considerations; induction and regular information sessions for directors so that they understand the purpose of the subsidiary; and the adoption of a rule book for dealing with conflict of interest situations«.

[99] LOESCH et al. (Anm. 97), 12: »[The solution to resolve conflicts between group interests and interests of subsidiaries should consist in] setting up a charter for each legal entity, which defines what the role of each board of directors is and how they should go about their business while promoting the interests of the company. The charter can outline the primary interests at a subsidiary level with consideration also given to group interests. In addition, it can include a system for dealing with conflicts of interest in a transparent and upfront manner«.

[100] Cf. *infra* 87 ff.

[101] Question for written answer to the Commission, Rule 130, Miguel Viegas (GUE/NGL), 20.7.2015,E-011603-15.

Bereiche der Kostenallokation hinsichtlich Verwaltungsmaßnahmen, F&E sowie Logistik, sodann um Entscheidungen betreffend Expansions- und Investment-Vorhaben und schließlich um konzerninterne Verträge, die sich außerhalb des Drittmannstests bewegen, drehen; gefragt wurde, inwiefern die Anerkennung des Gruppeninteresses die konzernweite Compliance hinsichtlich dieser Intragruppenmaßnahmen gefährdet.[102] Drittens wurde die Frage gestellt, was der gegenwärtige Stand der Ausarbeitung der Doktrin des Gruppeninteresses ist.[103] Auf diese Anfragen gab die Kommission dieselbe, in der Sache nicht wirklich weiterführende Antwort:

»The Commission does not plan any specific horizontal action regarding the ›group interest‹ at this stage. In the area of financial services the group interest has already been indirectly recognised. The Banking Recovery and Resolution Directive (BRRD) of 15 May 2014 organises the regime of intra group financial support in cross-border situations in case one of the entities to the agreement would meet the condition for an early intervention, i. e. would face rapidly deteriorating financial conditions. Recital 38 of this directive explains why an EU intervention was necessary in this field: ›It is, therefore, appropriate to set out under which conditions financial support may be transferred among entities of a cross-border group of institutions with a view to ensuring the financial stability of the group as a whole without jeopardising the liquidity or solvency of the group entity providing the support‹. Any horizontal action concerning the group interest would have to provide for the protection of the interests of creditors and a fair balance of burdens and advantages over time for shareholders as stated in Commission 2003 Action Plan. Such appropriate safeguards would have to be carefully designed«.[104]

Diese Antwort lässt keinen anderen Schluss zu, als dass es kurz- und mittelfristig der Konzernrechtswissenschaft obliegt, die Konturen der Doktrin des Gruppeninteresses zu definieren.[105]

Hinsichtlich der legislativen Form, in welche die Gruppeninteressendoktrin zu kleiden ist, hat sich der Aktionsplan vom 12. Dezember

---

[102] Question for written answer to the Commission, Rule 130, Miguel Viegas (GUE/NGL), 20.7.2015,E-011602–15.

[103] Question for written answer to the Commission, Rule 130, Miguel Viegas (GUE/NGL), 20.7.2015,E-011604–15.

[104] Joint answer given by Ms Jourová on behalf of the Commission Written questions: E-011602/15, E-011604/15, E-011603/15, 25.9.2015, http://www.europarl.europa.eu/sides/getAllAnswers.do?reference=E-2015–011603&language=EN.

[105] Zu einem solchen konzernrechtswissenschaftlichen Vorschlag *infra* 87 ff.

VII. Stand der Gesetzgebungsarbeiten                                    27

2012 – im Gegensatz zur Reflexionsgruppe[106] – nicht geäußert.[107] Gegenwärtig scheint sich die Meinung durchzusetzen, dass aus verschiedenen Überlegungen (die namentlich die Gefahr eines politischen Dissenses in Rat und Parlament zum Gegenstand haben) das adäquate Instrument die (unverbindliche) Empfehlung nach Art. 288 Abs. 1 und 5 AEUV ist.[108]

2. *Societas Unius Personae*

Wie erwähnt, wurde der Vorschlag einer SUP-Richtlinie am 9. April 2014 veröffentlicht.[109] Von primärer konzernrechtlicher Relevanz war darin Art. 23 (»Weisungen des Gesellschafters«),[110] der dem einzigen Gesellschafter der SUP das Recht einräumt, dem Leitungsorgan verbindliche Weisungen zu erteilen (Abs. 1), sofern diese nicht gegen die Satzung oder das anwendbare nationale Recht verstoßen (Abs. 2).[111]

Dieses Vorhaben stieß auf erhebliche Kritik.[112] Aus diesem Grund legte die italienische Ratspräsidentschaft am 14. November 2014 einen Kom-

---

[106] Reflection Group on the Future of EU Company Law (Anm. 41): 65, die die Form der unverbindlichen Empfehlung vorschlägt.

[107] Cf. statt anderer HOPT 2013: 175.

[108] Cf. namentlich die FORMER REFLECTION GROUP ON THE FUTURE OF EU COMPANY LAW 2013: 325 f.; ECLE 2012: 9; grundlegend HOMMELHOFF 2014a: 68; CONAC 2013: 213.

[109] Vorschlag für eine Richtlinie (Anm. 90); zur Struktur dieses Richtlinienvorschlags JUNG 2015: 647 f.

[110] Diese Bestimmung lautet: »1. Der einzige Gesellschafter ist berechtigt, dem Leitungsorgan Weisungen zu erteilen. 2. Die Weisungen des einzigen Gesellschafters sind für die Geschäftsführer nicht bindend, soweit sie gegen die Satzung oder das anwendbare nationale Recht verstoßen«; dazu ausführlich CONAC 2015: 162 ff.; MALBERTI 2015: 256 ff.

[111] Im Erwägungsgrund 23 des Vorschlags für eine Richtlinie (Anm. 90) wird dieses Recht folgendermaßen begründet: »Um die Tätigkeit von Unternehmensgruppen zu erleichtern, sollten die Weisungen des einzigen Gesellschafters an das Leitungsorgan bindend sein. Nur wenn solche Weisungen gegen das nationale Recht des Mitgliedstaats, in dem die Gesellschaft eingetragen ist, verstoßen würden, sollte das Leitungsorgan sie nicht befolgen. Mit Ausnahme von Satzungsbestimmungen, nach denen nur alle Geschäftsführer gemeinsam die Gesellschaft vertreten können, sollten Beschränkungen der Befugnisse der Geschäftsführer, die sich aus der Satzung ergeben, insoweit nicht bindend sein, als sie Dritte betreffen«; cf. auch die Bemerkungen im Vorschlag für eine Richtlinie (Anm. 90): 9.

[112] Cf. nur KINDLER 2015: 355 m.Nw.

promissvorschlag vor (»Cofferati Report«).[113] Dieser nimmt – im vorliegend einschlägigen Bereich – zwei gewichtige Änderungen an Art. 23 sowie an Erwägungsgrund 23 des Richtlinienvorschlags vor:[114]

(1) Vorab soll dem Weisungsrecht des einzigen SUP-Gesellschafters eine zweite, aus nationalen Gesetzgebungen fließende Grenze gezogen werden: Nicht nur das Recht des Eintragungsstaates (d.h. am Sitz der Gesellschaft) – wie das die Kommission vorsah –, sondern auch dasjenige am Ort des effektiven Verwaltungssitzes soll das Weisungsrecht beschränken können.

(2) Sodann soll das nationale Recht das Leitungsorgan dazu anhalten können (nicht: müssen), eine Prävalenz des Gruppeninteresses dann abzulehnen, wenn sich die Berücksichtigung weiterer mit der SUP verbundener Interessen (wie namentlich anerkannte *stakeholder*-Interessen) aufdrängt.[115]

---

[113] General Secretariat of the Council, Proposal for a Directive of the European Parliament and of the Council on single-member private limited liability companies, 14.11.2014, Dok. 14648/14; General Secretariat of the Council, Proposal for a Directive of the European Parliament and of the Council on single-member private limited liability companies, 6.1.2015, Dok. 5005/15; dazu JUNG 2015: 646.

[114] Nach dem General Secretariat of the Council (Anm. 113) lautet Art. 23 (»The single-member's instructions«) folgendermaßen: »1. The single-member shall have the right to give instructions to the management body. 2. Instructions given by the single-member shall not be binding for any director insofar as they violate the articles of association or the applicable national law *or the laws of the countries in which the SUP operates*« (die Hervorhebungen kennzeichnen die Änderungen im Vergleich zur Fassung der nämlichen Bestimmung im Vorschlag für eine Richtlinie [Anm. 90]); Erwägungsgrund 23 hat im Cofferati Report folgenden Wortlaut: »In order to facilitate the operation of groups of companies, instructions issued by the single-member to the management body should be binding. Only where following such instructions would entail violating the national law of the country Member State in which the company is registered or in which it operates, the management body should not follow them. This Directive, therefore, obliges the directors to take into account the interests other than that of the single-member in case national legislation where the SUP is registered or operates requires such interests to be taken into account. In taking into account such interests the directors could consider, among others, the interest of the SUP as opposed to the interest of the group which it could form part, the interest of creditors or contactors as well as the interest of protection of environment or employees«; zum Ganzen vor allem KINDLER 2015: 356 ff.

[115] Eine unpublizierte zweite Version des italienischen Kompromissvorschlages (General Secretariat of the Council [Anm. 113]) wurde im Dezember 2014 vorgelegt; dazu TEICHMANN/FRÖHLICH 2015: 4.

## VII. Stand der Gesetzgebungsarbeiten

Diesem Kompromiss war freilich – trotz seiner Ausgewogenheit – kein Erfolg beschieden. Es verblieb ein – entscheidender – Zweifel: »The basic question as to whether the applicable national law would allow an instruction in favour of the group interest remained unsolved«.[116] Letztlich war dieser Zweifel im Grunde kein solcher des Rechts der Mitgliedstaaten, sondern vor allem einer der Interpretation des methodischen Ansatzes der Teilharmonisierung.[117]

Die lettische Ratspräsidentschaft machte daraufhin kurzen Prozess: Sie strich den Erwägungsgrund 23 sowie Art. 23 des italienischen Kompromissvorschlags ersatzlos.[118] Zu notieren ist allerdings, dass der lettische Richtlinienvorschlag, der am 28. Mai 2015 vom Rat angenommen wurde,[119] in den Erwägungsgründen 3, 7, 8 und 13 die SUP weiterhin als mögliche Tochter (»*subsidiary*«) erwähnt. Insofern stellen sich Auslegungsfragen im Hinblick darauf, ob die SUP von Unionsrechts wegen fähig ist, als abhängiges Unternehmen zu dienen, d. h. als ein solches, das einer einheitlichen Leitung unterworfen werden kann. Diese Frage wird später behandelt.[120]

Die Arbeiten des Parlaments an der SUP haben am 18. Februar 2015 begonnen.[121] Die Auffassungen im Parlament variieren erheblich.[122] Immerhin scheint eine gewisse Tendenz vorzuherrschen die SUP weiterhin als Konzernbaustein zu verstehen, ohne dass schon klar wäre, an welche

---

[116] TEICHMANN/FRÖHLICH 2015: 22.
[117] Cf. eingehend JUNG 2015: 652 f. m.Nw., die davon spricht, dass die Kommission mit der SUP »a kind of ›Hybrid‹« geschaffen hat; ferner MALBERTI 2015: 263 ff.
[118] General Secretariat of the Council, Outcome of Proceedings: Proposal for a Directive of the European Parliament and of the Council on single-member private limited liability companies, 29.5.2015, Dok. 9050/15. Diesem Dokument waren insgesamt vierzehn Sitzungen der Working Group on Company Law vorausgegangen.
[119] Cf. European Council, Single-member private limited liability companies: Council agrees on general approach, http://www.consilium.europa.eu/en/press/press-releases/2015/05/28-29-compet-single-member-private-companies/.
[120] Cf. *infra* 98 ff.
[121] Cf. European Parliament, Initial Appraisal of a European Commission Impact Assessment: Single-Member Private Limited Liability Companies, 18.2.2015, Doc. PE 528.814.
[122] Europäisches Parlament, Ausschuss für Beschäftigung und soziale Angelegenheiten: Stellungnahme zu dem Vorschlag für eine Richtlinie des Europäischen Parlaments und des Rates über Gesellschaften mit beschränkter Haftung mit einem einzigen Gesellschafter, Änderungsanträge 1–245, 18.5.2015, Dok. PE549.466v01-00; IDEM, Ausschuss für Binnenmarkt und Verbraucherschutz, 23.7.2015, Dok. 2014/0120(COD); IDEM, Rechtsausschuss, 26.1.2016, Dok. PE575.031v02-00.

Voraussetzungen eine solche Verwendung dieser Gesellschaftsform gebunden sein soll.

### 3. Related Party Transactions

Der am 9. April 2014 vorgelegte Vorschlag der Kommission zur Änderung der Richtlinie 2007/36/EU (Aktionärsrechterichtlinie) bezweckt, die Transparenz innerhalb der Gruppe zu erhöhen.[123] Art. 9c des Kommissionsvorschlags[124] sah vor, dass RPTs, die mehr als 5 % des Vermögens der Unternehmen betreffen oder erhebliche Auswirkungen auf den Gewinn oder den Umsatz haben, von den Gesellschaftern zu genehmigen sind.[125] Kleinere RPTs, die die Schwelle von 1 % des Vermögens der Unternehmen überschreiten, sollten hingegen bloß öffentlich bekannt gemacht werden, zusammen mit einer *fairness opinion* eines unabhängigen Dritten, der insb. bestätigt, dass die Transaktion *at arm's length* geschieht.[126] Von Konzernrechtsrelevanz ist der Kommissionsvorschlag, weil die Regelung von RPTs auch das Verhältnis von Mutter- und Tochtergesellschaft betrifft, worauf später eingegangen wird.[127]

Unter der italienischen Ratspräsidentschaft wurde dieser Vorschlag insgesamt drei Mal – letztmals am 5. Dezember 2014[128] – überarbeitet und in der Sache dahingehend verwässert, dass »den Mitgliedstaaten durch Aufweichung der zwingenden Vorgaben ein deutlich weitergehender Ge-

---

[123] Kommission, Vorschlag für eine Richtlinie des Europäischen Parlaments und des Rates zur Änderung der Richtlinie 2007/36/EG im Hinblick auf die Förderung der langfristigen Einbeziehung der Aktionäre sowie der Richtlinie 2013/34/EU in Bezug auf bestimmte Elemente der Erklärung zur Unternehmensführung, COM(2014) 213 endg.

[124] Vorschlag für eine Richtlinie (Anm. 123): 9, 26f.

[125] Cf. etwa RENNER 2015: 514 m.Nw.

[126] Art. 9c des Kommissionsvorschlags traf auf erhebliche Kritik; dazu in erster Linie ENRIQUES 2015 (mit profunder Analyse und tiefschürfenden Einwendungen); ferner DRYGALA 2013: 208ff.; demgegenüber eher positiv (mit ausgewogenen kritischen Bemerkungen) FLEISCHER 2014: 2691ff.

[127] Dazu eingehend *infra* 119.

[128] General Secretariat of the Council, Working Party on Company Law: Proposal for a Directive of the European Parliament and of the Council Amending Directive 2007/36/EC as Regards the Encouragement of Long-Term Shareholder Engagement and Directive 2013/34/EU as Regards Certain Elements of the Corporate Governance Statement, 5.12.214, Dok. 15647/14.

## VII. Stand der Gesetzgebungsarbeiten

staltungsspielraum bei der Umsetzung eingeräumt wurde«.[129] Vor allem drei Modifikationen sind im Kontext zu erwähnen:[130]

(1) Die Streichung der zwingenden Substanzialitätsschwellen (»*materiality*«) für »große« RPTs, die nunmehr von den Mitgliedsstaaten festzulegen sind. Diese haben freilich bei der Umsetzung zu berücksichtigen, welche Bedeutung die Kenntnis der Transaktion für die Gesellschafter hat und welche Risiken die Transaktion für die Gesellschaft und die Minderheitsgesellschafter in sich birgt (»*minimum standard*«; Art. 9c Abs. 6).

(2) Die zwingende Zuständigkeit der HV für »große« RPTs wird gestrichen und die Mitgliedsstaaten können diese Kompetenz auch auf das Aufsichts- oder Exekutivorgan übertragen (Art. 9c Abs. 2).

(3) Klargestellt wird schließlich, dass Transaktionen der Mutter denjenigen der Tochter gleichstellt sind (dies unter Vorbehalt eines Schutzes der Minderheiten erstgenannter Gesellschaft; Art. 9c Abs. 5).

Das Blatt hat sich unter der lettischen Ratspräsidentschaft allerdings wieder gewendet. Der vorgelegte Kompromissvorschlag geht in seiner Tendenz wieder in Richtung des Kommissionsentwurfes.[131]

In den Debatten des Europäischen Parlaments sind die Auffassungen hinsichtlich Zuständigkeiten für RPTs (sowie der Definition dieses Begriffes) noch äußerst strittig. Zahlreiche *amendments* von Art. 9c wurden eingereicht.[132] In der ersten Plenarsitzung scheint eine überwiegende Tendenz feststellbar, entweder zum Kommissionsvorschlag zurück zu kehren, oder dem Kompromissentwurf der lettischen Ratspräsidentschaft beizupflichten. Dieser Umstand spricht dafür, in den RPTs ein wahres Problem zu erblicken, das – vor allem in Konzernverhältnissen – in konsequenter Weise anzugehen ist.

Die zentrale Frage wird sein, welche wirtschaftsrechtliche Funktion die Regeln der Related Party Transactions erfüllen.[133]

---

[129] VETTER 2015: 279.
[130] General Secretariat of the Council (Anm. 128): 32 ff.
[131] Dazu eingehend *infra* 117 ff.
[132] Cf. insb. European Parliament 2014–2019, Committee on Legal Affairs, Amendments 290–490, 25.2.2015, Dok. PE544.471v01-00; Opinion of the Committee on Economic and Monetary Affairs for the Proposal for a Directive of the European Parliament and of the Council Amending Directive 2007/36/EC as Regards the Encouragement of Long-Term Shareholder Engagement and Directive 2013/34/EU as Regards Certain Elements of the Corporate Governance Statement, 2.3.2015, Dok. 2014/0121(COD).
[133] Cf. *infra* 120 ff.

*Kapitel 2*

# Funktion

> [D]ie Anstalt hock[t]e wie eine riesige
> Spinne inmitten des Landes und die
> Fäden ihres Netzes reichten bis in die
> hintersten Dörfer.
>
> Friedrich Glauser, Matto regiert,
> 1936/2013, 135.

## I. Recht und Sozialtheorie

### 1. Soziologische Jurisprudenz

Die soeben dargestellten, sich im Entstehen befindlichen europäischen Regeln des konzernrechtlichen Transnationalismus sind auf den Pulten von gesetzgebenden Juristen entworfen worden und werden dort weiterentwickelt. Der Konzern ist demgegenüber – im Gegensatz zu den klassischen rechtlichen Organisationsformen (wie die Aktiengesellschaft oder die GmbH) – nie über diese Pulte gegangen. Er ist in der Praxis entstanden,[1] ja er ist Praxis, die durch iterativ-reflexive Operationen im Funktionssystem Wirtschaft über die Zeit kautelarpraktische Regelmäßigkeiten begründet hat. Und dies lange bevor die Suche nach einschlägigen Rechtsnormen begonnen hatte.[2] Bis heute besteht deshalb – was allenthalben, auch in der allgemeinen Konzernrechtsliteratur, hervorgehoben wird – eine Diskrepanz zwischen Praxis und Recht der transnationalen Unternehmensgruppen.

Die Verrechtlichung globaler Konzernverbünde verlangt mithin eine Art »antithetische« oder »umgekehrte« juristische Arbeit: Der Sinn der Regeln, denen der Konzern unterstellt wird, kann nicht aus diesen selbst

---

[1] WIEDEMANN 1988: 1, spricht vom Konzern als »soziales Phänomen«.
[2] Cf. *infra* 42 f.

erschlossen werden, da die Verrechtlichung der interessierenden »Rechtsfigur«[3] – also des Konzerns als Gegenstand von juristischen Normen – nicht vom Recht geschaffen wurde.[4] Ein im konzernrechtlichen Schrifttum oft anzutreffender »hermetischer Dogmatismus«[5], d. h. dogmatische Ausführungen, die sich niemals die Frage stellen, was ein Konzern in Wirklichkeit ist, hilft hier nicht weiter. Vielmehr gilt:

»Erst die rechtsintern vollzogene Sequenz von Irritation [des Rechts durch die Sozialtheorie] – [rechtsinterne] Re-Konstruktion – Normänderung – [systemübergreifende] Wirkungsbeobachtung erzeugt den dogmatischen Mehrwert, der [... aber] im direkten Transfer von sozialtheoretischen Konstrukten in das Recht [nicht] zu erzielen ist«.[6]

---

[3] Cf. BORS 2003: 235, der die Auffassung vertritt, »dass sich die Figur der ›Rechtsfigur‹ für Autoren von Rechtstexten dann anbietet, wenn aus ihrer Sicht das Feststehen der Rechtsgrundlage ihrer Argumentation nicht zweifelsfrei gegeben ist. Die Rede von ›Rechtsfiguren‹ bietet dann die Möglichkeit der Argumentation auf einer außerpositiven Grundlage [...]«. Gerade in diesem Sinne gilt es im vorliegenden Kapitel im interdisziplinären Austausch zwischen Recht und Sozialtheorie ein Leitbild des Konzerns zu entwickeln, das in erster Linie die Funktion des Konzerns offenlegt, um die Rechtsarbeit mit den im Entstehen begriffenen Normen des Unionskonzernrechts anzuleiten und diese Normen mit »Sinn« zu füllen. Dass die Sozialtheorie beigezogen werden muss, ist die unmittelbare Folge davon, dass der Konzern ein Kind der Praxis (und nicht des Gesetzgebers) ist; zum Ganzen eingehender *infra* 42 f.

[4] Das Unionskonzernrecht hat sich, ganz offensichtlich, die Frage seiner eigenen Funktion nicht gestellt (und damit zwangsläufig auch nicht die Frage nach der Funktion des Konzerns selbst). In seinem juridischen »Autismus« hat das europäische Konzernrecht im Grunde genau das gemacht, wovor klugerweise in der Literatur gewarnt wurde: »Der Konzern wurde nicht aus sich heraus auf seine Regelungsbedürftigkeit, sondern das bestehende Konzernrecht auf seine Bewährung geprüft« (DRUEY 2012: 139); generell zur Frage, wie das Recht seine Umwelt – die sozialen Systeme der funktional ausdifferenzierten Gesellschaft – beobachtet: WIELSCH 2009: 395 ff.

[5] DEDEYAN 2015: 56.

[6] TEUBNER 2015a: 157; abw. DEDEYAN 2015: 41 ff., der die Meinung vertritt, dass man sich »Disziplingrenzen [...] nicht als starr und undurchlässig vorstellen [darf]. Die Grenzen von Disziplinen sind typerscherweise unscharf, waren stets im Fluss, kreuzten und verästelten sich, bildeten sich neu, rekombinierten und entwickelten sich im gegenseitigen Wettbewerb« (41 f.; cf. auch 44, wo empirische Bsp. gegeben werden); DEDEYAN begründet seine Position, wie folgt: »Gegen Disziplinen als operativ geschlossene Subsysteme des Wissenschaftssystems spricht [...], dass Wissenschaft als Funktionssystem operiert, Disziplinen dagegen sich nicht selbst wieder als Funktionssysteme ausdifferenzieren [...]« (43, unter Berufung u. a. auf LUHMANN 1965: 195 f.); LUHMANN hat allerdings seine Auffassung aus dem Jahre 1965 im Hinblick auf die Ausdifferenzierung des Wissenschaftssystems später aufgegeben: »Aus allgemeinen systemtheoretischen Überlegungen folgt, dass Systemdifferenzierungen auf der Mög-

## I. Recht und Sozialtheorie

Bezogen auf die vorliegende Thematik: Um die entstehenden Regeln des Unionskonzernrechts zu verstehen und vor allem in der Sache selbst zu systematisieren, auszulegen und/oder zu ergänzen, bedarf es eines Leitbildes des Konzerns, das nur die soziale Praxis – wiederspiegelt in den zuständigen Sozialtheorien – liefern kann.[7] Indes: Ein derartiges Konzernleitbild lässt sich nicht in unmittelbarer Kommunikation von Recht und Sozialtheorien gewinnen. Denn: »Das Recht steht [hier] vor einem Dilemma. Totalübernahme einer Sozialtheorie ist unmöglich, dennoch ist das Recht zwangsläufig [... auf] Sozialtheorien [... angewiesen]«.[8] Dann aber stellt sich die Frage: Wie kann dieser »Import« sozialwissenschaftlicher Erkenntnisse in das Recht vonstattengehen?[9]

Viele Rechtsgelehrte haben Techniken vorgeschlagen, um eine derartige »soziologische Jurisprudenz« in die Tat umzusetzen:

»[D]ie Erfindung der Rechtssoziologie, des Freirechts und der Interessenjurisprudenz, [...] der ›wirtschaftlichen Betrachtung‹ im Recht und der ›politischen Justiz‹, ganz besonders aber die Verselbständigung autonomer Bereichsrechte, speziell die des Wirtschaftsrechts, des Sozialrechts und des Arbeitsrechts, bezeugen [... die enormen Anstrengungen, die unternommen wurden, um das Verhältnis des Rechts zur Sozialtheorie zu klären]«.[10]

Bei aller Anerkennung der großartigen Leistungen dieser Ansätze ist nicht zu übersehen, dass den entwickelten, vor allem diskursiven Trans-

---

lichkeit beruhen, die Differenz von System und Umwelt innerhalb des Gesamtsystems zu wiederholen. [...] Das reicht [...] völlig aus, um der Disziplin ihren Charakter als System im System zu sichern« (1992: 446 f.); cf. auch allgemein LUHMANN 1987: 37: »Systemdifferenzierung ist nichts weiter als Wiederholung der Systembildung in Systemen. Innerhalb von Systemen kann es zur Ausdifferenzierung weiterer System/Umwelt-Differenzen kommen«.

[7] Cf. TEUBNER 2015a: 155: »Über das bloße Abstecken von Reviergrenzen geht [...] die Verflechtung von Recht und Sozialwissenschaften dann hinaus, wenn die Rechtsdogmatik damit beginnt, unterschiedliche Rechtsinstitute darauf hin sorgfältig zu untersuchen, ob sie ihrer normativen Eigenlogik nach, ihrem ›inneren Grunde‹ nach, wie Juristen gern formulieren, geeignet sind, auf die Strukturen und Probleme der vom Recht wahrgenommenen Sozialphänomene sensibel zu reagieren«; im Kontext des Konzernrechts DERS. 1991: 191 f.; AMSTUTZ 1993: 353; in diese Richtung geht auch die Empfehlung von DRUEY 2012: 137.

[8] TEUBNER 2015a: 142.

[9] Cf. zu dieser Frage generell WIELSCH 2009: 395 ff.

[10] TEUBNER 2015a: 147; cf. ferner auch die historische Übersicht über »interdisziplinäre Rechtspraxis« und über »Elemente einer transdisziplinären Methode des Rechts« in DEDEYAN 2015: 53 ff., 63 ff.

formationsverfahren eine gewisse Tendenz zur Statik innewohnt. Wenn einmal sozialtheoretisch informierte Dogmatiken errichtet sind, der Diskurs geführt ist und die transwissenschaftliche »Übersetzung« ihre Form gefunden hat, erweist sich erfahrungsgemäß die Reform erwähnter Dogmatiken als beschwerlich.[11] Deshalb sollte eher nach einer evolutorischen Epistemologie gesucht werden,[12] um die Forschung über den »Transfer« von Modellen, Standards, Funktionsbegriffen, Morphemen usw. von der einen wissenschaftlichen Disziplin in die andere zu organisieren.[13] Es muss also darum gehen, anhand von rechtsintern laufend zu Rekonstruktionen zwingenden Modellen den Mehrwert abzuschöpfen, der in transdisziplinären Austauschplattformen gewonnen wurde und wird.[14] Solche Modelle müssen so angelegt sein, dass sie sich für die niemals versiegende Evolution des Sozialen (und damit der Sozialtheorie) offen zeigen.[15] Man kann hier sicherlich von »selbstreflexiven Irritationen« des Rechts durch die Sozialwissenschaften sprechen; oder von »fremdreferentiellen« Operationen des Rechts.[16] Im Folgenden soll der Frage nachgegangen werden, ob sich diese rechtssoziologischen Beobachtungsformen etwas konkreter »herunterbrechen« lassen.[17]

Meine These in zwei Formeln: *Trading zones* und *boundary objects*.[18]

---

[11] Dieser Umstand folgt schon aus dem herrschenden Verständnis der Dogmatik; nach ESSER 1990: 81, ist darunter eine Art Sammlung von Rechtssätzen zu begreifen, die »bereits in technisch fixierter Form eine konkrete Vorauswahl der dem Problem eigenen, d.h. mit seiner Ordnungsaufgabe notwendig verbundenen Konfliktfragen, unabhängig von der speziellen historischen Lösung [enthalten]«; so schon DERS. 1972: 19: »[Bei der Dogmatik] handelt [es] sich um mehr oder weniger fixierte und verbindlich gemachte Rechtsmeinungen«; gl.M. BYDLINSKI 1991: 40: »Dem Vorschlag, den Begriff ›Rechtsdogmatik‹ als zweiten Namen der Jurisprudenz ieS überhaupt aufzugeben, ist […] nicht zu folgen. Der Begriff deutet ganz zutreffend an, dass die Jurisprudenz in weitem Umfang mit einem ihr vorgegebenen Prämissenmaterial arbeitet, das sie zu respektieren hat«.
[12] Dazu eingehend AMSTUTZ 2004: 54 ff.
[13] Cf. WIELSCH 2009: 412.
[14] Cf. AMSTUTZ 2001: 117 ff.; krit. dazu DEDEYAN 2015: 62.
[15] AMSTUTZ 2001: 53 ff.
[16] Zum Ganzen beispielhaft WIELSCH 2009: 396 f.
[17] Cf. in diesem Zusammenhang auch die theoretisch anspruchsvolle *case study* des Franchising und anderer verbundener Verträge in TEUBNER 2004b: 11 ff.
[18] Diese zwei Methoden der transdisziplinären Arbeit sind keineswegs die einzigen Angebote der Wissenschaftstheorie; weitere wichtige interdisziplinäre Konzepte existieren, wie namentlich das vor allem im Verhältnis zwischen biotischer und soziokultureller Evolution benutzte *cross-lineage borrowing* (HULL 1988: 450 ff.) und das in

## 2. Trading zones

Bei diesen zwei Formeln handelt es sich um »interdisziplinär-kommunikative« Relativierungen von Kuhns Lehre der »*Structure of Scientific Revolutions*«,[19] die zweifelsohne – als Theorie des selbstreflexiven Strukturenwandels einer Wissenschaft oder eines ihrer Subsysteme (»Disziplinen«) – einen evolutorischen Charakter besitzt.[20] Im Zentrum von Kuhns Denkansatz steht die These, dass nach einer »wissenschaftlichen Revolution« (sog. Paradigmenwechsel) innerhalb einer bestimmten Disziplin (z.B der Übergang in der Astronomie vom ptolomäischen zum kopernikanischen Weltbild) ein Verhältnis der Inkommensurabilität zwischen dem alten und dem neuen Paradigma eintritt,[21] d.h. die Unmöglichkeit,

---

der Linguistik angewendete *structural borrowing* (MATRAS 2011: 204 ff.); die vorliegend getroffene Wahl der Instrumente der *trading zones* und der *boundary objects* ist durch die Überlegung bedingt, dass beide auf die Arbeit an den »Kontaktpunkten« von zwei Wissenschaften, die in einem transdisziplininären Diskurs engagiert sind, setzen. Zwar wird dadurch verhindert, dass zwei Disziplinen mit ihrer ganzen jeweiligen Wissenskompetenz aufeinander stoßen (so aber im Ergebnis DEDEYAN 2015: 63 ff., mit seinem Vorschlag, Transdisziplinarität auf der Basis eines »Meta-Modells« zu betreiben), was letztlich auf einen »*self-restraint*« der grenzendurchgreifend zusammenarbeitenden Wissenschaften hinausläuft und dazu zwingt, die Erwartungen an die interdisziplinäre Arbeit »herunterzuschrauben«. Aber ein solches eher vorsichtiges und zurückhaltendes Konzept der Transdisziplinarität weist den großen Vorteil auf, dass es realistisch bleibt.

[19] KUHN 1970.
[20] Dazu eingehend HOYNINGEN-HUENE 1997: 246.
[21] Es scheint hier wichtig, die zentralen Auszüge zur Inkommensurabilitätsthese aus KUHNS »*The Structure of Scientific Revolutions*« im Original wiederzugeben; cf. KUHN 1970: 148, 149, 150: »The competition between paradigms is not the sort of battle that can be resolved by proofs. We have already seen several reasons why the proponents of competing paradigms must fail to make complete contact with each other's viewpoints. Collectively these reasons have been described as the incommensurability of the pre- and postrevolutionary normal-scientific traditions, and we need only recapitulate them briefly here. In the first place, the proponents of competing paradigms will often disagree about the list of problems that any candidate for paradigm must resolve. [...]. More is involved, however, than the incommensurability of standards. Since new paradigms are born from old ones, they ordinarily incorporate much of the vocabulary and apparatus, both conceptual and manipulative, that the traditional paradigm had previously employed. But they seldom employ these borrowed elements in quite the traditional way. Within the new paradigm, old terms, concepts, and experiments fall into new relationships one with the other. The inevitable result is what we must call, though the term is not quite right, a misunderstanding between the two competing schools. [...] [T]he third and most fundamental aspect of the incommensurability of competing paradigms [... is the following:] In a sense that I am unable to explicate

dass beide noch miteinander kommunikativ umgehen können.[22] Die moderne Wissenschaftstheorie hat diese These in Frage gestellt und vor allem für die interdisziplinäre »Zusammenarbeit« zu überwinden versucht, ohne deren evolutionäre »*épistème*« zu verlieren.

Der allgemeine Ausgangspunkt besteht in der Feststellung, dass zwei wissenschaftliche Disziplinen trotz ihrer unterschiedlichen Epistemologie und ihrer jeweils verschiedenen heuristischen Interessen Konzepte (Modelle, Standards, Funktionsbegriffe, Morpheme) verwenden, die sich dem Gegenstand nach überschneiden (»*overlapping*« oder »*interfaces*«[23]).[24] Um diese Überschneidungen – die man systemtheoretisch, je nach konkreter Falllage, entweder als Irritationen (»*noise*«), strukturelle Kopplungen oder als Interpenetrationen qualifiziert[25] – im transdisziplinären Diskurs urbar zu machen, hat Galison das Instrument der *trading zones* vorgeschlagen. Unter dieser Bezeichnung werden »lokale Kontexte« verstanden – man könnte auch von »Konversationskreisen«[26] sprechen –, innerhalb welcher zwei Wissenschaften dadurch »kollaborieren«, dass sie sich eines »social, material, and intellectual mortar binding together the disunified traditions of experimenting, theorizing, and instruments building« bedienen.[27] Dies kann auf zwei verschiedene Weisen passieren:

(1) Denkbar ist zunächst, dass die kooperierenden Disziplinen jeweils (intern) Konzepte mit heterogenen Bedeutungen verwenden, d. h. solche,

---

further, the proponents of competing paradigms practice their trades in different worlds. [...]. Practicing in different worlds, the two groups of scientists see different things when they look from the same point in the same direction. Again, that is not to say that they can see anything they please. Both are looking at the world, and what they look at has not changed. But in some areas they see different things, and they see them in different relations one to the other. That is why a law that cannot even be demonstrated to one group of scientists may occasionally seem intuitively obvious to another. Equally, it is why, before they can hope to communicate fully, one group or the other must experience the conversion that we have been calling a paradigm shift. Just because it is a transition between incommensurables, the transition between competing paradigms cannot be made a step at a time, forced by logic and neutral experience«.

[22] Cf. die ausführliche Studie von HOYNINGEN-HUENE 1990.

[23] Cf. DEDEYAN 2015: 48 m.Nw.

[24] CAMPBELL 1969: 328 ff.

[25] Cf. LUHMANN 1987: 81, 236 f. (Irritation), 286 ff. (Interpenetration); DERS. 1992: 29 ff., 38 ff., 163 ff. (strukturelle Kopplung).

[26] Cf. HUTTER 1989: 94 ff.; dazu AMSTUTZ 2001: 236 ff.

[27] GALISON 1997: 803; cf. auch aus systemtheoretischer Perspektive WIELSCH 2009: 398 ff. (am Beispiel des Vertrags), 407 ff. (am Beispiel des Eigentums); ferner LUHMANN 1992: 459.

## I. Recht und Sozialtheorie 39

die bereits innerhalb der jeweiligen Disziplinen ambivalente Sinne besitzen. In solchen Fällen wird es möglich, dass die involvierten Wissenschaften auf begriffliche Präzision verzichten[28] – d. h. ihre systeminternen Strukturen temporär im Sinne einer »Lockerung« ihres Codes[29] affizieren[30] – und durch die Entwicklung einer »*pidgin language*« gegenseitige kommunikative Umgänglichkeit ermöglichen. Diese »Multilingualität« kann man durchaus als Verschleifungen der kommunikativen Kreise, die sich innerhalb der jeweils involvierten Disziplinen abspielen, begreifen. In den Worten von Galison:

»Reduction of [... scientific] structure, suppression of exceptional cases, minimization of internal links between theoretical structures, simplified explanatory structure – these are all ways that the theorists prepare their subjects for the exchange with their experimental colleagues«.[31]

Die erwähnte »*pidgin language*«, einmal geschaffen, kann dann nicht nur in künftigen »Kooperationsprojekten« weiter verwendet werden, sondern mag unter Umständen die Fähigkeit zur Weiterentwicklung und -verfeinerung besitzen, was die interdisziplinäre Zusammenarbeit auf ein höheres Komplexitätsniveau – z. B. ein Übergang von bloßer Irritation auf strukturelle Kopplung der kommunizierenden Disziplinen – hieven kann.[32]

(2) Die zweite Kommunikationstechnik heißt Simplifizierung. Die zusammenarbeitenden Disziplinen können sich auf einzelne Kontaktpunkte einigen, wo sie aus ihrer jeweiligen Perspektive zwecks Kommunikation Konzepte anbieten und austauschen, die sie in ihren eigenen Strukturfeldern im Hinblick auf das transdisziplinäre Vorhaben eigens vereinfachen. Systemtheoretisch lässt sich ein derartiger Vorgang als funktionale (auf das »Ziel« der transdisziplinären Kommunikation hin gerichtete) Reduktion der Komplexität bestimmter Strukturen, die den beiden betroffenen Disziplinen jeweils eigen sind, auffassen. M. a. W. verzichtet jede Disziplin im Hinblick auf die geplante Transdisziplinarität temporär auf die sonst übliche »adäquate Komplexität« gewisser eigener Strukturen.[33] Im Einzelnen geschieht das nach Andersen so, dass

---

[28] Cf. LUHMANN 1992: 460.
[29] Cf. AMSTUTZ 2011: 246 ff.
[30] Cf. LUHMANN 1992: 458 f.
[31] GALISON 1997: 835.
[32] ANDERSEN 2013: 39; cf. in diesem Zusammenhang auch LUHMANN 1992: 458 f.
[33] Cf. LUHMANN 1992: 458 f.

»only some differentiating features are emphasized in the communication across disciplinary boundaries, namely such features that can easily be recognized by the members of the other community«.³⁴

Ist die »Kooperation« erfolgreich, so kann jede involvierte Disziplin die gewonnenen Erkenntnisse zurück in ihren eigenen paradigmatischen Bereich »transferieren« und dort in die bestehenden Strukturen integrieren, was disziplinintern zwangsläufig zu einer epistemischen Weiterverarbeitung eben dieser Erkenntnisse führt.³⁵ Auch hier kann es dazu kommen, dass über die Zeit die transdisziplinäre Kommunikation mit fortschreitender reziproker Responsivierung der involvierten Wissenschaften Komparationen, d. h. Steigerungen der Komplexität der Konzepte, die die am Konversationskreis beteiligten Disziplinen im Rahmen des gemeinsamen Projektes anbieten (also durch Verkomplexifizierungen interdisziplinärer Konzepte), entstehen läßt.

### 3. Boundary objects

Die Lehre von den *boundary objects* wurde vor allem von Star und Griesemer entwickelt.³⁶ Dieses Instrument der interdisziplinären Kommunikation unterscheidet sich nicht fundamental vom Ansatz der *trading zones*, sondern kann in einem gewissen Sinne als komplementär dazu verstanden werden.³⁷ Die Kernidee besteht darin, dass mit Konzepten gearbeitet wird, die hinreichend plastisch sind, um im »lokalen Kontext« des transdisziplinären Konversationskreises verwendet zu werden.³⁸ Wichtig ist dabei, dass diese *boundary objects* trotz ihrer Plastizität so robust sind, dass sich eine »gemeinsame Identität« der involvierten Wissenschaften in ihren Kontakten (die wiederum systemtheoretisch als Irritationen, strukturelle Kopplungen oder Interpenetrationen zu qualifizieren sind³⁹) herausbildet.⁴⁰

---

³⁴ ANDERSEN 2013: 39.
³⁵ ANDERSEN 2013: 39.
³⁶ STAR/GRIESEMER 1989.
³⁷ Cf. COLLINS/EVANS/GORMAN 2006; GORMAN 2010; in beiden Beiträgen wird versucht, die Theorien der *trading zones* und der *boundary objects* zu fusionieren.
³⁸ Cf. LUHMANN 1992: 457; ferner auch DEDEYAN 2015: 64.
³⁹ Cf. zu diesem Aspekt auch WIELSCH 2009: 395 ff., 411 ff.
⁴⁰ STAR/GRIESEMER 1989: 393: »Boundary objects are objects which are both plastic enough to adapt to local needs and the constraints of the several parties employing

In diesem Sinne – so kann man zusammenfassend festhalten – sind *boundary objects* interdisziplinäre »Transferinstrumente«, deren Operationen einen heuristischen Mehrwert innerhalb der involvierten Disziplinen schaffen, der durch wiederholte Kontakte im Laufe der Zeit gesteigert werden kann.

*4. Konzernrecht und Sozialtheorie: Auf der Suche nach einem gesetzgeberischen Leitbild*

Die in Kapitel 1 dargestellten, im Entstehen begriffenen, europäischen Normen eines grenzüberschreitenden Konzernrechts lassen einen äußerst fragmentierten Gesetzgebungsansatz erkennen.[41] Das ist zwar die unabwendbare Konsequenz der in diesem Rechtsgebiet verfolgten Teilharmonisierung,[42] wirft allerdings das Problem auf, wie diese Regeln zueinander in Verhältnis zu setzen sind. Dieses Problem kann nur gelöst werden, wenn ein Leitbild der Unternehmensgruppe als Systematisierungs- und Rechtsentdeckungsinstrument zur Verfügung steht. Ein gesetzgeberisches Leitbild dient der Bildung eines juristischen Selbstverständnisses im Gefilde einer bestimmten Teilrechtsordnung[43] (z. B. des strafrechtlichen Betrugsrechts, des verwaltungsrechtlichen Verhältnismäßigkeitsgrundsatzes oder der handelsrechtlichen Rechnungslegungsregeln); es formuliert ein Modell der sozialen Funktionen einer Rechtsfigur[44] und stellt insofern ein rechtsmethodisches Orientierungswerkzeug für die Rechtsfindung dar.[45] Hingegen ist ein Leitbild kein Legalbegriff, der Subsumtionszwecken dient.

---

them, yet robust enough to maintain a common identity across sites. They are weakly structured in common use and become strongly structured in individual use. These objects may be abstract or concrete. They have different meanings in different social worlds, but their structure is common enough to more than one world to make them recognizable, a means of translation«; cf. auch LUHMANN 1992: 459: »In all diesen Fällen [sc. der Transdisziplinarität] geht es [...] um ein distinktives Paradigma [...], das für mehr als eine Disziplin relevant ist«.

[41] Dazu auch *infra* 83 f.
[42] Cf. *supra* 11 f.
[43] AMSTUTZ 2001: 46 ff., 288 ff., 303 ff., 327 ff., 335 ff.
[44] Cf. *supra* 34, Anm. 3.
[45] Es ist an dieser Stelle zu präzisieren, dass die »interne« Öffnung des Rechts für die Erkenntnisse von Grundlagen- und Nachbarwissenschaften nach der herrschenden Me-

Aus den geplanten Regeln der Doktrin des Gruppeninteresses, der SUP und der RPTs lässt sich ein solches Leitbild nicht ableiten. Und zwar nicht zuletzt deshalb, weil diese Regeln inkrementalistisch am Wachsen sind, d. h. in ihrem Entstehen mit Zufälligkeiten, sei es im politischen Prozess des Rats, sei es in demjenigen des Parlaments, behaftet sind. Auch rechtswissenschaftliche Kontroversen spielen in diesem Zusammenhang eine gewichtige Rolle. Jedenfalls kommt im Rahmen der Arbeiten an den SUP- und RPTs-Regeln die Frage eines Konzernleitbildes nicht zur Diskussion. Der Versuch einer Verschleifung dieser Normen zu einem in sich stimmigen System lässt sich jedoch ohne Verständnis dessen, was ein Konzern »eigentlich ist«, ohne ein juristisches Leitbild dieses Phänomens, nicht unternehmen.

Damit ist die Frage nach der Funktion des Konzerns in der Wirtschaft gestellt. Erst wenn diese Frage beantwortet ist, kann ein solides Fundament für den Entwurf eines gesetzgeberischen Leitbildes und damit für die Systematisierung der in Vorbereitung begriffenen europäischen konzernrechtlichen Bestimmungen erstellt werden. Weil, wie schon erwähnt,[46] der Konzernverbund von der Praxis erfunden worden ist, muss

---

thodenlehre insofern wenig Probleme bereitet, als diese dafür verschiedene Techniken zur Verfügung stellt; im Rahmen der Entwicklung von Richterrecht (Gesetzesergänzung *intra* und [unter sehr restriktiven Voraussetzungen] *contra legem*) ist anerkannt, dass die sog. Realien zu berücksichtigen sind (cf. grundlegend HUBER 1921: 281 ff.), die das Einfließen von natur- und sozialwissenschaftlichen Einsichten in die juristische Argumentation erlauben; auch die Generalklauseln, die üblicherweise als »Kanäle« zwischen Rechts- und Realwelt verstanden werden (ESSER 1990: 150 f.), bilden ein methodisches Tor, um im Recht ausserpositivrechtliche Argumente »rechtsintern« zu rezipieren; rechtstheoretisch wird das dadurch legitimiert, dass die h.L. Generalklauseln als Ermächtigungsnormen versteht, d. h. als Bestimmungen, die den Richter befugen, rechtsexterne Wertungen (wie. z. B. Moral, Ethik oder Verkehrssitte) in seine Urteile einlaufen zu lassen (ESSER 1990: 150); diese Problematik als eine solche von HUMES Gesetz (d. h. des noch von manchen postulierten logischen Verbots, von *Sein* auf *Sollen* zu schließen) anzuschauen, ist verfehlt (zur Begründung dieses Standpunktes AMSTUTZ 2013c; Sein und Sollen aber immer noch – nach jahrzehntelanger philophischer und moraltheoretischer Forschung, die die Schwächen von HUMES Gesetz offen gelegt hat [cf. die Übersicht über der Stand der Diskussion in HINDRIKS 2013] – als monadisch geschlossene Welten betrachtend z. B. KRAMER 2016: 287). Deshalb ist das eigentliche Problem bei solchen Rechtsoperationen nicht die »innere« Bereitschaft des Rechts, sich ausserpositiven Wissens zu bedienen; vielmehr besteht die Schwierigkeit des Diskurses von Recht und Natur- bzw. Sozialwissenschaften in der methodischen Fundierung von Inter- bzw. Transdisziplinarität; dazu eingehend *supra* 37 ff.

[46] Cf. *supra* 33 f.

eruiert werden, was sie mit dieser Erfindung bezweckt(e). Gelingen kann dies nur dadurch, dass das Recht die Sozialtheorien in einem transdisziplinären Diskurs (vor allem anhand der Instrumente der *trading zones* und der *boundary objects*) konsultiert. Denn nur diese Theorien haben den Grund für die Konzernbildung und -führung näher untersucht, also den »Sinn« der Konzernpraxis ermittelt. Schon im Jahre 1927 kam Friedländer genau zu diesem Schluss: »Dass für eine Behandlung des Konzernrechts das wirtschaftliche Tatsachenmaterial [...] als Grundlage für die rechtliche Beurteilung und Analysierung dienen muss, ist selbstverständlich«.[47]

Um die genuinen Sozialwissenschaften zu bestimmen, die sich dazu eignen, die Funktion der Unternehmensgruppe zu identifizieren und, gestützt darauf, ein gesetzgeberisches Leitbild dieser Form wirtschaftlicher Organisation zu entwickeln, wurde im Schrifttum vorgeschlagen, dass der konzernrechtliche Transnationalimus »[...] sich umso besser entwickeln [lässt], je genauer [... der Gebrauch des Konzernverbundes in der Praxis] erkannt und verstanden [wird]. Hierzu bedürfen [...] Rechtsprechung und Wissenschaft einer [...] Interdisziplinarisierung und Historisierung«.[48] Dementsprechend werde ich in den nachfolgenden Ausführungen die Historiographie und die (manageriale und betriebswirtschaftliche) Organisationslehre in der geschilderten interdisziplinären Weise befragen.

## II. Geschichte der Konzernform

### 1. Wirtschaftswandel und Evolution der Rechtsformen

Die Unternehmensgruppe ist ein Kind der Globalisierung.[49] Der Hintergrund dieser – wie noch zu zeigen ist: sozialtheoretisch für das Unionskonzernrecht sehr folgenträchtigen[50] – These sind zeitgeschichtliche

---

[47] FRIEDLÄNDER 1927: 3f.; es muss an dieser Stelle eingestanden werden, dass wir in dieser Hinsicht seit FRIEDLÄNDERS Zeit nicht viel Fortschritt gemacht haben; allerdings verfügen wir heute über leistungsfähige Instrumente der Transdisziplinarität, die es nutzbar zu machen gilt; cf. *supra* 37 ff.
[48] FLECKNER 2010: 676; zur Bedeutung des Historizismus für das Wirtschaftsrecht auch eingehend und trefflich MESTMÄCKER 2007: 56 ff.
[49] In diesem Sinne wohl auch HOMMELHOFF 2014a: 63 f.; EKKENGA 2013: 183.
[50] Eine vortreffliche Analyse einiger der Probleme, die mit dieser Aussage einhergehen, liefert TEICHMANN 2014b: 45 ff.

Studien, die gezeigt haben, dass »[d]er Strukturwandel der Wirtschaft [...] a potiori als Strukturwandel der wirtschaftlichen Organisationsformen angesprochen werden [kann]«.[51] Diese Einsicht zwingt dazu, vorab einen kurzen Blick in die Globalisierungsgeschichte zu werfen. Ein noch sehr junges, eigentlich erst im Entstehen begriffenes Teilgebiet der Historiographie, meist (oder noch) *global history* genannt,[52] setzt sich u.a. mit der Frage auseinander: »When Did Globalisation Begin?«[53] Auch wenn noch ganz fundamentale Kontroversen über diese Frage ausgefochten werden, dürfte jedenfalls schon jetzt feststehen, dass die heute weit verbreitete Perzeption der Globalisierung als kollaterale Erscheinung der seit den 1950er-Jahren fortschreitenden Informations- und Digitalgesellschaft unzutreffend ist.[54]

## 2. Global economic history

Eine Schlüsselfrage dieser Kontroversen ist der Begriff der Globalisierung selbst, der – das ist der Sache inhärent – äußerst ambivalent ist.[55] Konzentriert man sich auf die wirtschaftliche Globalisierung – die im Kontext der vorliegenden Studie im Vordergrund steht[56] – spricht vieles für den Vorschlag eines Ansatzes, der zwischen (1) transnationalem Handel und

---

[51] NÖRR 1988: 121; cf. auch mit vielen Fallbeispielen CHANDLER/DAEMS 1979; DAVIS/MARQUIS 2005: 332 ff., insb. 340 m.Nw.

[52] Cf. die gute Übersicht über dieses Forschungsfeld bei DAVID/DAVID/LÜTHI 2007: 13 ff. (17: »Die Globalgeschichte ist [...] keine Schule, kein Paradigma, keine Theorie und keine Methode. Sie ist ein sich konstituierendes Forschungsfeld, das sich durch analoge Aufmerksamkeiten definiert: der Vielzahl der gelebten Erfahrungskontexte und der Umfelder der Wissensproduktion, der Uneinheitlichkeit der Zeithorizonte, der Vielfalt der Vergemeinschaftungsformen und der zwischenmenschlichen Beziehungen, der Kontextualisierung der Archive, der Forderung nach dem historischen Vergleich«); ferner KNUDSEN/GRAM-SKJOLDAGER 2014: 143 ff.; O'BRIEN 2006: 3 ff.; grundlegend MAZLISH 2006; FERNÀNDEZ-ARMESTO 2006; KYLE CROSSLEY 2007; SACHSENMAIER 2011; eine wertvolle selbstreflexive Studie liefern IGGERS/WANG 2008; STEARNS 2010; WOOLF 2011.

[53] So der Titel des Beitrags von O'ROURKE/WILLIAMSON 2002; cf. auch FLÜCHTER/JUCKER 2007: 97 m.Nw.

[54] Cf. in erster Linie SACHSENMAIER 2007: 68; ferner HUGHES-WARRINGTON 2006: 295 f.

[55] Dazu etwa FLYNN/GIRÀLDEZ. 2004: 81 ff.

[56] Cf. für andersartige Globalisierungsperspektiven O'CONNOR 2009: 127 ff.; ferner POMERANZ/TOPIK 2012; SLOBODIAN 2015: 307 ff.

(2) grenzüberschreitender Integration von Märkten für Massenwaren differenziert.[57] Transnationalen Handel (namentlich von Luxusgütern wie Seide, exotische Gewürze, wertvolle Metalle, Tee, Kaffee, Parfüme, Zucker, Salpeter usw.) gab es mindestens seit dem 16. Jahrhundert.[58] Gegen die Auffassung, die in der Emergenz von Handelsflüssen namentlich aus Asien, Indien und Afrika nach Europa seit den 1500er-Jahren unserer Ära den Anfang der Globalisierung erblickt,[59] spricht ein gewichtiges Argument: Dieser Handel betraf lediglich sog. *non-competing goods*, also Produkte, die nicht im Wettbewerb mit Erzeugnissen aus dem europäischen Kontinent standen.[60] In diesen geographischen Regionen vermochte er kaum einen spürbaren ökomischen Impact zu erzeugen. Denn er war darauf beschränkt, nur äußerst reiche Leute mit den importierten luxuriösen Waren zu versehen. An der Struktur der europäischen Industrie änderte er nichts, so dass die nationalen oder regionalen Märkte weitgehend getrennt blieben.[61]

Erst für die erste Hälfte des 19. Jahrhunderts sind heute Daten vorhanden, die auf eine globale Integration von Märkten für Massenwaren hinweisen. Sie deuten darauf hin, dass es hauptsächlich seit den 1820er-Jahren zu weltweiten Konvergenzen der Preise für Massenwaren, wie Getreide, unverarbeitete Baumwolle, billige Textilien, Kupfer, Zinn, Reis, Tabak usw., und etwas später (dank der im Laufe des 18. Jahrhunderts erfundenen Gefriertechnologien) Fleisch, Milch, Butter und Käse, gekommen ist.[62] Diese Konvergenzen betrafen auch die Transportkosten, die einen weiteren Globalisierungsfaktor darstellen.[63] Aus ökonomischer Perspektive kann erst ab dieser Epoche von sich globalisierenden Märkten die Rede sein, also vom allmählichen Verschwinden der sachlichen, räumlichen und auch zeitlichen Segmentierung von nationalen Volkswirtschaften. Das Ende der französischen Kriege deckt sich zeitlich ebenfalls mit dem Abbau von Handelsbarrieren, namentlich durch die

---

[57] O'Rourke/Williamson 2002: 26 f.
[58] Cf. die Nw. in O'Rourke/Williamson 2002: 27.
[59] So etwa Frank 1998: 52.
[60] O'Rourke/Williamson 2004: 115; kritisch Flynn/Giràldez 2004: 91; zur räumlichen Dimension der wirtschaftlichen Globalisierung weiterführend Midell/Naumann 2010: 149 ff.
[61] Zum Ganzen O'Rourke/Williamson 2002; dies. 2004.
[62] Cf. eingehend O'Rourke/Williamson 2002: 28 ff. und 38; dies. 2004: 110, 113.
[63] Cf. O'Rourke/Williamson 2002: 25 ff., mit vielen Fallbeispielen und Nw.

Abschaffung der protektionistischen englischen Gesetze. Das alles hat zur These geführt, die vorliegend als maßgeblich betrachtet wird, dass »the date for big bang theories of global economic history should be the 1820s«.[64] Selbstverständlich wird damit nicht behauptet, dass in diesen Jahren die Weltmärkte schon umfassend integriert waren.[65] Kaum umstritten ist jedoch, dass spätestens seit Beginn des 20. Jahrhunderts die Tatsache einer hochintegrierten globalen Wirtschaft nicht mehr geleugnet werden kann.[66]

### 3. Soziale Strukturen der Globalisierung und Konzernform

#### a) »Erfindung« der Konzernform

Was hat das alles nun mit dem Konzern und seinem Recht zu tun? Obwohl eine allgemeine Rechtsgeschichte des Konzerns noch zu schreiben bleibt,[67] kann davon ausgegangen werden, dass die »Erfindung« dieser Organisationsform, namentlich durch die Kautelarpraxis,[68] im Laufe des 19. Jahrhunderts stattgefunden hat[69] und historisch somit Hand in Hand mit der Keimung globalisierter Märkte (nach Maßgabe der so-

---

[64] O'ROURKE/WILLIAMSON 2002: 28; cf. in diesem Zusammenhang auch SACHSENMAIER 2007: 68.

[65] O'ROURKE/WILLIAMSON 2004: 111.

[66] O'ROURKE/WILLIAMSON 2002: 23.

[67] Cf. immerhin NÖRR 1986: 168 ff. (namentlich für die Weimarer Republik); SCHMOECKEL/MAETSCHKE 2016: 177, 178 m.Nw.; zum Problem im Allgemeinen DRUEY 1980: 284 ff.

[68] NÖRR 1988: 121; ferner FRIEDLÄNDER 1927: 3 ff.

[69] Cf. in erster Linie CHANDLER/DAEMS 1979: 28 ff., insb. 28: «In the latter part of the nineteenth century, as the economies of the United States and Western Europe became technologically complex, [...] in many sectors of the economy the giant multi-unit business enterprise came to coordinate, monitor and allocate«; KARATHANASSIS 2014: 41 f., erwähnt als (vermutlich) ältesten Konzern eine belgische Gruppe mit dem Gründungsjahr 1822 (»Société des Pays-Bas«); ferner KOCKA/SIEGRIST 1979: 72 ff., 74, 76, 77 (wo insb. das Beispiel des 1847 gegründeten Siemens-Familienkonzerns erwähnt wird), 78, 89 und insb. das Fazit: 95; HORN 1979: 124: »Etwa zwischen 1860 und 1920 vollzog sich in den westlichen Industrieländern in Fortsetzung vorgegangener Industrialisierungsprozesse der Übergang zum modernen Industriestaat, in dem [...] Unternehmensverbindungen prägende Elemente der Volkswirtschaft sind«; GROSSFELD 1979: 250; BUXBAUM 1979: 249; HANNAH 1979: 307 f.; HERTNER 1979: 388 ff.; ferner auch DRUEY 2000: 8; DERS. 2010: 137 f.; cf. schließlich noch NÖRR 1986: 169.

eben geschilderten wirtschaftsgeschichtlichen These) geht[70] (von einer
»neuen Dezentralität der Unternehmensgruppen«,[71] wie sie zuweilen
im zeitgenössischen Schrifttum angesprochen wird, kann nicht die Rede
sein). Wie lässt sich diese zeitliche Koinzidenz beider Phänomene, d. h.
von Globalisierung und Konzern, erklären? Ist das bloßer Zufall oder
bestehen hier wechselseitige Kausalitäten? Die eingangs dieses Abschnitts
erwähnte Korrelationsthese[72] spricht für Zweiteres. Aber dann: Wie lässt
sich dieser Zusammenhang nachweisen?

*b) Soziale Strukturen der Globalisierung*

Um diese Frage anzugehen, ist in einem ersten Schritt zu erörtern, wodurch sich die geschlossenen Volkswirtschaften von Nationalstaaten (getrennte Märkte) und die wirtschaftliche Globalisierung (integrierte Weltmärkte) voneinander unterscheiden. Jenen wie dieser ist gemeinsam, dass sie Formen der Vergesellschaftlichung, d.h. der Organisation der Gesellschaft, darstellen. Aber ihre jeweilige soziale »Textur« ist nicht dieselbe. Sie weisen – wirtschaftssoziologisch betrachtet – strukturelle Differenzen auf. Worin bestehen diese Differenzen?

Zu klären ist vorab der soziologische Begriff der Strukturen: Diese können als Erwartungen in der Gesellschaft und ihren Teilbereichen (Wirtschaft, Recht, Politik, Wissenschaft, Kunst, Medizin, Bildungsstätten usw.) beschrieben werden, die man benötigt, um überhaupt handeln und erleben zu können. Ich erwarte z. B., dass mich Passanten nicht anschießen oder skalpieren, wenn ich mein Haus in Lausanne verlasse, dass die rote Ampel zwischen der Hedemann- und der Friedrichsstrasse in Berlin sowohl von Iveco-Trucks als auch von Harley-Davidson-Motorrädern beachtet wird, dass mein Arbeitgeber mir meinen Lohn am Fünfundzwanzigsten des Monates überweist usw. Solche Erwartungshorizonte werden durch Moral, Ethik, Religion, soziale Normen und zumal Recht konstituiert, die allesamt nichts anderes als eben soziale Strukturen darstellen. Weil man aber damit rechnen muss, dass Erwartungen zuweilen enttäuscht werden – der Fahrer eines blauen Mini Cooper D übersieht das Rotlicht und fügt meinem brandneuen Chrysler 300c, erwartungswidrig,

---

[70] Cf. in diesem Zusammenhang auch DRYGALA 2013: 199.
[71] TEUBNER 1990a: 189.
[72] Cf. *supra* 43 f.

einen erheblichen Blechschaden zu –, muss zwischen zwei Erwartungsstilen unterschieden werden:

»Der Unterschied liegt im Verhalten angesichts von Enttäuschungen, genauer gesagt: in der Miterwartung der Möglichkeiten des Verhaltens angesichts von Enttäuschungen. [1] Normatives Erwarten zeigt sich als entschlossen, die Erwartung auch im Enttäuschungsfalle festzuhalten und stützt sich dabei auf entsprechende Ressourcen wie innere Überzeugung, Sanktionsmittel, Konsens. [2] Kognitives Erwarten stilisiert sich dagegen lernbereit, es lässt sich durch Enttäuschungen korrigieren und stützt sich seinerseits auf entsprechende Ressourcen, vor allem auf die Erwartung, dass sich in Enttäuschungslagen die Richtung der Erwartungsänderung hinreichend rasch und hinreichend eindeutig ausmachen lässt.[73] Kognitives Erwarten sucht sich selbst, normatives Erwarten sucht sein Objekt zu ändern. Lernen oder Nichtlernen – das ist der Unterschied«.[74]

Für das Verständnis der globalisierten Wirtschaft ist diese Differenz von entscheidender Bedeutung: In der Vergesellschaftungsform der Globalisierung, namentlich der sich im Laufe des 19. Jahrhunderts universalisierenden Wirtschaft – oder anders gewendet: der sich weltweit integrierenden Märkte – sind die Interaktionsfelder unternehmerischer Tätigkeiten vom »deutliche[n] Vorherrschen kognitiver, adaptiver, lernbereiter Erwartungen [... geprägt], während normative, [...] vorschreibende Erwartungen zurücktreten«.[75] Dieser Befund hat zum Schluss geführt, dass

»nur mit Hilfe der verwendeten Distinktion von normativen und kognitiven Erwartungen [...] die volle Tragweite [... der] Feststellung [... erkannt werden kann], dass im Bereich weltweit orientierter Interaktionen, also im Bereich dessen, was sich als Weltgesellschaft [sc. als globalisierte Wirtschaft] konstituiert hat, der kognitive Erwartungsstil zu dominieren scheint«.[76]

*c) Funktion der Konzernform*

Folgt man diesen soziologischen Erkenntnissen, so lässt sich die Emergenz des Konzerns im Laufe des 19. Jahrhunderts[77] – und damit seine

---

[73] Cf. dazu auch AMSTUTZ 2007, 2013a, 2015.
[74] LUHMANN 2009: 55.
[75] LUHMANN 2009: 55.
[76] LUHMANN 2009: 57.
[77] Cf. zur Entstehung des (deutschen) Konzerns im 19. Jahrhundert SCHMOECKEL/ MAETSCHKE 2016: 176 ff.

Funktion in der globalen Wirtschaft – nicht als historische Zufälligkeit, sondern – ganz im Sinne der den vorgetragenen Ausführungen zugrunde gelegten These der kausalen Wechselbeziehungen von Wirtschaftswandel und Transformation unternehmerischer Organisationsformen[78] – als »globalgeschichtlich bedingt« verstehen.[79] Wie ist diese Aussage zu begreifen? Um diese Frage zu beantworten, ist davon auszugehen, dass das unternehmerische Handeln in der Globalisierung andere juristische Organisationsformen benötigt als auf national segmentierten Märkten.

Während die klassischen handelsrechtlichen Gesellschaftsformen (Personen- und Kapitalgesellschaften) für den Betrieb eines kaufmännischen Gewerbes in einem nationalen Umfeld entworfen wurden, das sich soziologisch durch eine Vorherrschaft von normativen Erwartungen auszeichnet und dementsprechend stabil ist, ließ sich im Laufe der Globalisierung der Wirtschaft im nationalgesetzlichen »Katalog« der juristischen Gesellschaftsformen eine Lücke verspüren: Keine der herkömmlichen Rechtskleider entsprach den Bedürfnissen eines Unternehmens, das sich auf globalisierten Märkten, d.h. in einer vorwiegend von kognitiven Erwartungen strukturierten Umwelt, betätigt. Mit der kautelarjurisprudenziellen »Erfindung« des Konzerns wurde diese Lücke gefüllt.

Diese These ruft nach Erläuterung.

## III. Konzern als lernende Organisation

*1. Theorie der Hypertextorganisation*

Was es auf den unternehmerischen und industriellen Handlungsfeldern der Globalisierung braucht, ist eine Form der lernenden Organisation. Nur das Design eines transnationalen Unternehmens, das die organisationale Lernfunktion sicherstellt, kann in einer Umwelt, die mehrheitlich von kognitiven Erwartungen geprägt (und dementsprechend komplex) ist, erfolgreich wirken. Der Konzern, so meine These, enthält nun gerade

---

[78] Cf. *supra* 43 f.
[79] Cf. in diesem Zusammenhang auch die Überlegungen von DRYGALA 2013: 201 f.; demgegenüber scheinen SCHMOECKEL/MAETSCHKE 2016: 180 f., diese Funktionsbezüge nicht zu beachten; der Hauptgrund für dieses Schweigen der Autoren scheint mit ihrer Wahl zusammenzuhängen, auf das Phänomen der Globalisierung (mit Ausnahme von Kapitel O) nicht vertieft einzugehen.

die erforderlichen Elemente, um eine solche Organisationsform zu errichten. Das Recht muss – mithilfe der Theorien der *trading zones* und der *boundary objects*[80] – dieser Funktion des Konzerns durch die Erarbeitung eines entsprechenden Leitbildes gerecht werden.

Die Organisationssoziologie und -theorie[81] haben erst in den letzten drei Jahrzehnten ernsthaft die Funktionsweise des Konzerns als lernende Organisation wissenschaftlich durchzudringen begonnen.[82] Um kundig zu machen, was eine lernende Organisation genau ist,[83] gilt es die Organisationswissenschaften zu konsultieren.

Der gegenwärtig wohl vielversprechendste und fortgeschrittenste organisationstheoretische Ansatz, um die organisationale Lernfunktion im Kontext der Globalisierung zu erklären, ist die Lehre von der Hypertextorganisation, auf die im Folgenden abgestellt wird.[84]

## 2. Erkenntnisinteresse: Organisationale Wissensgenerierung

Diese Lehre ist aus der modernen Organisationssoziologie und Managementlehre hervorgegangen und gründet auf der Prämisse, dass Wissens-

---

[80] Cf. *supra* 37 ff.

[81] Cf. in diesem Zusammenhang die gute Übersicht über diese wissenschaftlichen Arbeiten in DAVIS/MARQUIS 2005: 332 ff., insb. 337 ff.; KREBS 2007: 2 ff.; ferner auch den Bericht der *Unido* 2013 mit dem Titel »*Emerging Trends in Global Manufacturing Industries*«.

[82] Dieser Umstand – das ist ein Hinweis mehr zum *supra* 33 f. Gesagten – deutet darauf hin, dass der Konzern ein Geschöpf der Praxis ist, das nur dank der beachtlichen intuitiven Fähigkeiten der Konzernjuristen des 19. Jahrhunderts und auch späterer Zeiten (vor allem der Zwischenkriegszeit) designt werden konnte; dazu NÖRR 1986: 186.

[83] Cf. eingehend (mit allerdings teilweise anderen sozialwissenschaftlichen Referenzen als im vorliegenden Text) AMSTUTZ 1993: 298 ff. m.Nw.

[84] Begründet wurde diese Theorie von NONAKA/TAKEUCHI 2012, die mit ihrem (ursprünglich 1994 veröffentlichten) Buch eine Flut von kaum mehr überblickbaren organisationssoziologischen und -theoretischen Beiträgen lostraten; die Figur des »Hypertextes« stammt aus der Literaturtheorie; dazu PHELAN/MALONEY 1999/2000; die Autoren umschreiben diese Figur aus der Perspektive der soeben erwähnten Theorie folgendermaßen: »Hypertext narratives [...] are fluid by design; their sequence changes based on readerly decisions. To put it another way, as those who advance this argument sometimes do, readers approach hypertext narratives from variable positions within the narrative, and so their progression through the text – indeed, the progression of the text – is not fixed but variable from reader to reader and from one reading occasion to the next« (245).

beschaffung die hauptsächliche Form des Lernens einer Organisation darstellt.[85] Die Frage, worum es der Lehre von der Hypertextorganisation geht, lautet: Welche Vorrausetzungen muss eine Organisation erfüllen, um fähig zu sein, in einem komplexen Umfeld laufend das *hic et nunc* benötigte Wissen zu erlangen? Im Zentrum der Überlegungen über die Hypertextorganisation stehen zwei Arten von Wissen:

(1) Einerseits das explizite Wissen, »das sich formal, das heißt in grammatischen Sätzen, mathematischen Ausdrücken, technischen Daten, Handbüchern und dergleichen artikulieren lässt. Diese Form des Wissens kann problemlos von einem Menschen zum anderen weitergegeben werden«.[86]

(2) Andererseits das implizite Wissen, das unternehmerisch einen wichtigeren Wissenstyp darstellt, »der sich dem formalen sprachlichen Ausdruck entzieht. Dieses Wissen baut auf der Erfahrung des Einzelnen auf – hat also eine individuell-subjektive Basis – und betrifft schwer fassbare Faktoren wie persönliche Überzeugungen, Perspektiven und Wertsysteme«.[87]

Das die Forschung über die Hypertextorganisation leitende Erkenntnisinteresse geht dahin, in Erfahrung zu bringen, wie »[d]as dynamische Wechselspiel zwischen diesen beiden Wissensformen [...] immer wieder aufs Neue vollzogen werden kann«.[88] Denn nur wenn es gelingt, das *in praxi* gewonnene und deshalb wegen seines Status der Bewährung dessen, was ein Unternehmen in einer komplexen, von kognitiven Erwartungen beherrschten Umwelt tatsächlich tut, viel wichtigere implizite Wissen in Formen des expliziten Wissens zu überführen,[89] kann dieses Unterneh-

---

[85] WEICK 1991: 122.
[86] NONAKA/TAKEUCHI 2012: 12.
[87] NONAKA/TAKEUCHI 2012: 12; cf. auch die Umschreibung von CONSTANDSE 2013: 10: »In 1966 [Michael] Polanyi explained that we know more than we can tell. From a Gestalt-psychology angle he explains that we unawarely possess knowledge which as a result of our unawareness is difficult or impossible to articulate. This type of knowledge is tacit knowledge. [...] Nonaka [...] describes tacit knowledge as being highly personal, hard to formalise and difficult to communicate. It is deeply rooted in action and in an individual's commitment to a specific context. Tacit knowledge consists partly of technical skill and knowhow which has been developed over years of practice«.
[88] Dazu in erster Linie NONAKA/VON KROGH 2009: 635 ff.; ferner NONAKA/TAKEUCHI 2012: 13; REINHARDT/SCHNAUFFER 2004: 25.
[89] NONAKA/TAKEUCHI 2012: 272 f.; dazu CONSTANDSE 2013: 9; ferner REINHARDT/SCHNAUFFER 2004: 27.

men gedeihlich und nachhaltig seine Aktivitäten entfalten. Indes: Wie kann das *in concreto* gelingen?

### 3. Hypertextorganisationsstruktur: Drei operative Organisationsschichten

Die noch sehr grob gefasste Antwort lautet: »Ein nach Größe und Komplexität wachsendes Unternehmen sollte gleichzeitig die Effizienz auf der Ebene der Zentrale und die lokale Flexibilität maximieren«.[90] Damit wird darauf hingewiesen, dass eine lernende Organisation imstande sein muss, zwischen Zentralität und Dezentralität zu oszillieren und zuweilen sogar diese zwei Modi der unternehmerischen Handlungsmuster (in verschiedenen betrieblichen Bereichen) parallel zu nutzen.[91]

In der Lehre der Hypertextorganisation wird etwas schematisch zwischen mehreren organisationalen Schichten unterschieden – wobei in dieser Hinsicht nicht vergessen werden darf, dass es sich um ein Modell handelt, also um eine Verkürzung des Originals[92] –, die trotz kommunikativer Verlinkung[93] durchaus auch unabhängig voneinander, d. h. selbstorganisatorisch, handeln können, je nach den Anforderungen, die die Umwelt an die Gesamtorganisation stellt:

»[E]ine Hypertextorganisation [setzt sich] aus [… drei] Schichten zusammen: Geschäftssystem, Projektteam und Wissensbasis […]. Auf der zentralen Schicht des Geschäftssystems werden normale Routinearbeiten erledigt. Diese Schicht hat

---

[90] NONAKA/TAKEUCHI 2012: 202; LEMBKE 2011: 187, hat diesen für die Hypertextorganisation zentralen Punkt folgendermaßen gekennzeichnet: »Die Hypertextorganisation ist eine netzartige Struktur von […] Verbindungen, innerhalb derer unterschiedliche Perspektiven, Sichtweisen und somit auch Verlinkungen zu einem spezifischen Thema verknüpft sind. Analog zum Aufbau des Internets ist eine Hypertextorganisation eine Ansammlung hochgradig komplexer, miteinander verlinkter Hypertexte, die in ihrem Aufbau verlinktes oder verknüpftes Wissen mit beliebiger Komplexitätssteigerung möglichst redundanzfrei zur Verfügung stellen«; cf. auch SCHNAUFFER/STAIGER/VOIGT 2003: 10 ff.

[91] Dazu LEMBKE 2011: 188: »Eine solche Organisationsform beinhaltet also beides: klare, hierarchische Strukturen und eine dauerhaft ›offene‹ Struktur mit lose verbundenen, prozessorientierten Arbeits- oder Projektgruppen, die neue, innovative Potenziale erschließen«; ferner ZARCULA 2006: 80; PFEIFER/RÜGGEBERG/SCHUMACHER 2004: 3 ff.; cf. auch LEINO 2015: 225, 244.

[92] Cf. zur Technik der Modellierung insb. STACHOWIAK 1973: 132; eingehend dazu AMSTUTZ 2001: 66 ff.

[93] Dazu PFEIFER/RÜGGEBERG/SCHUMACHER 2004: 4.

## III. Konzern als lernende Organisation

die Form einer hierarchischen Pyramide, weil sich eine bürokratische Struktur für Routinetätigkeiten besonders gut eignet. Auf der oberen Projektteam-Schicht sind mehrere [... selbstorganisatorische Wirkeinheiten[94]] mit wissenschaffenden Arbeiten befasst, so zum Beispiel die Entwicklung von Neuprodukten. [...]. Auf der unteren Schicht der Wissensbasis wird das in den darüberliegenden Schichten erzeugte Wissen neu klassifiziert und in neue Kontexte eingebunden«.[95]

Das Besondere, das die Hypertextorganisation auszeichnet, ist somit die »Koexistenz von drei völlig verschiedenen [...] Kontexten innerhalb einer Organisation«,[96] wie in Schaubild 1 dargestellt.

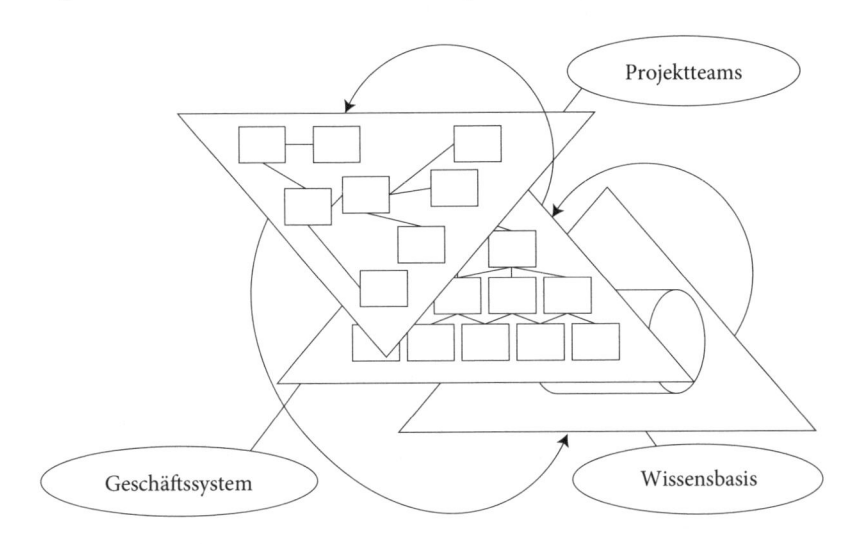

*Schaubild 1*: Die drei Schichten der Hypertextorganisation.[97]

Die Qualität der Wissensbeschaffung hängt vorwiegend von der Fähigkeit ab, im »gesamten Filialnetz«[98] bzw. im Netzwerk der Hypertextorganisation die Aktivitäten so zu steuern, dass sie »schnell und flexibel

---

[94] Dazu insb. CONSTANDSE 2013: 8; ferner DIGAN 2015: 19.
[95] NONAKA/TAKEUCHI 2012: 203f.; zum Ganzen AHLSTRÖM 2002: 29f.; REINHARDT/SCHNAUFFER 2004: 26f.; LEINO 2015: 184; zur Problematik der »Wissensbasis« SCHNAUFFER/STAIGER/VOIGT 2003: 10; PFEIFER/RÜGGEBERG/SCHUMACHER 2004: 4; zu den möglichen Technologien zur Erstellung einer »Wissensbasis« XU 2011: 630 ff.
[96] NONAKA/TAKEUCHI 2012: 204; dazu CONSTANDSE 2013: 8.
[97] Dieses Schaubild stammt aus der Arbeit von CONSTANDSE 2013: 7.
[98] NONAKA/TAKEUCHI 2012: 208.

von Kontext zu Kontext [...] wechseln [können]«.[99] Solches kann nur gelingen, wenn der Oszillationsmechanismus zwischen hierarchischer Führung (die vom »Geschäftssystem« ausgeht) und selbstorganisiertem Handeln im »Projektteam«[100] reibungslos und vor allem zeitlich effizient funktioniert.[101] In Phasen, in denen hierarchische Steuerung des Ganzen genügt (also in Zeiten, da es vor allem um die Erledigung von Routinearbeiten geht), steht das Geschäftssystem im Mittelpunkt des Geschehens. Wenn demgegenüber Wissensbeschaffung gefordert ist, d.h. in Phasen der Dezentralität, nimmt die unternehmerische Leitung eine spezifische Form an, die vor allem der Ankurbelung der selbstorganisatorischen Kräfte in der Organisation dient und die nach der Lehre von der Hypertextorganisation auf die Verwirklichung von drei Funktionen zielt: auf kreatives Chaos, adäquate Varietät und Informationsredundanz.

### 4. Konzern als Hypertextorganisation

*a) Hypertextorganisationsfunktionen: Wissensgenerierung als trilateraler Prozess*

Um diese drei Konzepte für den Rechtsdiskurs transdiziplinär zu »öffnen«, sollen einmal mehr die dargestellten wissenschaftstheoretischen »Transferinstrumente« (*trading zones* und *boundary objects*[102]) verwendet werden. Bevor dies jedoch geschieht, will ich vorweg – abstrakt (im Sinne einer Gadamerschen Vorverständnisbildung[103]) – eine einführende Übersicht über die Zusammenhänge zwischen den erwähnten drei Funktionen der Hypertextorganisationstheorie (kreatives Chaos, adäquate Varietät und Informationsredundanz) geben.

Ausgangspunkt ist ein Paradox,[104] das Nonaka und Takeuchi folgendermaßen umschreiben und entfalten:

---

[99] NONAKA/TAKEUCHI 2012: 205, 207; dazu AHLSTRÖM 2002: 30; REINHARDT/SCHNAUFFER 2004: 25; DIGAN 2015: 30; LEINO 2015: 184f.

[100] Cf. PFEIFER/RÜGGEBERG/SCHUMACHER 2004: 4, die vor allem die »Entscheidungsautonomie« der Wirkungseinheiten in der Projektierungsschicht der Hypertextorganisation unterstreichen.

[101] NONAKA/TAKEUCHI 2012: 204ff.

[102] Cf. *supra* 37ff.

[103] Cf. ESSER 1970.

[104] Cf. zum Rechtsparadox im Allgemeinen AMSTUTZ 2013c: 375ff.

## III. Konzern als lernende Organisation 55

»Neues Wissen wird sozusagen aus dem Chaos geboren. Eine [... erste] entscheidende Voraussetzung [dafür] im Unternehmen ist die Redundanz.[105] Dieser Begriff mit seinen Konnotationen von ›überflüssiger‹ Wiederholung und Verschwendung [sc. *requisite variety*[106]] als zweite Voraussetzung der Hypertextorganisation] wird bei [... in westlichen Universitäten ausgebildeten] Managern Unbehagen auslösen. Dennoch spielt Redundanz als Bestandteil der Organisation eine wichtige Rolle, weil sie Dialog und Kommunikation fördert. Dadurch entsteht bei den Mitarbeitern ein gemeinsamer kognitiver Hintergrund [als dritte Voraussetzung der lernenden Organisation], der die Weitergabe von implizitem Wissen erleichtert. Die Unternehmensangehörigen tauschen [unzählige] Informationen aus, die sich zum Teil überschneiden, und haben dadurch ein Gespür dafür, in welche Richtung die Artikulationsversuche der anderen zielen. Neben ihrer großen Bedeutung für den Informationsaustausch sorgt Redundanz auch für die Verbreitung von neuem, explizitem Wissen im Unternehmen. Dies erklärt auch, weshalb [... lernende] Unternehmen die Produktentwicklung als einen Prozess mit Überschneidungen organisieren, in dem verschiedene Funktionsbereiche

---

[105] Unter »Informationsredundanz« verstehen Nonaka und Takeuchi Folgendes (in der Zusammenfassung von Constandse 2013: 24): »*Redundancy of information* is the conscious overlapping of company information, business activities and management responsibilities to speed up concept creation [... by] promoting the sharing of tacit knowledge and [by] helping organisational members [... to understand] their role in the organisation [...]. Redundancy of information is [... the result of] sharing [...] information which is not immediately required by individuals. The sharing of this ›extra‹ information promotes sharing of individual tacit knowledge. The overlapping information helps members sense what others are trying to articulate. Information redundancy can also help to reduce the impact of managerial hierarchy and promote mutual trust [... by] eliminating cheating by organisational members [...]. Information redundancy can be built into the organisation by adopting a policy in which information overlap and internal competition are harmonised. An example being the creation of multiple self-organising teams, tasked with the same problem«.

[106] Unter »adäquater Varietät« verstehen Nonaka und Takeuchi Folgendes (in der Zusammenfassung von Constandse 2013: 24): »*Requisite variety* is the result of finding an optimum in team composition. Nonaka [...] explains this concept using [ideas developed by Ashby], who proposes that organisations can maximise efficiency by creating a degree of internal diversity that matches the diversity it must process. If the organisation faces high diversity in the activities it wishes to carry out, the efficiency will be higher if there is a high degree of diversity among the people performing these tasks. In other words, the team composition is conducive to knowledge creation effectiveness. Requisite variety can be realised in two ways [...]. The first is by using a flat and flexible organisational structure in which the units are interlinked with an information network. This provides timely and equal access to the varied knowledge stock. The second way to realise requisite variety is by using a personnel rotation system which enables employees to develop overlapping knowledge to deal with the changing environmental requirements«.

zusammenarbeiten [...]. Viele Unternehmen gehen in der redundanten Produktentwicklung sogar noch weiter. Ein Entwicklungsteam wird in konkurrierende Untergruppen aufgeteilt, die für das jeweilige Vorhaben verschiedene Ansätze formulieren und dann über die Vor- und Nachteile ihrer Vorschläge diskutieren [sog. kreatives Chaos]. Diese Redundanz fördert eine Betrachtungsweise aus verschiedenen Perspektiven, und unter Aufsicht des Teamleiters verständigt sich das Team schließlich auf den ›besten‹ Ansatz«.[107]

In der Hypertextorganisation nimmt sich Wissensschaffung aus diesen Gründen als ein dynamischer, nie endender Prozess aus,[108] was im Umfeld der von kognitiven Erwartungen geprägten Wirtschaftsglobalisierung besonders wichtig ist.[109] Diese Skizze der Theorie der Hypertextorganisation erlaubt es nun, die früher aufgestellte These, dass der Konzern ein Kind der Globalisierung ist,[110] zu Ende zu artikulieren. Zu beantworten ist in dieser Hinsicht die Frage, aus welchen Gründen die Annahme gerechtfertigt ist, dass der Konzern die institutionellen Elemente einer lernenden Organisation besitzt, welche den Bedingungen einer Hypertextorganisation entsprechen.

Ein Konzern ist – legt man ihm die hier vertretene Auffassung zugrunde – durch drei Merkmale gekennzeichnet:
(1) (relative) Autonomie der Glieder,
(2) einheitliche Leitung als organisationale Struktur, die
(3) eine Oszillation zwischen Zentralität und Dezentralität zulässt.

---

[107] NONAKA/TAKEUCHI 2012: 30f.

[108] Cf. LEMBKE 2011: 188: »Da alle Ebenen [...] miteinander verknüpft sind, entsteht im Idealfall ein dynamischer Wissenskreislauf, der zum einen den Zusammenhalt zwischen freier, innovativer Projektarbeit und routinisierter Verwaltungsarbeit garantiert, zum anderen Informationsdefizite verhindert«; cf. ferner DIGAN 2015: 6f.

[109] Im Einzelnen haben NONAKA und TAKEUCHI diese Dynamik von verschiedenen Bedingungen abhängig gemacht, die CONSTANDSE 2013: 17, folgendermaßen zusammenfasst: »Knowledge creation in a sequence of knowledge creation modes can be seen as knowledge shifting through the modes. These shifts are triggered by certain events. The triggering conditions are: [1] Socialisation starts with the building of a team or a field of interaction in which experiences and perspectives are shared. [2] Externalisation starts after several rounds of meaningful dialogue in which a sophisticated use of metaphors is used to enable the articulation of tacit knowledge. [...] [3] Combination is triggered by coordination between team members and the rest of the organisation, and documentation of existing knowledge. [4] Internalisation takes place when team members assimilate knowledge in a trial-and-error fashion [sc. creative chaos]. This experimentation can trigger internalisation«.

[110] Cf. *supra* 43.

## III. Konzern als lernende Organisation

Inwiefern erlauben diese drei Merkmale die Verwirklichung des Hypertextorganisationsmodells im Recht?

Ausgangspunkt dieser Frage ist der Umstand, dass das hypertextorganisatorische Modell, was die unternehmerische Leitung anbetrifft, auf dem sog. »relationalen Paradigma«[111] – einem Begriff, der als *boundary object* in der Kommunikation zwischen Organisations- und Rechtswissenschaft aufzufassen ist[112] – aufbaut:

»Wenn weder die Spitze, die das Ganze repräsentiert, noch die Teile für sich das komplexe Ganze angemessen steuern können, dann fällt einer spezifischen Relationierung von Teil und Ganzem die Aufgabe zu, eine unter gegebenen Umweltbedingungen optimale Rekombination differenzierter Perspektiven zu leisten«.[113]

Um diese »spezifische Relationierung« umzusetzen, muss der auf geltendem oder geplantem Recht gründende Konzern nach Maßgabe der Lehre von der Hypertextorganisation, wie geschildert,[114] drei Funktionen (Potentialitäten oder, sytemtheoretisch: Formen[115]) erfüllen: Schaffung von »*creative chaos*«,[116] von »*requisite variety*«[117] und von »*informational redundancy*«.[118] Tut das der Konzern in der gegenwärtigen unionsrechtlichen Diskussion?[119]

*b) Transdisziplinarität I: Creative chaos*

Mit der Floskel des »kreativen Chaos« – deren Verständnis in den nachstehenden Ausführungen aufgrund der transdisziplinären Technik der *trading zones* erarbeitet werden soll[120] – ist in der Hypertextorganisation

---

[111] Dazu LADEUR 1990: 200.
[112] Cf. *supra* 40 f.
[113] WILLKE 1983: 39; dazu AMSTUTZ 1993: 304 m.Nw.
[114] Cf. *supra* 54.
[115] Zur »Form« als analytisches Instrument AMSTUTZ 2011: 242 ff.
[116] Cf. IMAI/NONAKA/TAKEUCHI 1983; zum Ganzen die ausführliche Zusammenfassung in AMSTUTZ 1993: 306 ff.
[117] Cf. NONAKA/TAKEUCHI 2012: 100 ff.; ferner eingehend AMSTUTZ 1993: 315 ff.
[118] Dazu in erster Linie NONAKA 1988: 62; zum Ganzen auch AMSTUTZ 1993: 311 ff.
[119] Was das Konzernrecht der Mitgliedstaaten der Union anbetrifft, wird vorliegend davon ausgegangen, dass auch die richterliche Rechtsfortbildung in diesem Bereich geltendes Konzernrecht bildet; dazu *infra* 86; a. M. anscheinend GRUNDMANN 2012: 756 ff.
[120] Cf. *supra* 37 ff.

die erste Schicht, die sog. »Projektteam-Schicht«,[121] angesprochen. Die Theorie hebt in dieser Hinsicht hervor, dass die lernende Organisation ihre Bestandteile nicht in ihrer vollumfänglichen Potentialität integrieren sollte. Anders gewendet: Die lernende Organisation darf nicht zur »totalen Organisation«[122] verkommen. Bleibt dieser Punkt unbeachtet, kann es gar nicht zur Mehrebenen-Kommunikation (also zur Kommunikation zwischen den drei hypertextorganisatorischen »Schichten«) kommen, die für organisationales Lernen erforderlich ist. Erforderlich deshalb, weil, wie die Theorie der Intertextorganisation nachweist,[123] dieses Lernen eine Pluralität von Perspektiven[124] verlangt, die sich durch »*overlapping*« wechselseitig bereichern. Ohne diese Mehrheit von sich in der Organisation durchkreuzenden Visionen und Rekonstruktionen von Abbildern der »Wirklichkeit« ist die Schaffung von kreativem Chaos – das, wie erläutert,[125] für die Praxis des »*thinking outside of the box*«, also für die Entdeckung neuer Handlungsalternativen, unerlässlich ist – ziemlich kompromittiert. Damit wird, wie im jüngeren Schrifttum unterstrichen wurde, gewährleistet, dass sich die nie zu einem Ende gelangende Wissensbeschaffung nach einem Phasenmodell abspielt, in welchem »every phase [...] is loosely connected and overlaps, expanding and contracting with the unrestricted elasticity of diversity«.[126]

Die Bedingungen der Möglichkeit von kreativem Chaos – und hiermit wird vorwiegend auf die Übersetzungstechnik der *trading zones* abgestellt – werden im Konzernrecht mithilfe von zwei Umständen gefördert:

(1) Zunächst dadurch, dass sich der Konzern – von der Konzernspitze abgesehen – aus abhängigen Gesellschaften zusammensetzt. Diese Gesellschaften sind *de iure* mit einem jeweils gesellschaftsrechtlich umfassenden Organisationsstatut versehen, das aus dem beherrschten Unternehmen eine selbstorganisatorische Entität macht. M. a. W. ist dieses Unternehmen

---

[121] NONAKA/TAKEUCHI 2012: 203 f.
[122] Cf. CROZIER/FRIEDBERG 1977.
[123] Cf. *supra* 52 ff.
[124] Konkret: Diese Pluralität von Perspektiven umfasst die jeweiligen, zuweilen sehr unterschiedlichen Sichtweisen, die innerhalb der drei »Schichten« der Hypertextorganisation vorhanden sind; cf. *supra* 53 f.
[125] Cf. *supra* 54 ff.
[126] NONAKA 1990: 29.

juristisch *ab initio* schon mit den organisatorischen »Mechanismen«[127] ausgestattet, die selbstorganisatorische Operationen zulassen.

(2) Alsdann schützt das Konzernrecht aller Mitgliedstaaten der Union grundsätzlich die Autonomie der abhängigen Gesellschaft. Zwar nur bis zu einem gewissen, zuweilen unterschiedlichen Grade – der in Kapitel 4 noch eingehend zu erörtern sein wird –, aber jedenfalls in hinreichendem Umfang, um die Losung des kreativen Chaos im Sinne der Intertextorganisationslehre als realistische Option erscheinen zu lassen. Dementsprechend drängen die juristischen Organisationsstatute der beherrschten Unternehmen die Konzernspitze zur Ausdifferenzierung einer »Projektteam-Schicht«, welche das so wichtige implizite Wissen generiert.[128]

*c) Transdisziplinarität II: Requisite variety*

Der Satz von der adäquaten Varietät bezieht sich auf die zweite Schicht der Hypertextorganisation, auf das sog. »Geschäftssystem«,[129] dem nicht bloß die Aufgabe zusteht, Routinearbeiten zu erledigen, sondern das auch dafür zuständig ist, die Wirkeinheiten der »Projektteam-Schicht« zur Wissensakkumulation anzuregen. Dies kann nach dem Modell der Intertextorganisation auf zweierlei Arten geschehen:

(1) Indem das Geschäftssystem die »Projektteam-Schicht« mit ambivalenten Losungen, Zielbeschreibungen oder Strategien versieht, schafft es kreatives Chaos in der ersten Schicht der Hypertextorganisation.[130]

---

[127] So DAVIS / MARQUIS 2005: 335 ff., insb. 337: »Rather, organization theory is best seen as a commitment to a level of analysis, an organizational mode of explanation. The point is not to accumulate findings about what is generally true about organizations – this proves to be a fruitless endeavor – but to use organizational mechanisms to explain social phenomena, to locate the ›intersection‹ Mills [...] wrote about«.
[128] Cf. *supra* 51.
[129] NONAKA / TAKEUCHI 2012: 203 f.; dazu *supra* 52 f.
[130] Cf. NONAKA / TAKEUCHI 2012: 101 f.: »Japanische Unternehmen greifen oft absichtlich auf strategische Vieldeutigkeit und kreatives Chaos zurück, um damit im Unternehmen eine Fluktuation hervorzurufen. Zum Beispiel gab Yutaka Kume, der Vorstandsvorsitzende von Nissan, die Devise aus: ›Let's change the flow‹ (›Ändern wir den Fluss‹), mit der er zur aktiven Suche nach Alternativen zu etablierten Verfahrensweisen aufrief. Wenn die Philosophie oder Vision der Unternehmensführung mehrdeutig ist, führt dies auf der Umsetzungsebene zu einer entsprechenden Ambiguität der Auslegung. [...] Mehrdeutigkeit der Führungsvision kann zu einer Reflexion sowohl der Wertprämissen als auch der faktischen Prämissen führen, auf denen die Entscheidungsfindung des Unternehmens beruht. Wertprämissen sind ihrer Natur nach

Dadurch kommt es zu einer Dynamik, die innerhalb der Organisation die Fluktuation der Gesichtspunkte, Perspektiven und Erfahrungen begünstigt.[131] Gleichzeitig muss aber auch gesehen werden, dass »*requisite variety*« insofern »adäquat« sein muss, als die Inhalte der erwähnten ambivalenten Botschaften, die das »Geschäftssystem« an die Wirkeinheiten der ersten Schicht (»Projektteam-Schicht«) weiterleitet, ein gewisses Integrationspotential aufweisen. Diese Wirkeinheiten sind nämlich nur dann auf die Gesamtorganisation hin orientiert, wenn sie die Leitidee des Ganzen intern angemessen repräsentiert haben.[132] Das setzt voraus, dass die Ambiguität der von der zweiten an die erste Schicht mitgeteilten Botschaften nicht bloß Räume für Interpretation öffnen darf, sondern auch Handlungsrichtungen angeben muss.[133]

(2) Die zweite Möglichkeit, um adäquate Varietät entstehen zu lassen, ist die Personalrotation in den verschiedenen Wirkeinheiten der ersten Schicht. Das wird auf gleichsam natürlichem Weg zur Schaffung von »*overlapping knowledge*« führen, was diese Wirkeinheiten befähigt, besser mit den Anforderungen einer stetig sich wandelnden Umwelt umzugehen.

Was bedeutet das in interdisziplinärer Perspektive, d. h. zumal aus der Sicht der Lehre von den *trading zones*[134]? Die Bedingungen der Möglichkeit von »*requisite variety*« können im Konzernrecht mithilfe des Instituts der einheitlichen Leitung begünstigt werden, die in den meisten Mitgliedstaaten der Union praktisch auf Stimmenmehrheit basiert.[135] Stimmenmehrheit vermittelt zunächst einmal in organisationaler Hinsicht eine hinreichende Kontrollmacht der »Geschäftssystem-Schicht« (also der zweiten »Schicht« der Intertextorganisation), um sowohl Routinearbeit hierarchisch zu strukturieren als auch die Parameter von adäquater Varietät konzernweit zu definieren. Man darf sich allerdings »einheitliche Leitung« nicht nach Maßgabe von klassischen hierarchischen Mustern der Betriebswirtschaftslehre betreffend die Unternehmensführung vorstellen. Im Konzern kommen die »Kräfte« nicht nur von »oben«, sondern auch

---

subjektiv und betreffen Vorlieben; sie bieten ein großes Spektrum von Wahlmöglichkeiten. Faktische Prämissen hingegen sind ihrer Natur nach objektiv und beziehen sich auf das reale Geschehen; sie eröffnen ein konkretes, aber begrenztes Spektrum von Wahlmöglichkeiten«; dazu *supra* 53 f.

[131] Cf. NONAKA 1988: 62.
[132] Cf. NONAKA 1988: 67.
[133] Cf. NONAKA 1988: 62.
[134] Cf. *supra* 37 ff.
[135] Cf. GRUNDMANN 2012: 770 ff.

von »unten«. In der Literatur wurde in diesem Zusammenhang trefflich hervorgehoben, dass die

»[einheitliche] Leitung ein zusammengesetzter Vorgang [ist], der sich entsprechend im [Gesamt-]Unternehmen verteilt. [... . Den Konzern] als ›Knopfdruck-Apparat‹ zu sehen, in welchem durch formelle Beschlüsse alles in Bewegung gesetzt wird, entspricht einer externen, nicht der [konzern-]organisationsrechtlichen, [...] arbeitsteiligen Sicht«.[136]

Zweifelsohne enthält diese besondere Eigenschaft der einheitlichen Leitung das Potenzial, um im Konzern »*requisite variety*« hervorzurufen und auf Dauer zu stellen.

*d) Transdisziplinarität III: Informational redundancy*

Das Prinzip der »Informationsredundanz« betrifft vor allem (wenn auch nicht ausschließlich) den Umgang mit der dritten Schicht der Intertextorganisation, nämlich mit der Wissensbasis. Diese bezweckt, die Wirkeinheiten der ersten Schicht (»Projektteam-Schicht«) mit Informationen auszustatten, die diese nicht sofort gebrauchen können, also mit einem »Zuviel« an Informationen. Vielfach wird den Projektteams vom Geschäftssystem ein unbeschränkter Zugang zur Wissensbasis des Unternehmens gewährt. Zuweilen wird aber in der Intertextorganisation auch der direkte Austausch von implizitem Wissen zwischen besagten Wirkeinheiten favorisiert. Informationsredundanz hat die Eigenschaft, die Wissensbeschaffung zu beschleunigen, weil so in der einen Wirkeinheit der ersten Schicht »ein Gespür dafür entwickelt [wird], was [... die] andere sagen will«.[137]

»Überzählige« Informationen erlauben ferner den Projektteams, sich ein Bild davon zu machen, worin ihre Rolle in der Gesamtorganisation besteht, was angesichts der losen Verbindungen zwischen ihnen nicht immer klar ist. »Informationsredundanz bietet dem Unternehmen also ein Instrument zur Kontrolle des gesteuerten Kurses«.[138] Dieses Instrument ist aber nicht undifferenziert anzuwenden, weil es die Gefahr in sich birgt, zu einer Informationsüberlastung zu führen, was »[z]umindest kurzfristig [...] die Kosten der Wissensschaffung [steigert], etwa aufgrund

---

[136] DRUEY 2005: 1090, Anm. 54.
[137] NONAKA/TAKEUCHI 2012: 103.
[138] NONAKA/TAKEUCHI 2012: 103.

geringerer Arbeitseffizienz«.[139] Aus diesem Grund ist sein Einsatz von den Anforderungen der Umwelt abhängig, in welcher sich das Unternehmen bewegt, so dass sich je nach konkreter Konstellation eine Varianz von höherer und geringerer Redundanz empfiehlt: »[D]er richtigen Balance zwischen Schaffung und Besitz von Informationen kommt eine große Bedeutung zu«.[140]

Die Bedingungen der Möglichkeit von Informationsredundanz können im Konzernrecht – mithilfe der Lehre von den *trading zones*[141] – vor allem durch die Tatsache geschaffen werden, dass die Leitung des Ganzen *top-down* oder *bottom-up* erfolgen kann. Leitung ist ein informationeller Prozess.[142] Durch das Regulativ, Zugang zur Wissensbasis gänzlich, teilweise oder nur sehr selektiv zu gewähren, bzw. den Austausch von implizitem Wissen zwischen den Wirkeinheiten der ersten Schicht zuzulassen oder nicht, kann die Konzernspitze (als Geschäftssystem [zweite Schicht]) einen zentralen oder dezentralen Stil der Konzernführung je nachdem wählen, welche Anforderungen die Konzernumwelt *hic et nunc* konkret stellt. So kann etwa die Informationsredundanz »durch flexible und schnelle Kombination von Informationen [...] in der gesamten Organisation [erhöht werden]«.[143]

Diese Oszillationen zwischen enger und loser Führung müssen im Übrigen nicht zwangsläufig innerhalb derselben Konzernarchitektur stattfinden. Das Konzernrecht der meisten Mitgliedstaaten der Union lässt (freilich unter unterschiedlichen, aber in der Regel funktionell äquivalenten Bedingungen[144]) durchaus den Umbau der Strukturen von Unternehmensgruppen zu.[145] Insofern kann im europäischen Konzernrecht eine weitere Anleitung der Theorie der Hypertextorganisation befolgt werden, die im Schrifttum folgendermaßen beschrieben wurde: »Eine andere Möglichkeit, schnell auf unerwartete Schwankungen im Umfeld

---

[139] NONAKA/TAKEUCHI 2012: 104.
[140] NONAKA/TAKEUCHI 2012: 104.
[141] Cf. *supra* 37 ff.
[142] Dazu eingehend *infra* 108 f.
[143] NONAKA/TAKEUCHI 2012: 105; cf. zum Ganzen auch DRUEY 2000: 11: »Leitungsstränge im Sinne von Kommunikationsverbindungen innerhalb des Konzerns sind zulässig. Je etablierter die Beziehungen sind, desto zuverlässiger ist trotz formeller Unverbindlichkeit die koordinierende Wirkung«.
[144] Dazu *infra* 94 f.
[145] Cf. auch *infra* 72 f.

zu reagieren und die interne Vielfalt zu gewährleisten, liegt in einem häufigen Wandel der Organisationsstruktur«.[146]

## IV. Leitbild: Konzern als Heterarchie

*1. Rückblick: Wirtschaftsumfeld und organisationale Binnenstrukturen des Konzerns*

Der transdisziplinäre Austausch zwischen Konzernrecht und Sozialtheorie hat drei Haupterkenntnisse zutage gefördert:

(1) Zunächst: In historischer Sicht ist der Konzern aus dem Bedürfnis entstanden, das Phänomen der globalen Integration von Märkten (d.h. der Herausbildung von »Weltmärkten«) unternehmerisch zu bewältigen. Dies lässt sich am besten in den (transdisziplinären[147]) Konzepten der Soziologie ausdrücken:

Während die Sozialstrukturen von Nationalstaaten durch Erwartungen gebildet werden, die normativ (kontrafaktisch) stabilisiert werden, d.h. trotz allfälliger Enttäuschung gegen eine Revision gefeit sind – was durch Regeln, namentlich durch solche rechtlichen Charakters, geschieht –, weist die Globalisierung ganz andere sozietale Strukturen auf. In der zu Beginn des 19. Jahrhunderts emergierenden ökonomischen Globalisierung, die – als äußerst dynamische Form der Vergesellschaftlichung – maßgeblich durch kognitive Erwartungen geprägt ist, wurde der Konzern erfunden, um die ihm inhärente Eigenschaft zu nutzen, durch seine hochgradigen organisationalen Lernfähigkeiten auf den rapiden Wandel im Kontext von Weltmärkten laufend zu reagieren.

(2) Sodann: Die Organisationstheorie – namentlich die inzwischen ziemlich ausgereifte Lehre von der Hypertextorganisation – weist nach, dass das Generieren solcher organisationaler Lernfähigkeiten von der Erfüllung dreier Voraussetzungen abhängt. Ein transnational tätiges, des Lernens fähiges Unternehmen muss organisatorisch dreischichtig gegliedert sein: Es muss darin

(a) ein Geschäftssystem (eine administrative Zentrale),

---

[146] NONAKA/TAKEUCHI 2012: 105.
[147] Cf. zu den Grundlagen der Transdisziplinarität *supra* 34 ff.

(b) verschiedene Projektteams (autonome und im Gefüge des Gesamtunternehmens kapillar verteilte Wirkungseinheiten, die der Produktion von unternehmerischem Wissen dienen) und

(c) eine Wissensbasis (ein im Unternehmen gespeichertes »Gedächtnis« des akkumulierten Wissens, auf welches die Projektteams nach Maßgabe der strategischen Vorgaben des Geschäftssystems zugreifen können) geben.

(3) Sind diese drei Organisationsschichten operativ aufeinander abgestimmt, werden drei Funktionen, die für organisationales Lernen unerlässlich sind, ermöglicht: kreatives Chaos, adäquate Varietät und Informationsredundanz. Der transdisziplinäre Diskurs zwischen Konzernrecht und Theorie der Hypertextorganisation hat – basierend auf den »Kommunikationsinstrumenten« der *trading zones* und der *boundary objects*[148] – gezeigt, dass die Rechtselemente, aus welchen sich der Konzern in juristischer Perspektive zusammensetzt, die Fähigkeit besitzen, diese drei Funktionen zu erfüllen:

(a) Der Umstand, dass die abhängigen Konzerngesellschaften jeweils ein eigenes Organisationsstatut haben, das die Autonomie der letzteren bis zu einem gewissen, noch näher zu bestimmenden Ausmaß schützt,[149] ist der Funktion der Ausdifferenzierung von Projektteams und damit dem Ingangsetzen von kreativem Chaos förderlich.[150]

(b) Sodann begünstigt die – konzernbegründende – einheitliche Leitung[151] die Schaffung von *requisite variety* dadurch, dass sie die Konzernspitze befähigt, das Wirken der einzelnen Projektteams durch strategische Verteilung des organisationalen Wissens zu steuern.[152]

(c) Indem die Konzernzentrale imstande ist, auf Dauer zwischen zentraler und/oder dezentraler Leitungsform zu wählen (was die Konzernstrukturen einem fortlaufenden Oszillierungsprozess unterstellt),[153] kann sie stets die notwendige Abstufung von Wissensdistribution herstellen, um die *in concreto* benötigte Informationsredundanz zu kreieren.[154]

---

[148] Cf. *supra* 37 ff.
[149] Cf. *infra* 107 ff.
[150] Zum Ganzen eingehend *supra* 57 ff.
[151] Cf. *infra* 67 ff.
[152] Zum Ganzen eingehend *supra* 59 ff.
[153] Cf. *infra* 96 f.
[154] Zum Ganzen eingehend *supra* 61 ff.

## 2. Begriff der Heterarchie

Das Leitbild der Unternehmensgruppe, das hinter einer Konzern(organisations-)gesetzgebung steht, lässt sich von den (soeben zusammengefassten) Funktionen des Konzerns ableiten. Aus der sozialwissenschaftlichen Analyse desselben, die in den vorangehenden Ausführungen[155] vorgenommen wurde, kann eines mit Sicherheit erkannt werden: Der Konzern ist nicht nach hierarchischen Prinzipien organisiert (sonst bräuchte es ihn nicht, da die Rechtsordnungen der Mitgliedstaaten hierarchisch strukturierte Rechtsformen in hinreichender Anzahl anbieten). Vielmehr ist der Konzern – organisational betrachtet – Heterarchie.[156]

Im betriebswirtschaftlichen Schrifttum wird dieser Begriff dahingehend verstanden, dass damit

»eine Zusammenstellung verschiedener Organisationsformen [bezeichnet wird], die im Gegensatz zur hierarchischen Organisation Möglichkeiten zur organisationalen Selbstbestimmung und Selbststeuerung auf allen Unternehmensebenen bieten. Heterarchische Arrangements treten dort auf, wo abseits von ausschließlich top-down-gerichteten Delegierungsverfahren Spielräume für bottom-up-Entscheidungen bestehen. Dabei führt die Etablierung heterarchischer Arrangements nicht zur [vollständigen] Auflösung von Hierarchien in Unternehmen. Vielmehr dient die Integration heterarchischer Arrangements zur Erhöhung der lokalen Anpassungsfähigkeit (»local responsiveness«) eines multistandörtlichen Unternehmens, dessen Tochterbetriebe in unterschiedliche lokale Kontexte eingebettet sind«.[157]

Dabei deckt sich die betriebswirtschaftliche Analyse der Motive für die Bildung heterarchischer Arrangements mit dem hier vertretenen hypertextorganisatorischen Leitbild des Konzerns. Wenn gesagt wird, dass es die lokalen Perspektiven, die in den regional ausdifferenzierten Tochterbetrieben erarbeitet werden, ermöglichen, »die multiplen Identitäten

---

[155] Cf. *supra* 49 ff.
[156] Eingehend zu dieser Frage AMSTUTZ 2016: 7, 8, 12, 15, Anm. 96; a. M. BÖCKLI 2009: § 11 N 241: »Aber der Konzern ist nun einmal essenziell nur als hierarchisches Gebilde zu verstehen«; diese absolute Aussage trägt dem netzwerkartigen Charakter des Konzerns allzu wenig Rechnung; dazu DRUEY 2005: 1089, Anm. 54; ein guter Bericht aus der Praxis des Konzernrechts – am Bsp. der Zurich Insurance Group –, in dem zwar der Begriff der Heterarchie nicht verwendet wird, aber in welchem der Kerngedanke dieses Begriffs aus der Sicht des Konzernalltags in erstaunlich greifbarer Weise veranschaulicht wird, erstatten HAUSMANN/BECHTOLD 2015: 342 ff.
[157] WINTER 2009: 1; weitere Definitionen in VON GOLDAMMER 2003 m.Nw.

internationaler Unternehmen zu entschlüsseln und damit zur [binnenorganisationalen] Transparenz standortspezifischer Wettbewerbsvorteile oder bestehender Pfadabhängigkeiten beizutragen«,[158] wird genau jener Wissensgenerierungsprozess angesprochen, der den Kern des heterarchischen Leitbilds des Konzerns bildet, das vorliegend präkonisiert wird.[159] Denn diese »*local responsiveness*«, wie in der Betriebswissenschaft ausgeführt wird, ist dem »Transfer lokal generierter Ressourcen (z.B. lokalbezogenes Prozesswissen)«[160] insoweit förderlich, als sie

> »die Aufnahmefähigkeit von Wissen, das an Tochterstandorten geschaffen wurde, zentral besser zu assimilieren [erlaubt], [... sofern nur] not-invented-here-Abwehrreaktionen in Kernstandorten und räumliche Distanzen durch temporär physische Nähe [sc. von Mitgliedern der Konzernspitze und solchen der Konzerntöchter] überwunden werden«.[161]

Heterarchische Arrangements begünstigen – so die Quintessenz – das Gleichgewicht zwischen globalen Unternehmensstrategien und lokalen Umweltanforderungen.[162]

### 3. Leitbildbeschrieb: Heterarchie und organisationale Doppelorientierung des Konzernhandelns

In der Rechtswissenschaft ist der Begriff der Heterarchie (noch) nicht gängig. Vielmehr wird bislang in dieser Disziplin die Problematik der Heterarchie vorwiegend mithilfe der Semantik des Netzwerkes (bzw. Netzes) abgearbeitet.[163] Die erfolgreiche Karriere dieses Konzepts in der Jurisprudenz[164] ist darauf zurückzuführen, dass seine Extension (d.h. sein begrifflicher Umfang) eine größere Anzahl von »Fällen« zu erfassen erlaubt, als dies der Heterarchiebegriff zu tun vermag. Während

---

[158] WINTER 2009: 15; dazu eingehend MARTIN 1999: 65 ff.
[159] Cf. *supra* 50 ff.
[160] WINTER 2009: 17.
[161] WINTER 2009: 17; dazu eingehend RUGMAN/VERBECKE 2001; KATZ/ALLEN 1982: 7 ff.
[162] Cf. WINTER 2009: 17.
[163] Cf. repräsentativ die Beiträge in AMSTUTZ/TEUBNER 2009, und in *Kölner Arbeitskreis für Wirtschaftsrecht e.V.* 2015; ferner MÖSCHEL 1986: 211 ff.; ROHE 1998: 66 ff., 81 ff.; HEERMANN 1998: 75 ff.
[164] Cf. vor allem TEUBNER 2015b.

letzterer in der ökonomischen Organisationslehre in erster Linie verbundene Organisationen bzw. Unternehmensverbünde registriert, ist der Netzwerkbegriff geeignet, nebst Organisationsverschleifungen auch das Phänomen der Vertragsverbindungen in sich aufzunehmen.[165] M. a. W. besitzt er eine höhere Abstraktionsstufe. In diesem Sinne bezeichnet er sowohl organisations- als auch vertragsbasierte Kooperationsformen, die sich dadurch auszeichnen, dass sie nach Maßgabe einer »sozialen Doppelorientierung des Netzwerkhandelns«[166] funktionieren. Gemeint ist damit, dass Netzgebilde gleichzeitig an Individual- und Kollektivzwecken orientiert sind.[167] Ein und dasselbe Handeln im Feld der vernetzten Organisationen oder Kontrakte wird simultan an der Individuallogik (d. h. an den Netzteilnehmern als solchen) und an der Kollektivlogik (d. h. am Verbund als einem Akteur, der sich von den Netzteilnehmern differenziert) ausgerichtet.[168] Da aber auch der Konzern diese Doppelorientierung an den jeweiligen Eigenrationalitäten von Konzerngliedern und Gesamtgruppe besitzt, ist einerlei, ob man sein Leitbild mit dem (vorliegend präferierten) Begriff der Heterarchie oder mit demjenigen des Netzwerkes umschreibt.

In der Zusammenfassung besagt das gesetzgeberische Leitbild des Konzerns als Heterarchie, dass diese Rechtsform – im Vergleich z. B. zum in vielen Mitgliedstaaten gängigen Konzernbegriff von § 18 Abs. 1 AktG (»Sind ein herrschendes und ein oder mehrere abhängige Unternehmen unter der einheitlichen Leitung des herrschenden Unternehmens zusammengefasst, so bilden sie einen Konzern«), der zwar durchaus verschiedener Auslegungen fähig ist, aber dennoch einen gewissen hierarchischen Charakter der Unternehmensgruppe suggeriert – in flexibler Manier verstanden werden muss, damit ihr »Polykorporatismus«[169] zum Ausdruck gelangen kann.[170] Dementsprechend ist das Konzernleitbild anhand von drei (deskriptiven und in diesem Sinne der Interpretation

---

[165] Cf. TEUBNER 2004a: 109 ff.

[166] TEUBNER 2004b: 33.

[167] MÖSCHEL 1986: 211, spricht in diesem Zusammenhang von einer »Einbettung von Individualstrukturen in ein Gesamtsystem«.

[168] Cf. AMSTUTZ 2013b: 354.

[169] Diesen in der Sache treffenden Begriff hat BÄLZ 1974: 320, eingeführt.

[170] Cf. in dieser Hinsicht vor allem die Arbeiten von DRUEY 2000: 3 ff.; DERS 2012: 149 ff., 155 f.; ferner auch die treffenden Ausführungen von VAN HOE 2014: 202 ff.

und Ergänzung von konzernrechtlichen Bestimmungen dienenden) Merkmalen zu erfassen:

(1) in der Zeit variierende Selbständigkeitsgrade der (beherrschten) Gruppenglieder,

(2) einheitliche Leitung der Konzernspitze als organisationales Führungsinstrument,

(3) das eine dauernde Variabilität zwischen Zentralität und Dezentralität des Ganzen zulässt.[171]

Diese »offene« Umschreibung des Konzernleitbildes hat in erster Linie den Vorteil, dass man die »[einheitliche] Leitung [als] ein[en] zusammengesetzte[n] Vorgang [begreifen kann], der sich entsprechend im [Gesamt-]Unternehmen verteilt«[172]. Einheitliche Leitung ist m.a.W.

---

[171] Cf. in diesem Zusammenhang auch TEICHMANN 2013: 196; im Rahmen des Aktionsplans vom 2.12.2012 (cf. *supra* 20 ff.) kennt das europäische Konzernrecht keinen Konzernbegriff (etwa im Stil von § 18 AktG); das ist auch *entbehrlich*; THOLEN 2014: 219, bemerkt in dieser Hinsicht trefflich: »Für ein europäisches Konzernrecht, welches primär auf die konzernspezifische Ausgestaltung der allgemeinen gesellschaftsrechtlichen Regelungen setzt, ist eine einheitliche Konzerndefinition als zentrale Voraussetzung weder erforderlich noch sinnvoll«; m.a.W. ist ein Konzernbegriff nur dann erforderlich, wenn er als Anknüpfungsbegriff benötigt wird; offensichtlich braucht es das weder im Konzernorganisations-, im Konzernverantwortungs- noch im Konzernfinanzierungsrecht; denn in diesen Bereichen wird die Anwendbarkeit der Norm im Tatbestand durch verschiedene Merkmale umschrieben, die unmittelbar die anvisierten, im Konzern stattfindenden Operationen erfassen; als Bsp. kann das Konzernorganisationsrecht angeführt werden: Auf welche Weise eine Gesellschaft in den Konzern eingegliedert wird oder der Konzern von den Mutterorganen geleitet wird, sind Rechtsfragen, die ohne Konzernbegriff auskommen, weil sie Sachverhalte darstellen, deren Rechtsfolgen von der Erfüllung konkreter Tatbestandsmerkmale des Konzernrechts und nicht von einem abstrakten Konzernbegriff ausgelöst werden; der einzige Bereich, der einen Konzernbegriff als Anknüpfungsbegriff verlangt, ist das Recht der Konzernrechnungslegung (konsolidierte Rechnung); dementsprechend enthält die Richtlinie 2013/34/EU einen Konzernbegriff, der sich nach dem angelsächsischen Kontrollprinzip richtet; dazu ICLEG 2016: 5: »For the parent company, Art. 17 (1) (g) Directive 2013/34/EU provides for the notes to the financial statements of medium-sized and large undertakings to include ›the name and registered office of each of the undertakings in which the undertaking [...] holds a participating interest, showing the proportion of the capital held, the amount of capital and reserves, and the profit or loss for the latest financial year of the undertaking concerned for which financial statements have been adopted‹. A participating interest means an interest creating a durable link between the undertakings, which is presumed to exist where it exceeds a percentage threshold fixed by the Member States which is lower than or equal to 20% (Art. 2 (3) Directive 2013/34/EU)«.

[172] DRUEY 2005: 1090, Anm. 54.

geteilte Leitung.[173] Das erklärt sich aus dem Umstand, dass der Siegeszug des Konzerns in der globalen Wirtschaft daher stammt, dass er sich als Netz mehrerer denkender Köpfe ausnimmt, was die Konzernspitze, die das gesamte Konzerngeschehen unmöglich allein bewältigen kann, sachgerecht entlastet. Der Konzern ist metaphorisch eine »vielköpfige Hydra«.[174]

---

[173] Cf. HOMMELHOFF 2014a: 65.
[174] TEUBNER 1992: 189; ferner *supra* 55 f.

*Kapitel 3*

# Methode

> *Chez l'homme, voyez-vous, le bon et le mauvais s'équilibrent, égoïsme d'une part, altruisme de l'autre ...*
>
> Louis-Ferdinand Céline, Voyage au bout de la nuit, 1932/1952, 93.

## I. Aufgaben einer konzernorganisationsrechtlichen Methode

Im Unionskonzernrecht hängt die Verwirklichung der Funktionen einer lernenden Organisation davon ab, wie die Regeln der Doktrin des Gruppeninteresses, der SUP und der RPTs zueinander in Verbindung gebracht werden. Konkreter lässt sich fragen: Wie sind diese Regeln in Verhältnis zu setzen, so dass im Konzernverbund einerseits die Funktionen, die die Hypertextorganisationstheorie präkonisiert, tatsächlich erfüllt werden, ohne dass andererseits im Laufe von Gruppenbildungs-, Gruppenumbildungs- und Gruppenleitungsprozessen die Interessen eines oder mehrerer Betroffener (*share-* und *stakeholders* auf allen Konzernstufen) in Mitleidenschaft gezogen werden? Eine Antwort auf diese Frage setzt voraus, dass eine Konzernorganisationsrechtsmethode entwickelt wird, die diese Bezüge aufzeigt. Bevor also auf die konkreten (dogmatischen) Verschleifungen der Bestimmungen über das Gruppeninteresse, der SUP und der RPTs eingegangen wird (was Gegenstand von Kapitel 4 ist), muss vorab die erwähnte Methodik – die die allgemeinen Zielsetzungen einer konzernorganisationsrechtlichen Architektur sichtbar werden lässt – angedacht werden. Das ist Gegenstand des vorliegenden Kapitels.

Im Lichte dieser Problemstellung sind drei Fragen erkenntnisleitend:

(1) Zunächst diejenige nach den Regelungsbereichen, d.h. nach den Rechtsfragen, die konzernorganisationsrechtliche Bestimmungen beantworten müssen;[1]

(2) sodann diejenige nach der Regelungsfigur, mit welcher der Gesetzgeber bzw. der rechtsfortbildende Richter konzernorganisationsrechtliche Probleme systematisierend einfängt;[2]

(3) schließlich diejenige nach der Regelungsstruktur, die nach dem Verhältnis von Konzernregeln und dem Recht der Konzernglieder (die ja bereits gesellschaftsrechtlich verfasst sind) fragt.[3]

Im Folgenden werden diese Trias von konzernorganisationsrechtlichen Fragenkreisen sowie die Methodenprobleme, die damit einhergehen, näher beleuchtet.

## II. Methodenfrage I: Regelungsbereiche

### 1. Bereichsspektrum

Die Diskussion um die Regelungsbereiche des Konzernrechts wurde in den 1980er-Jahren lanciert, als man in Deutschland entdeckte, dass die §§ 311 ff. AktG, die den faktischen Konzern ordnen und sich auf den Schutz der (bereits) abhängigen Gesellschaft, ihrer Gesellschafter und Gläubiger beschränken, eigentlich zu kurz greifen.[4] Sie ignorieren eine Unzahl gleich wichtiger Fragen, auf die eine Konzernregelung ebenfalls eine Antwort geben sollte.[5] Seither zielen die Bemühungen der Konzernrechtsforschung und -rechtsprechung[6] – und dies nicht mehr bloß in Deutschland[7] – in zwei Richtungen:

---

[1] Cf. sogleich *infra* 72 (*in fine*) ff.
[2] Cf. *infra* 76 ff.
[3] Cf. *infra* 80 ff.
[4] LUTTER 2009: 1065, spricht von »unvollendetem Konzernrecht«; diese »Entdeckung« wurde vor allem von der sog. »LUTTER-Schule« gemacht; aus dieser Schule ist in erster Linie die herausragende Studie von HOMMELHOFF 1982 zu erwähnen; ferner auch TIMM 1980; HIRTE 1986; eine eingehende Übersicht über die Arbeiten der Schule findet man in AMSTUTZ 1993: 269 ff. m.Nw.
[5] Cf. die umfassende Übersicht über diese Fragen bei HABERSACK 2016a: Vor § 311 N 31 ff. m.Nw.
[6] BGHZ 83, 122 (»Holzmüller«); BGH v. 26.4.2004, AG 49 (2004), 384 (»Gelatine I«); BGH v. 26.4.2004, NZG 6 (2004), 575 (»Gelatine II«); dazu statt vieler RENNER

*II. Methodenfrage I: Regelungsbereiche* 73

(1) Auf der einen Seite wird versucht, Mechanismen zu entwickeln, welche die konzernfreien Gesellschafter sowie die Gläubiger bereits im Zeitpunkt der Konzernentstehung schützen (sog. »Konzernbildungskontrolle«). Dieser Schutz soll dabei nicht lediglich auf Ebene der beherrschten, sondern auch auf derjenigen der beherrschenden Gesellschaft gewährt werden.[8]

(2) Auf der anderen Seite sollen auch Grundsätze entwickelt werden, die die Konzernbetriebsphase ordnen (sog. »Konzernleitungskontrolle«). In diesem Zusammenhang geht es vorwiegend darum, die Interessen der Konzernglieder mit denjenigen der Unternehmensgruppe derart in Verhältnis zu setzen, dass eine ausgewogene Gruppenleitung (als dynamischer Prozess) gewährleistet ist.[9]

Seit einiger Zeit lässt sich der Trend verspüren, diese zwei Regelungsansätze miteinander zu verknüpfen, um dergestalt ein (umfassendes) Konzernorganisationsrecht – zuweilen auch »Konzernverfassungsrecht«[10] oder »Enabling law«[11] genannt – zu entwerfen.[12]

*2. Referenzmöglichkeit I: Ungeeignetheit der »Unternehmenskorporation«*

Verschiedene Autoren haben vorgeschlagen, zwecks Identifizierung der regelungsbedürftigen Punkte eines Konzernorganisationsrechts Maß an den Regeln der »Unternehmenskorporation« zu nehmen.[13] Dass

---

2015: 516 f.; ferner vor allem die französische *Rozenblum/Allouche*-Rechtsprechung (D. 1985, 478 ff.); dazu *infra* 110 ff.
[7] Cf. etwa CONAC 2013: 206 f.; ferner sind diverse (auch) dem Konzernrecht gewidmete Arbeitskreise, die aus Forschern aus vielen Mitgliedstaaten und auch aus Drittländern zusammengesetzt sind, zu erwähnen; cf. *infra* 87, Anm. 19.
[8] Cf. statt anderer GESSLER 1985: 780 f.; WIEDEMANN 1988: 52 ff.; HÜFFER 2003: 284 f.
[9] Cf. statt anderer LUTTER 1985: 845 ff.; WIEDEMANN 1988: 72 ff.; HENZE 2000: 211 f.; ARNOLD 2005: 1577 f.
[10] So HOMMELHOFF 1982 (schon im Titel); ferner auch LUTTER 2009: 1067.
[11] Als erster hat TEICHMANN 2013: 184 ff., diesen Begriff vorgeschlagen, der seither Schule gemacht hat.
[12] Diese Aussage trifft vor allem für die sog. *Rozenblum/Allouche*-Doktrin der französischen Rechtsprechung (D. 1985, 478 ff.) zu, die in der europäischen Konzernrechtsdiskussion eine erhebliche Bedeutung erlangt hat; dazu *infra* 110 ff.
[13] So etwa LUTTER 1985: 829 ff.; zum Konzept der »Unternehmenskorporation«: OTT 1977.

der Konzern (durchaus wie ein Einheitsunternehmen) einer Leitungs-, Willensbildungs-, Überwachungs- und Finanzierungsordnung bedarf, ist wohl kaum zu bezweifeln.[14] Die Regelungsbereiche des Konzernorganisationsrechts in Anlehnung an die »unternehmenskorporative« Ordnung näher einzukreisen, weist zwar den unbestreitbaren Vorzug auf, die Sichtverkürzung der traditionellen Schutzrechtslehre zu überbrücken. Doch läuft dieser Vorschlag Gefahr, »falsche« Problemlagen zu konstruieren, weil er die regelungsbedürftigen Fragen mit Hilfe einer Analogie lokalisiert, die fehl am Platz ist: Die Tatsache, dass in der klassischen »Unternehmenskorporation« ein Funktionsdifferenzierungs- und ein Gewaltenteilungsgrundsatz herrscht, bedeutet noch lange nicht, dass diese Prinzipien auf den Konzernverbund uneingeschränkt und undifferenziert Anwendung finden sollen (z. B. indem »Konzernorgane« eingeführt würden, deren Zuständigkeitszuweisung sich nach dem Raster der *checks and balances* richtete). Angesichts der Funktion des Konzerns als lernende Organisation, die sich deutlich von der Funktion der geläufigen Gesellschaftsformen unterscheidet,[15] ist zu bezweifeln, dass man auf dieser Basis weiterkommt.

Wesentlich ist in diesem Zusammenhang, dass der Konzern – im Unterschied zur traditionellen »Unternehmenskorporation« – eine Wirkungseinheit zweiten Grades darstellt. Er ist das Produkt eines in der Praxis »erfundenen« Polykorporatismus,[16] entsteht also (als emergentes Phänomen[17]) aus der Verschachtelung von Körperschaften, die Wirkungseinheiten ersten Grades sind.[18] Daraus ergibt sich eine Problematik, die der »Unternehmenskorporation« unbekannt ist und die im Zentrum eines Konzernorganisationrechts steht. Der üblich gewordene Begriff, um diese Problematik zu benennen, lautet: Mediatisierungseffekt.[19] Gemeint ist damit der Umstand, dass Maßnahmen der Konzernbildung, der Konzernumbildung und der Konzernleitung zu faktischen Zuständigkeitsver-

---

[14] Dazu das gelungene konzise Exposé von LUTTER 2009: 1068 ff.
[15] Cf. *supra* 49.
[16] Cf. BÄLZ 1974: 320.
[17] Dazu eingehend AMSTUTZ 1993: 292 ff. m.Nw.
[18] Zu den Begriffen der Wirkungseinheit ersten und zweiten Grades AMSTUTZ 1993: 195 ff., 337.
[19] Für eine umfassende Übersicht über diesen Effekt HABERSACK 2016a: Vor § 311 N 34 f. m.Nw.; ferner DERS. 2005: 142 ff.; WIEDEMANN 1988: 50 ff.; GOETTE 2006: 525 f.; REICHERT 2005: 152 ff.; RENNER 2015: 517; zum Ganzen auch EMCA 2013: 3 ff.

## II. Methodenfrage I: Regelungsbereiche

lagerungen – oder besser: zu Zuständigkeitsverwerfungen – sowohl in der herrschenden als auch in der beherrschten Gesellschaft führen können.[20] Bei Konzernentstehung geschieht das automatisch durch den Konzerneinfluss begründenden Beteiligungserwerb, gleichviel ob dieser mittels rechtsgeschäftlicher Transaktion[21] oder mittels Gründung einer Tochter durch die Mutter bzw. einer Enkelin durch eine Tochter zustande kommt.[22] Denn das investierte Kapital, das vor dem Erwerb unter der Kontrolle und dem Einfluss der Mitglieder des erwerbenden Konzernglieds stand, liegt nach der Transaktion in der ausschließlichen Verfügungsmacht des Exekutivorgans dieses Konzernglieds.[23] Die Herrschaftsbefugnisse und Vermögensrechte werden durch die erwähnte Vermögensverlagerung unweigerlich verkürzt.

Dieselben Wirkungen zeitigen Maßnahmen der Konzernumbildung, z.B. im Falle, da Anteile an einer Tochter in eine andere Tochter oder in eine Enkelin eingebracht werden (in der Praxis sog. »Umhängung«[24]).[25]

Auch Konzernleitungsmaßnahmen können zu Verkürzungen der Mitgliedschaftsrechte führen.[26] In abhängigen Gesellschaften erfolgt Derartiges, wenn diesen von Konzernstrategie wegen Nachteile zugefügt werden; dann sehen sich die Gesellschafter mit Einbußen in ihren Vermögensrechten konfrontiert.[27] Betroffen können freilich auch die Mitglieder einer Obergesellschaft sein, z.B. wenn in einer 100%-Tochter Maßnahmen getroffen werden, die der Zustimmung der HV bedurft

---

[20] Cf. HABERSACK 2016a: Vor § 311 N 34.

[21] Ob dies durch Kauf, Tausch oder einen anderen Vertragstypus (inkl. Innominatverträge) geschieht, ist unerheblich; cf. AMSTUTZ 1993: 469ff. m.Nw.

[22] In den meisten Mitgliedstaaten der Union fußt die Begründung eines Konzerns auf Beteiligungserwerb; dass es noch andere Techniken der Konzernbildung (wie der Konzernvertrag, die statutarische Gruppenentstehung oder die wirtschaftliche Abhängigkeit) gibt, sei damit nicht geleugnet; es handelt sich dabei indes (mit Ausnahme der deutschen §§ 291 ff, AktG und der davon beeinflussten Rechtsordnungen) eher um Ausnahmen; dazu etwa LUTTER 2009: 1066.

[23] Cf. GESSLER 1985: 786f.; HENZE 2003: 229f.; HABERSACK 2005: 144; LIEBSCHER 2005: 23f.; GOETTE 2006: 527; HOFMEISTER 2008: 51; PRIESTER 2011: 656ff.; K. SCHMIDT 2011: 518f.; LUTTER 2012: 351.

[24] HABERSACK 2016a: Vor § 311 N 45.

[25] Cf. LUTTER 1985: 849; HENZE 2003: 225; HABERSACK 2016a: Vor § 311 N 45 m.Nw.

[26] LUTTER 1985: 845ff.; WIEDEMANN 1988: 52ff., 72ff.; HENZE 2000: 211f.; ARNOLD 2005: 1577f.

[27] Cf. eingehend *infra* 110.

hätten, wären diese Maßnahmen in der beherrschenden Gesellschaft selbst durchgeführt worden.[28] Im Übrigen können Konzernleitungsmaßnahmen auch vergleichbare Effekte wie Konzernumbildungsmaßnahmen haben, z. B. bei Abschluss eines Unternehmensvertrages zwischen einer beherrschten Gesellschaft und einem Dritten.[29]

### 3. Referenzmöglichkeit II: Konzernfunktionen als Maßstab

Aus all' diesen Überlegungen heraus soll hier vorgeschlagen werden, die in Kapitel 2 herausgeschälten Funktionen der Konzernform als Ausgangspunkt einer Identifikation der konzernrechtlichen Regelungsbereiche zu nehmen. Es geht um die Frage, wie eine Konzernorganisation, die die Verwirklichung der Funktionen einer lernenden Organisation gewährleistet, rechtmäßig, d. h. unter Beachtung aller betroffenen Interessen, zustande kommen kann. Folgt man dem, so wird erkennbar, dass drei Sachfragen regelungsbedürftig sind:

(1) In welchem Modus wird im Konzern über die »Konfiguration« der organisationalen Heterarchie entschieden (Frage der [Um-]Bildung eines Konzernverbundes)?

(2) Wie werden die heterarchischen Willensbildungs- und Leitungsbeschlüsse in der Konzernbetriebsphase »koordiniert« (Frage der Leitungsstrukturen im Konzernverbund)?

(3) Wie sind die Organisationsformen in der Heterarchie des Konzernverbundes »satzungsmäßig« zu fundieren (Frage der legitimierenden Basis des Konzernverbundes)?

## III. Methodenfrage II: Regelungsfigur

### 1. Regelungsfiguren des Privatrechts

Das Privatrecht bietet grundsätzlich drei Regelungsfiguren an, um den Rechtsverkehr zwischen Marktbürgern zu gestalten: die Figuren des

---

[28] Cf. mit weiteren Bsp. HABERSACK 2016a: Vor § 311 N 49 m.Nw.
[29] Cf. eingehend HABERSACK 2016a: Vor § 311 N 49 m.Nw.; eine Frage, die sich allmählich mit einer gewissen Insistenz stellt, ist diejenige nach dem sog. Konzernausgangsschutz; dazu jüngst BERGER 2016; ferner auch AMSTUTZ 1993: 541 ff.

Interessengegensatzes (Austauschvertrag), der Interessenwahrung (Treuhand) und der Interessenverbindung (Zweckgemeinschaft).[30] Zu fragen ist, ob eine Konzernordnung sich in ihrer Grundstruktur an eines dieser Schemen anlehnen sollte. Auf Anhieb ersichtlich ist, dass weder Synallagma noch Fiducia geeignete Figuren abgeben. Demzufolge kann nur erörterungswürdig sein, ob die Denkform der Zweckgemeinschaft das gesuchte Schema zur Verfügung stellt:

Mit dem Bild eines »flexiblen Anpassungssystems« hat Zöllner den Regelungsrahmen beschrieben, welcher der Bindung zwischen den Mitgliedern einer Zweckgemeinschaft juristischen Ausdruck verleiht.[31] Ersichtlich besteht die Besonderheit von Zweckgemeinschaften – im Gegensatz zu den anderen Regelungsfiguren des Rechtsverkehrs – darin, »[…] dass mit ihnen und in ihnen überhaupt nur ein rechtliches Grundverhältnis geschaffen, mitnichten aber die Gesamtheit der künftigen rechtlichen Situationen im Einzelnen schon geregelt wäre oder auch nur geregelt werden könnte«.[32] Zweckgemeinschaften sind Institutionen, die Vorsorge dafür treffen, dass in der Zukunft entstehende Fragen entschieden werden können. Sie bestehen aus Regeln, die eine Rahmenordnung für die Verwirklichung eines Gemeinschaftsvorhabens festlegen. Die Funktionsfähigkeit eines derartigen normativen Gebildes setzt voraus, dass fortwährend ein Ausgleich der beteiligten Interessen stattfindet. Denkbar ist solches aber nur deshalb, »[…] weil die Interessen – mindestens in der Idee – gleichgerichtet und gemeinsam sind«.[33]

## 2. »Doppelorientierung des Handelns« als privatrechtliche terra incognita

Gerade letzteres ist in der Unternehmensgruppe nicht der Fall: Als Aggregat von Zweckeinheiten ersten Grades[34] kommt dem Konzern zwar durchaus eine gemeinschaftliche Komponente zu; eine Verschmelzung der einzelnen Zwecke findet allerdings nicht statt. Das individualistische Moment bleibt im Konzern neben dem kollektivistischen durchweg zu-

---

[30] Cf. *supra* 5.
[31] ZÖLLNER 1979: 35.
[32] LUTTER 1980: 91.
[33] LUTTER 1980: 92; ferner auch IMMENGA 1980: 73.
[34] Cf. EMCA 2013: 3.

gegen.³⁵ Aus juristischer Sicht wird man deshalb von der »gleichberechtigten Ko-Existenz von vergemeinschafteten Zwecken und Individualzwecken«³⁶ ausgehen müssen.³⁷ Damit ist zugleich gesagt, dass eine unreflektierte und undifferenzierte Übernahme der Regelungsfigur der Zweckgemeinschaft für die Strukturierung einer Konzernordnung außer Betracht fällt. Hilfreich bleibt besagte Figur dennoch:

Denn auch im Konzernorganisationsrecht geht es um die Gestaltung von *governance structures*,³⁸ welche die Wahrnehmung künftiger Geschäftschancen ermöglichen sollen. Auch hier hat das Recht die primäre Aufgabe, ein »flexibles Anpassungssystem« zur Verfügung zu stellen. Nur – und darin liegt das Entscheidende – sollte ein derartiger Regelungsrahmen nicht zu einer Vergemeinschaftung der Interessen führen.³⁹ Was den Konzern in der Tat auszeichnet, ist nämlich die »Doppelorientierung des Handelns«:⁴⁰ Sämtliche wirtschaftlichen Transaktionen werden im Konzern zugleich auf den Profit des Ganzen und auf den Profit des einzelnen Gliedes ausgerichtet.⁴¹ Eine adäquate Regelungsfigur für den Konzernverhalt muss diesem Umstand Rechnung tragen. Ihr muss es gelingen, individualistische und kollektivistische Strömungen einem *modus operandi* zuzuführen. Um hier eine Metapher zu verwenden, könnte man sagen: Nicht Konsense gilt es zu erwirken, sondern Dissense zu bewahren; diese aber müssen – das ist *conditio sine qua non* – kompatibilisiert werden können.

Diese Metapher findet ihre Wurzel in einer alten organisationswissenschaftlichen Fragestellung:

»How can cohesion and coordination be promoted [sc. in a complex organisation] while at the same time maintaining sufficient [...] freedom to ensure flexibility, creativity, and adaptability to environmental change?«⁴²

Das Paradox zwischen zentripetalen und zentrifugalen Kräften in der komplexen Organisation »Unternehmensgruppe« wird dann handhabbar,

---

³⁵ Cf. *supra* 4.
³⁶ TEUBNER 1990b: 310.
³⁷ Cf. auch MÖSCHEL 1986: 211.
³⁸ Cf. grundlegend WILLIAMSON 1990: 77 ff.
³⁹ Cf. aber den stets noch faszinierenden Vorschlag von HARMS 1968: 147 ff., den Konzern als Gesellschaft des bürgerlichen Rechts zu verstehen.
⁴⁰ Grundlegend TEUBNER 2004a: 87, 93, 120, 137, 157.
⁴¹ Cf. eingehender *supra* 4.
⁴² EISENBERG 1984: 230.

wenn die Vorstellung, es müsse um jeden Preis ein (tendenziell breiter) Konsens zwischen den organisationalen Subsystemen (d.h. in den beherrschten Unternehmen) erzielt werden, aufgegeben wird. Und zwar zugunsten der Einsicht, dass nur die Kompatibilisierung von Dissensen realistisch ist.[43] Dementsprechend wurde vorgeschlagen, die Integration komplexer Organisationen nicht über die Vorgabe einseitig-verbindlicher Veranlassungen, sondern über die kreative Verwendung von Symbolen zu bewältigen:

> »Organizational values are often implicit in myths, sagas, and stories which are used as a point of symbolic convergence [...]. Values are expressed in this form because their equivocal expression allows for multiple interpretations while at the same time promoting a sense of unity. It is therefore not the case that people are moved toward the same views (in any objectively verifiable sense) but rather that ambiguous statement of core values allows them to maintain individual interpretations while at the same time believing that they are in agreement«.[44]

## 3. Regelungsfigur der Doppelzweckgemeinschaft

Im Schrifttum ist vorgeschlagen worden, eine solche Regelungsfigur Verbund- oder Netzgeschäft bzw. -akt zu nennen.[45] Vorliegend wird vorgezogen, von Doppelzweckgemeinschaft zu sprechen, um den heterarchischen Charakter der Gruppe im geschilderten Sinne einzufangen.[46] Die Frage der Terminologie dürfte indes nicht essentiell sein. Wichtig ist nur, dass man Folgendes sieht: Die für die Verrechtlichung heterarchischer Tatbestände geeignete Regelungsfigur grenzt sich deutlich von den bis anhin bekannten privatrechtlichen Formen des Interessengegensatzes, der Interessenwahrung und der Interessenverbindung ab. Am meisten Ähnlichkeit weist sie mit letztgenanntem Figurentypus auf: Wie dieser sollte sie sich als Rahmenregelung ausnehmen, die künftiges Entscheiden ermöglicht. Darüber hinaus ist ihre Aufgabe aber eine ganz andere: Sie hat ein Verbundsystem mit simultaner Ausrichtung auf Individual- und Kollektivzwecke zu verfassen. Denn nur unter dieser Voraussetzung lassen sich im Gefüge des Konzernverbundes die Vorgaben der

---

[43] EISENBERG 1984: 231; cf. auch LADEUR: 1986: 273.
[44] EISENBERG 1984: 231; zur Frage, wie dieser organisationale Gedanken juristisch-dogmatisch (namentlich im Unionskonzernrecht) umzusetzen ist, *infra* 83 ff.
[45] Cf. die Nw. *supra* 66 f.
[46] Cf. eingehend *supra* 65 f.

Hypertextorganisationslehre – kreatives Chaos, adäquate Varietät und Informationsredundanz[47] – juristisch umsetzen.

## IV. Methodenfrage III: Regelungsstruktur

### 1. Mehrstufigkeit des Konzernverbundes

Nahezu trivial hört sich die Bemerkung an, der Konzern sei ein mehrstufiges Gebilde. Dass es Konzerne gibt, die sich nicht nur aus Tochtergesellschaften, sondern auch aus Enkel-, ja Ur-Enkel- und Ur-Ur-...- -Enkel-Gesellschaften zusammensetzen, dürfte jedermann geläufig sein. Zumindest theoretisch kann die Tiefenstaffelung im Konzern bis ins Unendliche reichen. Gerade diese Mehrstufigkeit aber macht die strukturelle Problematik des Konzerns aus. Bedenkt man nämlich, dass auf Ebene jedes Konzerngliedes ein Organisationsstatut schon in Kraft ist, jedes beteiligte Unternehmen also schon eine (mehr oder minder) umfassende Verrechtlichung erfahren hat, so wird fraglich, in welcher Manier die Strukturierung einer Konzernorganisationsregelung zu verfahren hat.

### 2. Rechtsformunabhängigkeit versus Gesellschaftstypenrecht

Grundsätzlich stehen zwei Wege zur Auswahl:

(1) Man kann zum einen versuchen, konzernorganisationsrechtliche Sätze aus dem Organisationsstatut der einzelnen Glieder heraus, d. h. aus dem allgemeinen Gesellschaftsrecht, abzuleiten und zu entwickeln.

(2) Zum anderen kann man aber auch »[...] in struktureller Parallele zum Recht der konzernfreien Einzelgesellschaften ein rechtsqualitativ eigenständiges Konzernrecht zu konzipieren [suchen]«.[48]

Das Hauptargument für den zweiten Weg, das von einem Teil der Lehre vorgetragen wird, besteht darin, dass es von der Sache her geboten sei, Konzernorganisationrecht rechtsformunabhängig auszugestalten.[49] Dem liegt die Ansicht zugrunde, dass der Unternehmensverbund, gleichviel

---

[47] Dazu *supra* 57 f.
[48] HOMMELHOFF 1988: 109.
[49] Cf. in diesem Sinne SCHNEIDER 1981: 251 f.; dazu K. SCHMIDT 1981: 470 f. m.Nw.; krit. MARTENS 1983: 407.

ob er nun aus Aktiengesellschaften, GmbH oder weiteren Rechtsformtypen besteht, stets dieselben Rechtsprobleme aufwirft. Dementsprechend müsse Konzernorganisationsrecht »[...] aus einer einzigen Wurzel her[ge]leitet [werden]«.[50] Einheitliche Regelungsprinzipien seien aufzuspüren, welche der Tatsache Rechnung trügen, dass der Konzern eine neben dem *numerus clausus* der geregelten Verbandstypen selbständige Organisationsform für Unternehmen darstelle.

Ein anderer Teil der Lehre widerspricht dem mit der Begründung, die Zeit sei für das »*grand design*« eines eigenständigen Konzernorganisationsrechts deshalb nicht reif, weil die am Konzernrechtsdiskurs beteiligten Wissenschaften mit nicht unerheblichen Erkenntnislücken zu ringen hätten.[51]

Nach der hier vertretenen Meinung ist die Idee eines gesetzgeberisch ausdifferenzierten, rechtsformunabhängigen Konzernrechts aus ganz anderen Erwägungen zu verwerfen: Zum einen wird sie (zumindest in der postulierten Ausprägung der Rechtsformunabhängigkeit) der Heterarchie des Konzerns nicht gerecht. Denn es macht eben einen Unterschied, ob eine Unternehmensgruppe von Aktiengesellschaften, GmbH usw. oder in Vermischung einiger oder aller denkbaren Rechtsformen zusammengesetzt ist.[52] Die jeweiligen Idiosynkrasien dieser Gesellschaftstypen lassen sich in der Unternehmensgruppe nicht einfach zugunsten einer rechtsformübergreifenden Konzerngesetzgebung ausblenden. Vor allem kann der Mediatisierungseffekt[53] je nach Gesellschaftstypus variieren, in welchem ein Konzernglied gekleidet ist. M.a.W. ist die Wirkung einer Konzernbildungs-, Konzernumbildungs- oder Konzernleitungsmaßnahme nicht zwangsläufig dieselbe, wenn ein Konzernglied als Aktiengesellschaft, als GmbH usw. inkorporiert ist.

## 3. Konzernorganisationsrecht als Innominatrecht

Deshalb drängt sich ein Mittelweg auf. Eines der zentralen rechtspolitischen Gebote des Konzernorganisationsrechts ist es, dem retikulären

---

[50] WIEDEMANN 1988: 5.
[51] Cf. HOMMELHOFF 1988: 110f.
[52] Zu diesem Problem HOPT 2017: 2; FORUM EUROPAEUM KONZERNRECHT 1998: 691.
[53] Cf. *supra* 74f.

Charakter des Konzerns Rechnung zu tragen. Letzterer – das wurde gezeigt[54] – stellt eben nicht, wie das für die üblichen Formen partnerschaftlicher Kooperation der Fall ist, eine Zusammenfassung individueller Mittel mit entsprechender Fixierung kollektiver Zwecke oder zumindest gemeinschaftsbezogener Rechte und Pflichten dar, sondern einen doppelzweckorientierten Funktionszusammenhang.[55] Das führt zur Einsicht, dass Konzernorganisationsrecht zwei Relationierungsfragen zu lösen hat:

(1) Einerseits muss dieses Recht die Konzernglieder so verschleifen, dass die hypertextorganisatorischen Funktionen des organisationalen Lernens entfaltet werden können;

(2) andererseits ist ihm aufgetragen, die verschiedenen Interessengruppen, die an den jeweiligen verbundenen Unternehmen beteiligt sind, in die Entscheidungsprozesse der Verbundbildung, der Verbundumbildung und der Verbundleitung in einer Weise zu integrieren, dass diese nicht übergangen werden und »mitbestimmen« können.[56]

Damit klärt sich der Blick für die Regelungsstruktur eines Konzernorganisationsrechts:

Während die erste Beobachtung betreffend hypertextorganisatorischen Funktionen zeigt, dass Konzernorganisationsrecht als ein »Verschleifungsrecht« konzipiert werden muss, lehrt die zweite Beobachtung betreffend »Mitbestimmung« aller Beteiligtengruppen bei Konzernmaßnahmen, dass diese Relationierungsfunktion nicht ohne Beachtung des Gesellschaftstypenrechts, nach welchem die Konzernglieder konstituiert sind, wahrgenommen werden kann. Daraus schließe ich: Konzernorganisationsrecht muss in erster Linie als Relationierungsrecht aufgefasst werden, das die erforderlichen Links zwischen den Konzerngliedern herstellt, damit der Konzernverbund als lernende Organisation konfiguriert wird, hat diese Links aber unter Beachtung der jeweiligen Gesellschaftstypen der Verbundglieder auszugestalten, damit *share-* und *stakeholders* auf allen Konzernstufen angemessen an Konzernorganisationsentscheidungen beteiligt werden.

---

[54] Cf. *supra* 76 ff.

[55] Cf. *supra* 77 ff.

[56] Cf. in diesem Zusammenhang die Ausführungen von TILMANN 1986: 82 ff., der als Konfiguration für ein Konzernorganisationsrecht vorschlägt, vom Muster der §§ 28 ff. MitBestG auszugehen; dieser Vorschlag hat (trotz – oder vielleicht wegen – seiner Originalität) im Schrifttum kein Echo gefunden.

*Kapitel 4*

# Zukunft

*Il ne demeure [de ces garçons] que ce qui de moi demeure: je ne suis que par eux qui ne sont rien, n'étant que par moi.*

Jean Genet, Journal du voleur, 1949, 106.

## I. Dogmatik des Unionskonzernrechts

Das in der Union geplante transnationale Konzern(organisations-)recht lässt sich angesichts des gewählten gesetzgeberischen Konzeptes der Teilharmonisierung[1] als *lex parsimonae* qualifizieren.[2] Es gilt der scholastische Satz »*entia non sunt multiplicanda praeter necessitatem*«[3] als leitendes Prinzip für die anvisierte Gesetzgebung. Methodisch hat das namentlich Inzidenzen für die Frage der Regelungsstruktur:[4] Aufgeworfen werden schwierige Probleme des Zusammenspiels von europäischem und nationalem Recht. Aber damit ist das Ungeklärte in der Dogmatik des Unionskonzernrechts nicht erschöpft:

Auffallend ist nämlich, dass die bisherigen doktrinellen Analysen der europäischen Konzerngesetzgebungsarbeiten nur in wenigen Ausnah-

---

[1] Cf. *supra* 13 f.

[2] In diese Richtung etwa FORUM EUROPAEUM ON COMPANY GROUPS 2015: 511, wo davon die Rede ist, dass das europäische Konzernrecht als ein »leicht anwendbares Rechtsregime« ausgestaltet werden sollte; ferner auch HOPT 2015: 179, 213: »[Corporate group regulation] should [certainly] not be a comprehensive European law governing [groups]«); HOMMELHOFF 2014b: 1067 (»Konzept punktueller Einzelregelungen«); DRYGALA 2013: 201 (»kleine Lösung«); SEIBT 2014: 1919 (»geringe Eingriffsintensität«).

[3] DUNS SCOTI 1963: 205 (sinngemäss: »Von mehreren Theorien, die den gleichen Sachverhalt erklären, ist die einfachste allen anderen vorzuziehen«).

[4] Cf. *supra* 80 ff.

mefällen[5] probiert haben, die drei entstehenden Konzernrechtsinstrumente (Konzerninteresse, SUP und RPTs) systematisch in das Leitbild des Konzerns als Heterarchie (bzw. in das Konzept des Konzernrechts als »Enabling law«) zu integrieren. Vielmehr ist im einschlägigen Schrifttum eine gewisse Tendenz feststellbar, diese drei Instrumente als »eklektisch anmutende Einzelregelungen«[6] anzuschauen, sie isoliert zu analysieren und sie in dieser Verbindungslosigkeit (vielfach kritisch) zu würdigen.[7]

Nachstehend wird deshalb der Versuch unternommen, zu eruieren, ob sich Züge einer (zwar minimalen, im Lichte des Teilharmonisierungsansatzes asketischen) Dogmatik des sich formenden Unionskonzernrechts identifizieren lassen. M. a. W. sollen die einzelnen konzernorganisationsrechtlichen Instrumente, die der europäische Gesetzgeber, wie gesehen,[8] in einem *bricolage*-Prozess[9] zur Entstehung zu bringen versucht – aufgrund der in Kapitel 3 entwickelten Konzernorganisationsrechtsmethode – dogmatisch ergründet werden. Im Mittelpunkt wird hier die Dogmatik der wechselseitigen Verschleifungen dieser Instrumente stehen. Denn es sind just diese normativen »Vernetzungen«, die die Mechanismen, welche einem Konzernorganisationsrecht – das nur als Recht

---

[5] Cf. in erster Linie HOMMELHOFF 2014a; ferner auch die Überlegungen von CONAC 2013; DRYGALA 2013; TEICHMANN 2013; LE CLUB DES JURISTES 2015.

[6] Der Ausdruck stammt aus LUTTER/BAYER/SCHMIDT 2012: § 1 N 4; HOPT 2013: 180, hat im Hinblick auf die gesellschaftsrechtlichen Gesetzgebungsarbeiten (im Sinne der Auffassung, die im Text vertreten wird) zutreffend bemerkt: »Wenn man [... die europäischen Gesetzgebungsarbeiten im Gesellschafts- und Konzernrecht] nach ihrem Regelungsinhalt mustert, ist zutreffend, dass sie nicht wie nationale Gesellschaftsrechtskodifikationen dieses Gebiet in seiner Gänze erfassen. Sie aber als ›eklektisch anmutende Einzelregelungen‹ zu bezeichnen, hieße doch, ihre Kohärenz zu unterschätzen«.

[7] Repräsentiv: KINDLER 2015; VETTER 2015; cf. auch den Diskussionsbericht über diese zwei Referate von OSTERLOH-KONRAD 2015.

[8] Cf. *supra* 20 ff.

[9] Zum Konzept des *bricolage* LÉVI-STRAUSS 1962: 31: »[Pour le bricoleur] la règle de son jeu est de toujours s'arranger avec les ›moyens du bord‹, c'est-à-dire un ensemble à chaque instant fini d'outils et de matériaux, hétéroclites au surplus, parce que la composition de l'ensemble n'est pas en rapport avec le projet du moment, ni d'ailleurs avec aucun projet particulier, mais est le résultat contingent de toutes les occasions qui se sont présentées de renouveler ou d'enrichir le Stock, ou de l'entretenir avec les résidus de constructions et de destructions antérieures«; in einer Union mit (zwar nach dem Brexit bald nur noch, aber immerhin) 27 Mitgliedstaaten ist die Erzielung politischer Konsense äußerst schwierig; insofern ist der Rekurs auf evolutionäre Gesetzgebungsverfahren, die auf dem Muster des *bricolage* gründen, eine realistische Option, um schwierige politische Blockaden in Rat und Parlament abzubauen.

## I. Dogmatik des Unionskonzernrechts

»zweiter Ordnung« bzw. als ein Recht, welches die Organisationsstatute der Konzernglieder verbindet, anzudenken ist[10] – seine Prägung geben.[11] Freilich werden, wie im Vorwort bereits erwähnt,[12] diese dogmatischen Analysen zwangsläufig den Charakter eines »Laborexperimentes« haben, da die Gesetzgebungsarbeiten noch nicht zu Ende geführt sind. Sie finden also im Schatten einer legislativen Ungewissheit statt und bezwecken in diesem Sinne lediglich – mehr ist zur Zeit nicht möglich – dogmatische *pistes de réfléxions*, also die wahrscheinlichen dogmatischen Leitlinien des künftigen Unionsrechts transnationaler Konzernverbünde, aufzuzeigen, so wie sich dieses Recht in der gegenwärtigen gesetzgeberischen Lage erkennen lässt. M. a. W. kann die nachstehend entwickelte Dogmatik des transnationalen Unionskonzernrechts keineswegs Anspruch auf irgendwelche Endgültigkeit haben. Dennoch kann eine solche Studie insofern für die Zukunft sinnvoll sein, als sie einen dogmatischen Vorschlag anbietet, der in kommenden Debatten einen Einfluss haben kann (ganz nach der Parömie: »*præstat cautela quam medela*«).

Die Thesen, die ich in den folgenden Zeilen – unter Rückgriff auf das in Kapitel 2 erarbeitete gesetzgeberische Leitbild der Unternehmensgruppe – begründen will, lauten:

(1) Die vom Forum Europaeum Konzernrecht vorgeschlagene »Kernbereichsharmonisierung«[13], der bereits im Abschlussbericht der High Level Group of Company Law Experts vom 4. November 2002 (»Winter Report«)[14] beigepflichtet wurde und die seither im Grundsatz mehr oder minder unangefochten geblieben ist,[15] hat in der Union einen konzernrechtspolitischen Diskurs neuen Stils angebahnt, der auf die Schaffung möglichst einfacher, konziser, aber gerade dadurch in ihrer Effektivität gesteigerter transnationaler Konzernrechtsinstitute zielt. Auf ein System

---

[10] Dazu eingehend *supra* 74.
[11] Cf. ausführlich AMSTUTZ 1993: 329 ff.; DERS. 2016: 9 ff.; ferner die Überlegungen von LUTTER 2009: 1067 ff.; eindrücklich sodann HOMMELHOFF 2012: 538, der in aller Klarheit zeigt, dass ein Konzernrecht, das sich als »Enabling law« versteht, das Primat organisationsrechtlichen Normen einräumen muss.
[12] Cf. *supra* VII.
[13] FORUM EUROPAEUM KONZERNRECHT 1998: 685 ff.
[14] Hochrangigen Gruppe von Experten auf dem Gebiet des Gesellschaftsrechts, Bericht vom 4.11.2002; dazu CONAC 2013: 196.
[15] Damit werden zumal Hürden politischen Charakters in den legislativen Institutionen der Union entschärft; cf. FORMER REFLECTION GROUP ON THE FUTURE OF EU COMPANY LAW 2013: 325; CONAC 2013: 208.

also, das namentlich die kreativen Kräfte des Richterrechts mobilisiert. Aus diesem Grunde gilt es im Folgenden, die ungeschriebenen dogmatischen Sätze zu identifizieren und zu konkretisieren, um den mitgliedstaatlichen und europäischen Gerichten zu ermöglichen, der *lex parsimoniae* des geplanten Unionskonzernrechts eine dogmatische Kohärenz zu verleihen.

(2) Dieses bewusst als »*embryonic regulation*«[16] gehaltene Konzernorganisationsrechtssystem muss – wie die in Kapitel 3 entwickelte Methodik zeigt – drei Fragen zum Gegenstand haben. Das sind die Minimalfragen eines »Enabling law« für Unternehmensgruppen:

(a) Zunächst die Frage nach den Konzernleitungsstrukturen, also den Rechten und Pflichten der Konzerngeschäftsführung oder, anders gewendet, der Modalitäten der einheitlichen Leitung, die das Organisationsstatut der Muttergesellschaft mit den Tochtergesellschaften vernetzt (M → T).

(b) Alsdann die Frage nach den Konzernleitungsschranken, die einerseits das Problem thematisiert, auf welche Art die Tochtergesellschaft rechtswirksam in den Konzernverbund einzugliedern ist (»Konzernbildungskontrolle«), und sich anderseits der Schwierigkeit widmet, wie die Grenzen zu definieren sind, die der einheitlichen Leitung gezogen sind (»Konzernleitungskontrolle«); anders ausgedrückt geht es hier um die »Vernetzung« der Organisationsstatute der Tochtergesellschaften mit der Muttergesellschaft (T → M).

(c) Schließlich die Frage nach dem Konzernorganisationsakt, der festlegt, wie die soeben umrissenen zwei »Vernetzungsprobleme«, die bisweilen – wie noch zu zeigen ist[17] – zueinander in Konflikt treten, in Einklang zu bringen sind.

(3) Diese Funktionen werden im europäischen Projekt eines teilharmonisierten Organisationsrechts transnationaler Unternehmensgruppen von drei Instrumenten erfüllt:

(a) von der Doktrin des Gruppeninteresses (als Recht der Konzernleitungsstrukturen);

(b) von der SUP (als Recht der Konzernleitungsschranken);

(c) von der Regelung der RPTs (als Recht des Konzernorganisationsaktes).

Allerdings bedarf es bei diesen drei – im heutigen Stand der Projektbearbeitung und aller Wahrscheinlichkeit nach auch in Zukunft – äußerst

---

[16] MALBERTI 2015: 257.
[17] Cf. *infra* 116 f.

karg ausgestalteten Instrumenten der Ergänzung durch allgemeine gesellschaftsrechtliche Grundsätze (im Sinne einer *lex communis societatum*), um die Operationsfähigkeit eines Transnationalismus europäischer Konzerne zu gewährleisten.[18] Gerade dieser Ergänzungsprozess wird – dies lässt sich schon heute voraussehen – nur stufenweise, d. h. in zeitlich gestaffelten Etappen, vor sich gehen.[19] Noch jahrelange Arbeiten stehen bevor. Dabei bedarf es freilich – aus noch zu erläuternden Gründen – auch (und vor allem) des Willens der Mitgliedstaaten, einer solchen »Rechtsglobalisierung« Hand zu bieten.[20]

## II. Konzernleitungsstrukturen: Doktrin des Gruppeninteresses

### 1. Doktrin des Gruppeninteresses als organisationsstrukturelle Lehre

*a) Januskopf der Doktrin des Gruppeninteresses*

Mit der Doktrin des Gruppeninteresses werden grundsätzlich die Leitungsstrukturen in der Unternehmensgruppe angesprochen. Freilich ist

---

[18] Methodisch ist das eine Frage der Regelungsstruktur; dazu eingehend *supra* 80 ff.

[19] In der Union sind zur Zeit verschiedene private Forschungsgruppen an der Arbeit, um Vorschläge für die Verbesserung des europäischen Gesellschaftsrechts zu entwickeln; cf. namentlich EMCA 2008 (auch bekannt unter der Bezeichnung »Aarhus-Gruppe«), die folgendes, von den US-amerikanischen Model Acts des ALI inspiriertes Projekt verfolgt: »A European Model Corporation Act would not lead to a legal instrument issued by the European Union: the member states would neither be ordered to implement an EU directive nor would the Union create yet another European business form. To this extent, the concept of a European Model Company Law Act must not be misunderstood. Emphasis should be on the word model. The project is to develop a model for a companies act that the member states are free to adopt or reject. The content of the model should include broadly acceptable uniform rules, building on the common legal traditions of the member states and the existing acquis communautaire, but also contribute to developing best practice based on experiences from the modern companies acts of various member states. The draft should both leave individual states free space for their own take on the model, so as to account for local and national particularities, and offer incorporators maximum flexibility with which to structure the ultimate business enterprise«; diese Arbeitsgruppe hat bereits im Jahre 2013 ein substantielles Papier über europäisches Konzernrecht vorgelegt (EMCA 2013), auf das im Rahmen des vorliegenden Kapitels eingegangen wird; cf. ferner auch die Arbeiten folgender Forschungsgruppen: Le Club des Juristes 2015; ECLE 2012, 2013, 2015; ICLEG 2015, 2016.

[20] Cf. *infra* 123.

sofort zu präzisieren: Mit dem Begriff der »Leitungsstrukturen« ist nicht nur eine Rechtsfrage auf Ebene der Konzernspitze aufgeworfen, sondern auch eine solche auf Ebene der abhängigen Unternehmen. Denn die Leitungsstrukturen im Konzernverbund konzentrieren sich nicht bloß auf das Recht der Mutter, sondern stellen in diesem Verbund ein kooperatives System dar:[21] Wie gesehen,[22] ist Konzernleitung geteilte Leitung.

Leitungsstrukturen in der Unternehmensgruppe zu installieren, läuft demgemäß darauf hinaus, ein System der Verflechtung von Organzuständigkeiten in Platz zu setzen, das sowohl das Organisationstatut der herrschenden als auch dasjenige der beherrschten Gesellschaft betrifft. Insofern hat die Doktrin des Gruppeninteresses (wie eine Medaille) zwei Seiten und muss folglich in zwei Schritten untersucht werden: Im vorliegenden Abschnitt werden die dogmatischen Implikationen dieser Doktrin auf Ebene der Muttergesellschaft eruiert.[23] Konkret geht es darum, die Rechtsposition der Gesellschaftsorgane auf Ebene der Konzernspitze, d.h. die Frage, in welchem Verhältnis die Mutter zu ihren Töchtern steht (M → T; Vernetzung »von oben nach unten«), zu untersuchen. Das Ergebnis dieser Analyse wird zwangsläufig ein vorläufiges bleiben, das im nächsten Abschnitt[24] mit den aus der Doktrin des Gruppeninteresses fließenden Organpflichten auf Ebene der Tochtergesellschaft zu konfrontieren und insofern zu ergänzen sein wird. In diesem zweiten Untersuchungsschritt wird das Recht der SUP eine maßgebliche Rolle spielen.

*b) Ermessensansatz: Gruppeninteresse als Abwägungsinstrument*

Hinter der Doktrin des Gruppeninteresses kann sich dogmatisch ein Vielfaches verbergen.[25] Deshalb beginne ich mit der Erläuterung dessen, was die erwähnte Doktrin nicht ist:

In der Lehre wurde die Meinung vertreten, dass das Gruppeninteresse bei der Konzernführung in eine Interessenabwägung einfließen sollte: »It should be possible to agree on certain principles in respect of groups [...] on the need for [...] the right to balance the interest of the overall group

---

[21] Cf. zum Problem schon früh SCHLUEP 1973: 268.
[22] Cf. *supra* 68 f.
[23] Dazu EMCA 2013: 5.
[24] Cf. *infra* 98 ff.
[25] Cf. nur EMCA 2013: 25 ff., wo die Doktrin des Gruppeninteresses anders als in den nachfolgenden Ausführungen aufgefasst wird.

with that of the [... subsidiary]«.²⁶ Dieser Ansatz ist aus zwei Gründen abzulehnen:
(1) Zunächst deshalb, weil die Interessenabwägung methodisch eine Unmöglichkeit ist.²⁷
(2) Und sodann aus dem Grunde, dass sich das Konzerninteresse letztlich nicht sinnvoll als Abwägungsmaßstab konkretisieren lässt.²⁸

*c) Struktureller Ansatz: Heterarchisierung der Konzernorganisation*

Dementsprechend kann die hier fragliche Doktrin nur als ein strukturierendes »Heterarchieraster« der Rechtspositionen der Organe im Konzernverbund begriffen werden.²⁹ Sie muss von ihrem Zweck her erschlossen

---

²⁶ FORMER REFLECTION GROUP ON THE FUTURE OF EU COMPANY LAW 2013: 325 f., mit verschiedenen Fallbeispielen; gl.M. LE CLUB DES JURISTES 2015: 9; cf. ferner auch EKKENGA 2013: 183.

²⁷ Cf. in erster Linie die profunde Studie von DRUEY 1981: 131 f., mit dem Ergebnis: »[D]ie Interessenabwägung als Instrument der Rechtsfindung gibt es nicht. Denn weder Interessen noch erst recht ihre Schutzwürdigkeit [...] sind der quantifizierten Erfassung und umso weniger der quantitativen Gegenüberstellung zugänglich, wie sie im Begriff des Abwägens liegt. Denn [1] weder ist die Wertung rationalisierbar [2] noch ist ihr Ergebnis generalisierbar, weil kein Fall gleich wie der andere und darum eine Liste der Wertungsgesichtspunkte nie abschließend ist, [3] noch können sie auf eine gemeinsame Messgröße zurückgeführt werden [4] und die Abwägung überfordert, etwas pauschal gesagt, den Richter wegen des außerjuristischen Faktenwissens, das er selber verfügbar haben muss« (148).

²⁸ Cf. die sorgfältige Untersuchung von HOFFMANN-BECKING 2012: 433 ff., der zu Recht das Konzerninteresse als Maßstab der konzernrechtlichen Interessenabwägung für ein untaugliches Instrument der Legitimation von Konzernmacht hält. Alle von diesem Autor vorgetragenen Gründe, die dem Konzerninteresse als Interessenabwägungsinstrument entgegenstehen, können vorliegend natürlich nicht wiedergegeben werden; als besonders interessant scheint mir folgende Überlegung: »Die These vom angeblich verpflichtenden ›Konzerninteresse‹ beruht auf demselben Missverständnis wie die irrige Vorstellung, dass sich die Organe der Konzernobergesellschaft durch die Konzernbildung zum ›Konzernvorstand‹ und ›Konzernaufsichtsrat‹ mit einer entsprechenden konzernweiten Pflichtenbindung wandelt. Es gibt aber weder einen Aufsichtsrat noch eine Geschäftsführung des Konzerns, sondern nur die entsprechenden Organe der Konzernobergesellschaft, die für den bestmöglichen Einsatz der Mittel der Obergesellschaft zu sorgen haben und aus diesem Grund verpflichtet sind, sich um das Geschehen in den Tochtergesellschaften zu kümmern« (439). Dieser Auszug zeigt sehr schön, weshalb die Doktrin des Gruppeninteresses nicht als eine Angelegenheit der konzernweiten Interessenabwägung, sondern, wie sogleich darzulegen ist, als eine strukturelle Organisationslehre zu verstehen ist.

²⁹ EKKENGA 2013: 182.

werden, der in der Union damit verfolgt wird. Ausschlaggebend ist, dass die Kommission in ihrem Aktionsplan vom 12. Dezember 2012[30] darauf hinzielt, einen Rechtsrahmen für grenzüberschreitende Operationen von Unternehmensgruppen zu schaffen.[31] Das (überkommene) Verständnis des Konzernrechts als Schutzrecht für Außenstehende führt in dieser Hinsicht nicht weiter.[32] Deshalb setzt die Kommission auf einer ganz anderen Ebene an:

Sie nimmt die Organrechte und -pflichten auf den verschiedenen Konzernstufen in den Blick und lässt sich hauptsächlich von konzernorganisationsrechtlichen Überlegungen leiten. Das ist folgerichtig. Denn: »Binnenmarktweite Gruppenführung benötigt einheitliche Handlungsvorgaben und Pflichtenmaßstäbe in allen EU-Mitgliedsstaaten«.[33] Demgemäß konzentrieren sich die Bemühungen der Kommission – und darin widerspiegelt sich just die Erkenntnis des proteischen Charakters der Unternehmensgruppe, die in der Praxis unzählige Formen und Vermischungen der Zentralität und Dezentralität annimmt[34] – auf die Flexibilisierung der konzernrechtlichen Organpflichten, so dass der zu setzende Rechtsrahmen der transnationalen Konzernwirklichkeit strukturell zu entsprechen vermag. Mit »Flexibilisierung« ist der Umstand gemeint, dass einerseits die Mutter die Freiheit haben muss, in sämtlichen Mitgliedstaaten die Konzernglieder nach einheitlichen Standards auszurichten, und dass andererseits die Töchter nicht rigide auf die Bewahrung der sog. »Eigeninteressen« verpflichtet werden, sondern auch konzernstrategische Vorgaben umsetzen dürfen.[35] Letztlich bedeutet das, dass »[d]as Verhältnis zwischen den Leitungsorganen [im Konzernverbund ...] rechtlich [nach Maßgabe der konkreten Bedürfnisse transnationaler Gruppen] organisiert werden können [muss]«.[36]

---

[30] Cf. *supra* 20 ff.
[31] DRYGALA 2013: 201; HOMMELHOFF 2014a: 64.
[32] DRYGALA 2013: 201; cf. schon *supra* 2 f.
[33] HOMMELHOFF 2014a: 64; so auch DRYGALA 2013: 201: »Ausgangspunkt der Überlegungen [sc. der Kommission] ist [...], dass das Vorhandensein angeglichener Regeln zur Leitung und Organisation von Tochtergesellschaften im Ausland die grenzüberschreitende Wirtschaftstätigkeit erleichtern könnte«.
[34] Cf. *supra* 65 f.
[35] Cf. CHIAPPETTA/TOMBARI 2012: 272 f.; LE CLUB DES JURISTES 2015: 16.
[36] HOMMELHOFF 2014a: 64.

## 2. Pflichtennexus der Mutterorgane

### a) Regelungsbereiche

Aus der Perspektive der konzernorganisationsrechtlichen Methode[37] geht die große Frage dahin, nach welchen Kriterien die Stellung der Mutterorgane zu definieren ist. Hier schlägt nun die Stunde der allgemeinen gesellschaftsrechtlichen Prinzipien, die den *common core* der mitgliedstaatlichen Gesellschaftsrechte bilden.[38] Anzuknüpfen ist am Problem, welche Rechtsfolgen das Halten von beherrschungsermöglichenden Beteiligungen auslöst: Nur Berechtigungen oder auch Verpflichtungen? Dieses Problem lässt sich in zwei Fragenkreise auffächern:

(1) Bedarf es in der Satzung der Konzernspitze einer Grundlage, die das Leitungsorgan zur Gruppenbildung und zum Gruppenbetrieb ermächtigt (sog. »Konzernklausel«[39] oder »Konzerneröffnungsklausel«[40])?

(2) Welche Rechtsfolgen gehen mit der Antwort auf diese erste Frage im Hinblick auf die Pflichtenlage der Mutterorgane einher (Frage der Konzernleitungspflicht)?

### b) »Konzernklausel«?

Die Frage, ob die Exekutivorgane eines beherrschenden Unternehmens zu Konzernbildungs- und -leitungsmaßnahmen nur dann befugt sind, wenn die Satzung eine entsprechende Ermächtigungsklausel enthält, ist in der Lehre umstritten.[41] In diesem Zusammenhang wird man davon ausgehen, dass beherrschungsermöglichende Beteiligungen nach kapitalgesellschaftsrechtlichen Grundsätzen betriebswirtschaftliche Ressourcen darstellen, die sich ihrem unternehmerischen Charakter nach qualitativ in keiner Weise von den übrigen Aktiven einer Gesellschaft unterscheiden. Insofern brauchen solche Beteiligungen und vor allem die daraus fließende Konzernmacht nicht durch eine »Konzernklausel« in der Satzung der Konzernspitze fundiert zu werden. Denn es obliegt dem Leitungsorgan der Mutter – und nicht den Gesellschaftern, denen

---

[37] Cf. insb. *supra* 71 ff.
[38] Cf. auch DRYGALA 2013: 199.
[39] TIMM 1980: 88.
[40] WIEDEMANN 1988: 57.
[41] Cf. die Übersicht über die vertretenen Ansichten in AMSTUTZ 1993: 363 ff.

ausschließlich Satzungskompetenz zukommt –, die Mittel, die der Realisierung des Unternehmensgegenstands dienen, zu bestimmen.[42] Aus dieser Feststellung lässt sich der Schluss ableiten, dass es in juristischer Perspektive grundsätzlich dasselbe ist, ob die Muttergesellschaft ihren Unternehmensgegenstand direkt (d. h. über deren eigene Aktivitäten) oder indirekt (d. h. über die operativen Tätigkeiten einer beherrschten Gesellschaft) verfolgt.[43] Eine besondere Satzungsermächtigung für eine mittelbare Zweckverfolgung ist mithin entbehrlich.

Das bedeutet freilich nicht, dass die Zweckklausel in der Satzung der Konzernspitze in ihrem Verhältnis zu den Töchtern keine Rolle spielt. Ganz im Gegenteil: Der Unternehmensgegenstand der Muttergesellschaft setzt der Verbandsautonomie im Konzern klare Schranken. Eine beherrschende Gesellschaft darf sich mittels Konzernbildung bzw. -umbildung keine Tätigkeitsgebiete angliedern, die durch ihren bisherigen Unternehmensgegenstand nicht gedeckt sind. Dies ergibt sich aus der soeben herausgeschälten Konzernregel, dass eine Gesellschaft auch ohne Satzungsgrundlage dazu befugt ist, ihren Unternehmensgegenstand indirekt zu verfolgen. Daraus folgt, dass der »Konzernzweck« faktisch durch den Unternehmensgegenstand in der Satzung der Obergesellschaft determiniert wird. Will somit die Muttergesellschaft eine Ausdehnung des Tätigkeitsbereichs »ihres« Konzerns vornehmen, muss es bei ihr zu einer Änderung des in der Satzung festgelegten Unternehmensgegenstands kommen, für welche die Gesellschafterversammlung zuständig ist.

Diese Schranke, die der Unternehmensgegenstand der Obergesellschaft einer allfälligen eigenwilligen Erweiterung der Konzerntätigkeiten allein durch das Leitungsorgan setzt, klärt eine alte Streitfrage: Was ist die juristische Bedeutung der in der Praxis oft anzutreffenden statutarischen Floskel, die eine Mutter ermächtigt, sich an »andere Unternehmen irgendwelcher Art« zu beteiligen. Oder anders gewendet: Kann die Gesellschafterversammlung kraft ihrer Satzungskompetenz dem Exekutivorgan einen Freibrief erteilen, Konzernbildungs- und -umbildungsmaßnahmen

---

[42] Diese Kompetenz ist *ius commune* im Kapitalgesellschaftsrecht der Mitgliedstaaten; cf. die eingehende, die Rechtslage sämtlicher Mitgliedstaaten berücksichtigende Studie von GERNER-BEUERLE/PAECH/SCHUSTER 2013a: 74 ff., insb. 78 und 94 f; zur Nomenklatur des Begriffspaares Zweck/Unternehmensgegenstand statt anderer SCHMIDT-LEITHOFF 2013: § 1 N 5 ff.

[43] Cf. ausführlich AMSTUTZ 1993: 370 ff.

auf eigene Faust durchzuführen und damit das Spektrum der in der Gruppe betriebenen Tätigkeitsbereiche allein zu bestimmen?

Die Frage ist negativ zu beantworten: Eine solche Floskel hat keine juristische Bedeutung. Da der Unternehmensgegenstand der Konzernspitze den »Konzernzweck« festlegt, kann eine derartige Generalermächtigung nicht erteilt werden. Das würde die Gefahr heraufbeschwören, dass das Leitungsorgan der Mutter den »Konzernzweck« in Alleinregie erweitern könnte. Dementsprechend sind Zweckklauseln der erwähnten Art in der Satzung der Konzernspitze juristisch unwirksam. Von Bedeutung ist allein die Regel, wonach die herrschende Gesellschaft ihren Unternehmensgegenstand auch ohne entsprechende Satzungsbestimmung indirekt verfolgen kann, und dies hat – unter Vorbehalt einer Satzungsänderung – im spezifischen Rahmen des »Konzernzweckes« zu geschehen.

*c) Konzernleitungspflicht*

Mit der Erkenntnis dieser Kompetenzzuweisungen ist allerdings noch nichts über die Pflichtenposition der Leitungsorgane auf Ebene der Konzernspitze gesagt. Darum muss die zweite Frage beantwortet werden, die den Umgang dieser Organe mit beherrschungsermöglichenden Beteiligungen betrifft: Sind die Exekutivorgane der Mutter verpflichtet, das Konzernierungs- und Konzernleitungspotential solcher Beteiligungen voll auszunutzen (d.h. als Realgüter einzusetzen), oder liegt es in ihrem freien Ermessen, damit beliebig umzugehen, namentlich diese Beteiligungen als bloße Kapitalanlagen (Nominalgüter) zu behandeln? Diese Frage lässt sich auch folgendermaßen formulieren: Gibt es in der *lex communis societatum* Europas eine generelle Pflicht der Gesellschaftsorgane, den Unternehmensgegenstand »auszuschöpfen«, d.h. aktiv in allen seinen Bestandteilen – sei es direkt, sei es indirekt – zu verfolgen, oder steht es im Ermessen dieser Organe, gewisse Bestandteile des Unternehmensgegenstandes vorübergehend oder auf Dauer operativ lahm zu legen?[44]

---

[44] An einem Exempel veranschaulicht: Lautet der Unternehmensgegenstand dahingehend, dass »die Produktion von Smartphones und Spielkonsolen« angestrebt wird, stellt sich die Frage, ob die Organe verpflichtet sind, beide Geschäftsbereiche stets zu verfolgen, oder sie frei sind, beispielsweise nur die »Produktion von Smartphones« zu betreiben, während sie auf die »Spielkonsolenproduktion« für unbestimmte Zeit verzichten.

Es ist dies vorerst einmal eine Frage der Leitungsmaximen, die das Handeln der Organe steuern, und somit eine solche des allgemeinen Kapitalgesellschaftsrechts, das allen Mitgliedstaaten gemeinsam ist. In diesem Zusammenhang ist davon auszugehen, dass der Unternehmensgegenstand der Gesellschaft deren konstitutives Rechtsmerkmal darstellt, was darauf hinausläuft, dass er die oberste Handlungsmaxime in der Körperschaft setzt. Aus diesem Satz wird man, wie erwähnt, darauf schließen, dass die Leitungsorgane in ihrem Wirken »konzernzweckgebunden« sind, dass also der Unternehmensgegenstand für sie eine verbindliche und keine geschäftliche Ausdehnungen zulassende Vorgabe bildet[45] (also auch keine Ausuferungen über den »Konzernzweck« hinaus via Operationen beherrschter Unternehmen[46]). Aber da ist noch mehr:

Die Exekutivorgane sind nicht bloß zweckgebunden, sondern zugleich verpflichtet, den Unternehmensgegenstand vollständig auszuschöpfen (d. h. sämtliche in der Zweckklausel der Satzung genannten Ziele zu verfolgen) und alle der Gesellschaft zur Verfügung stehenden Ressourcen optimal zu nutzen.[47] Diese Unternehmensgegenstandsausschöpfungs- und Ressourceneinsatzpflicht ergibt sich aus einem der Kerngrundsätze des Kapitalgesellschaftsrechts, ohne welchen keine mitgliedstaatliche Verbandsrechtsordnung auskommen kann. Dieses Kernprinzip lautet, wie folgt:

Der Umstand, dass der Gesellschafter im Zeitpunkt seiner Einlagenleistung einen Teil seines Vermögens in die ausschließliche Zuständigkeit der Kapitalgesellschaft überführt und damit jegliche Möglichkeit der Verfügung über seinen Leistungsgegenstand verliert, lässt sich nur damit rechtfertigen, dass die Exekutivorgane, denen nunmehr die unmittelbare Verfügungsbefugnis über die Gesellschaftereinlagen exklusiv zugewiesen wird, verpflichtet sind, sämtliche Ressourcen im Sinne des umfassend verstandenen statutarischen Unternehmensgegenstandes einzusetzen. Denn die *shareholders* haben gewählt, ihr Vermögen einem bestimmten unternehmerischen Risiko zu widmen, das im Unternehmensgegenstand kundgegeben wird. Würde man dem Exekutivorgan ein Ermessen darüber einräumen, nur einzelne Bestandteile des Unternehmensgegenstands zu verfolgen, würde dieses ermächtigt, das von den Gesellschaftern

---

[45] SCHMIDT-LEITHOFF 2013: § 1 N 6; HABERSACK 2016a: Vor § 311 N 31.
[46] Dazu eingehend *supra* 91 ff.
[47] Cf. in erster Linie HOMMELHOFF 1982: 54 ff.; ferner HABERSACK 2016a: Vor § 311 N 31 m.Nw.

eingegangene Risiko einseitig umzugestalten.⁴⁸ Eine solche Verlagerung des unternehmerischen Risikos ist in Wahrheit aber eine Frage, die in die Kompetenz der Gesellschafter fällt.

Betrachtet man nun die beiden soeben herausgeschälten normativen Sätze (d. h. Zweckgebundenheit und Ressourceneinsatzpflicht) in ihrer funktionellen Verstrickung, muss denknotwendig gefolgert werden, dass die exekutiven Organe verpflichtet sind, die Unternehmensgegenstandsklausel ihrer Gesellschaft umfassend »auszuschöpfen«, und dies unter Einsatz aller verfügbaren Produktionsmittel.⁴⁹

Was sind nun die Folgen der dermaßen verstandenen Unternehmensgegenstandsausschöpfungspflicht für die Frage der Rechtsposition der Mutterorgane? Aus dieser Pflicht kann nur auf eines geschlossen werden: Die beteiligungsvermittelte Konzernmacht, die einer Mutter zur Verfügung steht, ist von ihren Exekutivorganen zwingend operativ-produktiv im Sinne des Unternehmensgegenstandes einzusetzen.⁵⁰ Folgt man dem, so ist daraus abzuleiten, dass diese Organe *ex lege* einer Konzernleitungspflicht unterliegen.⁵¹ M. a. W. muss im Konzern – aufgrund des Rechts der Muttergesellschaft – bloße Herrschaftsmacht zur Konzernleitung intensiviert und verdichtet werden.

---

⁴⁸ Als versinnbildlichendes Beispiel: Nur Smartphones zu produzieren, wo der Unternehmensgegenstand noch die Produktion von Spielkonsolen erwähnt, schafft eine andere unternehmerische Risikolage, als wenn zusätzlich noch Spielkonsolen hergestellt werden.

⁴⁹ Cf. Hommelhoff 1982: 59.

⁵⁰ Hommelhoff 1982: 72.

⁵¹ Cf. grundlegend Hommelhoff 1982; ferner auch Amstutz 1993: 363 ff.; in der gegenwärtigen europäischen Diskussion treten folgende Autoren für eine Konzernleitungspflicht im Rahmen der *doctrine of the group interest* ein: Chiappetta/Tombari 2012: 264; Conac 2013: 220; wohl auch Teichmann 2015: 213, wenn er folgendes Argument vorträgt: »For large groups, like the Italian Pirelli group, the development of a coherent group strategy is a matter of diligent group management. They simply have no other choice if they want to avoid being negligent as directors of the parent. This need has become more and more important since public authorities strictly enforce the responsibility to establish efficient compliance procedures in corporate groups. If the parent of a cross-border group were not looking after its subsidiaries and not trying to influence them, the directors of the parent would face personal responsibility for any misbehavior of the subsidiary's organs or employees«; diese Argumentation spricht insofern für eine Konzernleitungspflicht, als damit der Leitungs- und Verantwortlichkeitsrahmen festgelegt wird, an welchen die Mutterorgane gebunden sind, so dass in dieser Hinsicht Rechtssicherheit geschaffen wird.

## 3. Funktion

Dieses Ergebnis muss seiner Funktion nach in drei Richtungen hin verdeutlicht werden:

(1) Zunächst ist nochmals zu unterstreichen, dass die Konzernleitungspflicht keineswegs als hierarchisches Konzept verstanden werden darf.[52] Das Konzept – als ein solches heterarchischer Ordnung begriffen – verpflichtet weder zu einer zentralistischen noch zu einer dezentralen Konzernorganisation, sondern belässt der Konzernspitze je nach den Umständen, die die Umwelt des Konzerns ihr stellt, ihre »Oszillierungsautonomie« in der Wahl der Führungsstile, die im breiten Spektrum von Zentralität und Dezentralität angesiedelt sind. Dieser Punkt wurde bereits abgehandelt, so dass auf die entsprechenden Ausführungen verwiesen werden kann.[53] An dieser Stelle geht es allein darum, die Konzernleitungspflicht in ihrem materiellen Gehalt zu definieren. In diesem Zusammenhang lassen sich zwei Pflichtbereiche auseinanderhalten:

(a) Das Suffix »-pflicht«, das dem Begriff der Konzernleitung angehängt wird, verlangt von der Mutter in keiner Weise, ein bestimmtes Gruppenorganisationsmuster, sondern lediglich – was aus der Lehre des »Konzernzwecks« folgt[54] –, dass die Unternehmensgruppe in ihrer betriebswirtschaftlichen Organisation so strukturiert wird, dass eine operative Kohärenz ihrer Aktivitäten gewährleistet ist.[55]

(b) Ferner bezieht sich das »Pflicht«-Moment bei der Konzernleitung darauf, dass die Muttergesellschaft für die Implementierung einer in sich stimmigen Konzernstrategie besorgt sein muss. Freilich bedeutet das nicht, dass dadurch dem angesprochenen weiten Spektrum der Konzernführungsstile irgendwelche Schranken gezogen werden. Vielmehr geht es darum, dass das geschäftliche Geschehen in der Unternehmensgruppe nicht dem Zufall überlassen wird, was zumal impliziert, dass die Konzern-

---

[52] Cf. *supra* 68 f.
[53] Cf. *supra* 65 ff.
[54] Cf. *supra* 91 ff.
[55] So trefflich HOMMELHOFF 2014a: 65: »Allerdings kommt ihr [sc. der Mutter] diese Privilegierung [sc. die Gruppe im Konzerninteresse zu leiten] allein dann zugute, wenn sie an der Spitze einer aus ihren Gliedgesellschaften kohärent zusammengefügten Unternehmensgruppe steht und nicht bloß einige funktional unverbundene Beteiligungen hält. […] Deshalb gehört die rechtlich fundamentierte Informationsversorgung der Tochtergeschäftsleitungen ebenfalls zu den strukturellen Voraussetzungen des Gruppenprivilegs […]«.

## II. Konzernleitungsstrukturen: Doktrin des Gruppeninteresses

strategie stets einen hinreichenden Konkretisierungsgrad erreicht, es also nicht bei bloß grob und diffus gefassten (oder bei gar keinen) Richtlinien bewenden lässt.[56]

(2) Sodann: Welche Aufgabe übernimmt die Lehre von Konzernleitungspflicht bei der Umsetzung der Vorgaben der Hypertextorganisationstheorie? Es handelt sich um eine doppelte:

(a) Dank der Autonomie, die der Konzernspitze von der Lehre der Konzernleitungspflicht eingeräumt wird, zwischen zentraler und dezentraler Führung zu oszillieren, werden die Bedingungen der Möglichkeit geschaffen, dass in der Unternehmensgruppe adäquate Varietät herrscht.[57]

(b) Dasselbe gilt für die Schaffung der Bedingungen von Informationsredundanz: Weil Führung einen Informationsprozess darstellt,[58] geht mit der »Oszillierungsautonomie« der Konzernspitze deren Befähigung einher, den Informationsfluss in der Gruppe je nach den Anforderungen, die deren Umwelt stellt, situativ zu regulieren.[59]

(3) Die soeben geschilderte Lehre von der Konzernleitungspflicht stellt ein vorläufiges Ergebnis dar. Diese Pflicht fließt aus dem Organisationsstatut der Mutter und setzt dieses in Relation zur Tochter (M → T; »von oben nach unten«). Konzernleitung ist aber, wie bereits dargetan, geteilte Führung.[60] Deshalb muss jetzt untersucht werden, wie das Organisationsstatut der Tochter in Relation zur Mutter zu bringen ist (»von unten nach oben«). Es wird sich – in Anlehnung an die Lehre Hommelhoffs vom »konzernspezifischen Spannungsverhältnis«[61] – zeigen, dass diese »Doppelrelationierung« (M → T + T → M) zu einer Spannung im konzernorganisationsrechtlichen Gefüge führt, deren Auflösungsmöglichkeiten dann in einem dritten Schritt geprüft werden.[62] Der Grund für die Konzernspannung liegt darin, dass das Organisationsstatut der Tochter

---

[56] So auch HOMMELHOFF 2014a: 65: »[D]ie Mutter [hat] in der gesamten Gruppe eine kohärent umfassende Gruppenpolitik zu verfolgen […]«; cf. ferner DRYGALA 2013: 204; die Erarbeitung einer konkretisierten Konzernstrategie ist kein Widerspruch zu den ambivalenten Weisungen, die die Theorie der Hypertextorganisation für die Lernfähigkeiten von Organisationen für förderlich hält; cf. *supra* 59 f.; gerade die Ambivalenz einer Konzernstrategie muss nämlich sorgfältig angedacht und geplant werden.
[57] Cf. *supra* 60 f.
[58] Cf. eingehend DRUEY 2012: 149.
[59] Cf. *supra* 62.
[60] Cf. *supra* 68 f.
[61] HOMMELHOFF 1982: 163.
[62] Cf. *infra* 116 f.

der Konzernleitungspflicht, die, wie erwähnt, an diesem Punkt der Untersuchung noch allein das Geschäftsführungsrecht der Mutter beachtet, Schranken zieht. Entsprechend werde ich den hier fraglichen zweiten großen Problemkreis des Organisationsrechts der Unternehmensgruppe unter diesem Titel abhandeln.

### III. Konzernleitungsschranken: Societas Unius Personae

*1. Doktrin des Gruppeninteresses und konzernrechtliche Abhängigkeit*

Die Doktrin des Gruppeninteresses muss, wie dargelegt,[63] als »Vernetzungsdogmatik« verstanden werden. Entsprechend kann sie nicht auf eine »Lehre von der Konzernspitze« reduziert werden, sondern umfasst auch das Verhältnis der Tochter zur Mutter (T→M; Vernetzung »von unten nach oben«).[64] Damit ist freilich ein heikles Problem im Konzept der SUP angesprochen: Der Umstand, dass bei ihr »die Brücke in das Reich der grenzüberschreitenden Unternehmensgruppe [zumindest explizit] nicht zu Ende gebaut [wurde]«.[65] Damit stellen sich zwei Fragen:

(1) Ist die SUP überhaupt geeignet, als unionsrechtlich geregelter Konzernbaustein zu dienen?

(2) Falls ja: Wie ist die SUP in die *doctrine of the group interest* zu integrieren? Oder anders gewendet: Was sind die Konsequenzen einer allenfalls bestehenden Konzernierungsfähigkeit der SUP für die Frage der Konzernleitung?

*2. Konzerneingliederung der Societas Unius Personae*

*a) Regelungsstruktur*

Was die erste Frage anlangt[66] – die methodisch eine solche der Regelungsstruktur darstellt[67] –, so wurde diese in der Doktrin verneint.

---

[63] Cf. *supra* 88.
[64] Cf. die Nw. in 3, Anm. 16.
[65] TEICHMANN 2014a: 3565.
[66] Dazu auch JUNG 2015: 653 f.
[67] Cf. *supra* 80 ff.

Und zwar mit dem Hinweis darauf, dass die lettische Tilgung des zwingenden Instruktionsrechts des Einzelgesellschafters an die Adresse der Leitungsorgane[68] zur Folge habe, dass sich das SUP-Projekt nunmehr ausschließlich darauf reduziere, Online-Gründungen dieser Rechtsform zu ermöglichen.[69] Die Verwendung der SUP zu Konzernzwecken sei jedenfalls keine unionsrechtliche Frage mehr, sondern eine solche des mitgliedstaatlichen Rechts.[70]

Diesen Einwand halte ich deshalb für problematisch, weil er gewisse Erwägungsgründe des Ratsvorschlags unberücksichtigt lässt.[71] Darin wird, wie schon erwähnt[72] und sogleich vertieft darzustellen ist, die SUP trotz Streichung des Instruktionsrechts des Einzelgesellschafters weiterhin als Konzernbaustein verstanden. Ich meine, dass die Auslegung gewisser Richtlinienbestimmungen des Ratsvorschlags im Lichte dieser Erwägungsgründe eine konzernrechtliche Chance schafft. Diese besteht darin, das noch in vielen mitgliedstaatlichen Gesetzen über die GmbH vorhandene »hierarchische« Konzernleitbild – also die Vorstellung, dass der Konzernspitze sämtliche (oder zumindest die hauptsächlichen und zentralen) Exekutivfunktionen in der Unternehmensgruppe zukommen sollten, damit diese operativ überhaupt funktionieren kann – durch ein Leitbild heterarchischer Ordnung zu ersetzen.[73] Mehr noch: Folgt man den nachstehend vorgetragenen Argumenten, so besteht eine unionsrechtliche Pflicht der Mitgliedstaaten, den Ratsvorschlag[74] – sollte dieser

---

[68] Cf. supra 29.
[69] TEICHMANN/FRÖHLICH 2015: 25: »To cut the long story short. The ›SUP‹ is a European brand for a corporate legal form which is governed by national law. Taking this into account it sounds logical that one of the rare provisions which has not been deleted but rather added by the Council stipulates the following: Member States are requested to provide up-to-date, concise and user-friendly information about the applicable national law. Having thereby successfully deleted almost any provision which could have helped SMEs to set up a uniform type of subsidiaries in Europe, the European legislator should take one last step and delete the misleading denomination ›SUP‹. The directive which is currently debated between the European Parliament and the Council introduces the possibility to register companies on-line. Nothing more and nothing less«.
[70] TEICHMANN/FRÖHLICH 2015: 24.
[71] Cf. supra 29; ferner (unentschieden) JUNG 2015: 653 f.
[72] Cf. supra 27 ff.
[73] Cf. zum heterarchischen bzw. netzartigen Konzernleitbild eingehend AMSTUTZ 1993: 256 ff.
[74] Cf. supra 29, Anm. 118.

in der gegenwärtigen Form der gesetzgeberischen Arbeiten vom Parlament verabschiedet werden –, so ins nationale Recht umzusetzen, dass der SUP-Konzern nach modernen heterarchischen Grundsätzen zu organisieren ist.

*b) Konzerneingliederungstechniken*

Auszugehen ist vom Umstand, dass aus theoretischer Perspektive zwei Möglichkeiten bestehen, um in einer abhängigen Gesellschaft eine legitime Unternehmensgruppenleitung zu organisieren: Entweder auf der Basis eines Rechts der Muttergesellschaft, verbindliche Weisungen an ihre Tochter zu erteilen, oder auf der Grundlage einer Klausel in der Satzung des beherrschten Unternehmens, die dieses in den Dienst der Gruppe stellt (sog. System der »Satzungskompetenz«).[75] Mit der besagten Streichung des Instruktionsrechts des SUP-Gesellschafters[76] ist das ersterwähnte Organisationsmuster aus dem Unionsrecht ausgeschieden. Daraus könnte man schließen, dass kraft Art. 7 Abs. 4 lit. b) des Ratsvorschlags vom 29. Mai 2015[77] die Integration einer GmbH in den SUP-Konzernverbund eine Angelegenheit des nationalen Rechts darstellt.

Indes: Eine der Zwecksetzungen des Ratsvorschlags bleibt – trotz der vorgenommenen Änderungen am kommissarischen Richtlinienentwurf[78] – die Förderung der europaweiten Niederlassungsfreiheit von Unternehmensgruppen.[79] Dieses Richtlinienziel findet seinen Ausdruck in den Erwägungsgründen 3, 7, 8 und 13 des Ratsvorschlags.[80] Es wird in letzteren durchs Band mit der Ratio der Kosteneinsparung bei der Bildung von SUP-Töchtern begründet, die zum Ziel hat, den konzernrechtlichen Transnationalismus zu erleichtern. Besonders aufschlussreich ist Erwägungsgrund 8:

»Die Bereitstellung eines harmonisierten rechtlichen Rahmens für die Errichtung von Einpersonengesellschaften soll dazu beitragen, Beschränkungen der Niederlassungsfreiheit in Bezug auf die Voraussetzungen für die Gründung von Toch-

---

[75] Cf. TEICHMANN 2014a: 3564, insb. Anm. 31 m.Nw.
[76] Cf. *supra* 29.
[77] Cf. *supra* 29, Anm. 118.
[78] Cf. *supra* 27 ff.
[79] Cf. *supra* 29.
[80] Cf. *supra* 29 f.

tergesellschaften im Hoheitsgebiet der Mitgliedstaaten schrittweise aufzuheben und die damit verbundenen Kosten zu senken«.[81]

Damit stellt sich die Frage, ob der Ratsvorschlag in seinen Bestimmungen Ansätze für ein transnationales Organisationsrecht der Unternehmensgruppe enthält, das auf dem System der Satzungskompetenz beruht. Aus den genannten Erwägungsgründen kann ein solches System nicht unmittelbar abgeleitet werden. Denn nach der Rechtsprechung des Gerichtshofes entfalten Erwägungsgründe einer Richtlinie keine normative Wirkung, sondern dienen u. a. als Anleitungen für die Auslegung der Richtlinienbestimmungen.[82] Aber für das Unionskonzernrecht spielen sie in dieser interpretatorischen Funktion, wie jetzt zu zeigen ist, eine entscheidende Rolle.

c) *Unionsrechtliches System der »Satzungskompetenz«*

Vorab gilt es hervorzuheben, dass die SUP grundsätzlich nach dem Schema der autonomen Kapitalgesellschaft ausgestaltet ist, übernimmt sie letztlich doch nur die mitgliedstaatlichen GmbH-Gesetze, ohne eine neue europäische Spezialgesellschaftsform zu schaffen (kein sog. »29th Company Law Regime«).[83] Nach allgemeinem Verständnis bedeutet das u. a. – was im Kontext allerdings wichtig ist –, dass das Gesellschaftsinteresse oberste Leitmaxime des körperschaftlichen Handelns der SUP-Organe bildet.[84] Die Konzerneingliederung einer solchen Gesellschaft ist deshalb kein sybillinischer Akt, sondern führt *de facto* zu Schwerpunktverschiebungen in ihrer Verfassung. Im Schrifttum wurde in diesem Sinne trefflich festgestellt:

»Die Aufnahme einer Kapitalgesellschaft in eine Unternehmensgruppe ändert [...] die Kräfteverhältnisse in [...] den einzelnen Rechtsträgern. Das zeigt sich nicht nur daran, dass die vorhandenen Zuständigkeiten mit neuer Orientierung

---

[81] Cf. General Secretariat of the Council (29, Anm. 118): 4.
[82] Cf. Europäische Union, Gemeinsamer Leitfaden des Europäischen Parlaments, des Rates und der Kommission für Personen, die an der Abfassung von Rechtstexten der Europäischen Union mitwirken, Luxemburg: Amt für Veröffentlichungen der Europäischen Union, 2. Aufl., 2015: 31.
[83] CONAC 2015: 142 f.; MALBERTI 2015: 247 ff. m.Nw.
[84] Zum konzernrechtlichen Problem dieser Sicht der Dinge statt anderer WIEDEMANN 1988: 3; betont in die im Text signalisierte Richtung argumentierend KINDLER 2015: 357 f.

ausgenutzt werden, sondern vor allem in der Begründung neuer Zuständigkeiten innerhalb der beteiligten Gesellschaften [...]«.[85]

Aus juristischer Perspektive können solche körperschaftsrechtliche Verfassungswandlungen nicht einfach als bloße Rechtstatsachen hingenommen werden; sie bedürfen der rechtlichen Legitimierung. Weil, wie vorne schon erwähnt,[86] eine solche Legitimierung (nach der lettischen Streichung des Instruktionsrechts des Einzelgesellschafters[87]) nicht über ein unionsrechtliches Weisungsrecht der Mutter erfolgen kann, gilt es jetzt, näher darauf einzugehen, ob die erwähnte Legitimierung über ein europarechtliches System der Satzungskompetenz der Realisierung fähig ist.

Anknüpfungspunkt bildet hier Art. 11 Abs. 3 lit. ca) des gegenwärtig vom Parlament behandelten Richtlinienentwurfs:[88] Der Unternehmensgegenstand[89] der SUP.[90] Legt man diese Bestimmung im Lichte der erwähnten Erwägungsgründe des Ratsvorschlags aus, hat sie das Potenzial, zum Hauptpfeiler eines Konzernorganisationsrechts der abhängigen SUP zu werden. Denn dann muss sie dahingehend gelesen werden, dass die Eingliederung dieser Körperschaft in eine Unternehmensgruppe der ausdrücklichen Billigung in ihrem Unternehmensgegenstand bedarf. M. a. W.: Nur wenn die Satzung der SUP den Umstand explizit zulässt, dass letztere in den Dienst des Konzernverbundes gestellt wird, darf diese Gesellschaftsform als Konzernbaustein verwendet werden.[91] Oder nochmals anders gewendet: Allein wenn man Art. 11 Abs. 3 lit. ca) des Ratsvorschlags[92] als Basis eines konzernrechtlichen Systems der Satzungs-

---

[85] WIEDEMANN 2011: 1013; cf. in diesem Sinne auch ULMER 1989: 50: »[... D]ie Überlagerung oder Ersetzung des Gesellschaftsinteresses durch das Konzerninteresse [bedeutet] eine *Änderung der Gesellschaftsgrundlagen*«; ferner MESTMÄCKER 1958: 303 ff.; TSCHÄNI 1978: 89.
[86] Cf. *supra* 100.
[87] Cf. *supra* 29.
[88] Cf. *supra* 29, Anm. 118.
[89] Zu diesem Begriff SCHMIDT-LEITHOFF 2013: § 1 N 5 ff.
[90] Cf. in diesem Zusammenhang auch CONAC 2015: 163; dieser Aspekt wird von JUNG 2015: 683, 685, übersehen.
[91] Dabei gilt es zu unterstreichen, dass der Wortlaut einer solchen »Konzernierungsklausel« im Unternehmensgegenstand der SUP mannigfaltige Formen annehmen kann. Von juristischer Bedeutung ist einzig, dass die Gruppeneingliederung der SUP darin in aller Klarheit zum Ausdruck kommt; cf. zum Grundsatz AMSTUTZ 1993: 393 ff.
[92] Cf. *supra* 29, 118.

kompetenz interpretiert, kann dem Richtlinienziel der Erleichterung von SUP-Tochtergründungen Genüge getan werden.[93] Dadurch wird eine Wandlung der einzugliedernden SUP in institutioneller Hinsicht bewirkt: Der Konzernmacht wird auf diesem Weg der »Durchbruch« ermöglicht, so dass diese Gesellschaft auf bestimmte, aus ihrer Sicht exogene Ziele hin ausgerichtet wird. Auf diese Weise wird in struktureller Hinsicht eine ganz spezifische Verbandsform ausgestaltet: die konzerneingegliederte SUP.[94] Eine andere Form, um die Einbindung der SUP in den Konzernverbund zu legitimieren, ist dem Ratsvorschlag[95] nicht zu entnehmen.

*d) Mitgliedstaatliche Umsetzungspflicht*

Bleibt die Frage, ob die Mitgliedstaaten von Europarechts wegen verpflichtet sind, diese Interpretation von Art. 11 Abs. 3 lit. ca) bei der Richtlinienumsetzung in das nationale Recht zu berücksichtigen.[96] Dagegen sprechen könnte, dass diese Bestimmung eine »Kann«-Vorschrift ist: Sie fordert nicht, dass »in dem/den nationalen Formular(en) für den/die Errichtungsakt(e)« sämtliche Angaben, die in Abs. 3 aufgelistet werden, von den Mitgliedstaaten zwingend verlangt werden, sondern überlässt die Regelung dieser Frage ihrer gesetzgeberischen Autonomie. Dieses Argument verfängt allerdings nicht. Denn:

Wie das nationale Recht das oder die erwähnte(n) Formular(e) anlegt, ist eine rein registerrechtliche (formalrechtliche) Frage, die von jener scharf zu scheiden ist, ob die aufgelisteten Angaben auch einen materiellrechtlichen Gehalt besitzen. Wie dargetan, kann Art. 11 Abs. 3 lit. ca) des Ratsvorschlags[97] aus Gründen der Verwirklichung des Richtlinienzwecks der Erleichterung von SUP-Tochtergründungen nur so begriffen werden, dass dieser Bestimmung (auch) eine konzernorganisationsrechtliche, d.h. eine materiellrechtliche, Tragweite zukommt. Ohne die Annahme eines (sowohl formal- als auch materiellrechtlichen) »Doppelgehalts« von Art. 11

---

[93] Dass der Einzelgesellschafter der SUP in Konzernverhältnissen gehalten ist, eine »Konzernierungsklausel« in die Satzung aufzunehmen, folgt aus seiner Treuepflicht; cf. etwa VERSE 2016: § GmbHG 14 N 103.
[94] Cf. zum Problem auch EMCA 2013: 15: »[S]ubsidiaries [are to be treated] in a different way as [...] autonomous companies«.
[95] Cf. *supra* 29, Anm. 118.
[96] Cf. allgemein zur Frage der Umsetzung der vorgeschlagenen SUP-Richtlinie JUNG 2015: 648 ff.
[97] Cf. *supra* 29, Anm. 118.

Abs. 3 lit. ca) des Ratsvorschlags[98] müsste eine Legitimierung der Veränderungen, die die Verfassung einer SUP im Zeitpunkt ihrer Konzerneingliederung erfährt, zwangsläufig ausbleiben. Und ohne eine derartige Legitimierung könnte die SUP nicht für das Gruppeninteresse »geöffnet« werden, sondern bliebe der Wahrung ihrer eigenen Interessen verpflichtet. Das aber stünde nicht im Einklang mit einem der Richtlinienziele – die Förderung der Niederlassungsfreiheit von transnationalen Unternehmensgruppen –, der sich aus den erwähnten Erwägungsgründen ergibt.

Ist dem so, gehört die erwähnte Auslegung der hier fraglichen Bestimmung zwangsläufig zum umsetzungsbedürftigen Teil des vom Rat verabschiedeten Richtlinienvorschlags.[99] Sie stellt eine unionsrechtliche »Angelegenheit« im Sinne von Art. 7 Abs. 4 lit. a) des Ratsvorschlages[100] dar. Insofern fällt diese Interpretation von Art. 11 Abs. 3 lit. ca) des Ratsvorschlags in den Anwendungsbereich der Richtlinie. Dementsprechend besteht eine unionsrechtliche Pflicht der Mitgliedstaaten, das in den vorangehenden Ausführungen entwickelte konzernorganisationsrechtliche System der Satzungskompetenz in ihrer nationalen Rechtsordnung umzusetzen (sei es durch Gesetzgebung, sei es durch entsprechende richtlinienkonforme Auslegung des nationalen Rechts[101]). Die eingangs gestellte erste Frage nach der Fähigkeit der SUP, als unionsrechtlicher Konzernbaustein zu dienen,[102] ist folglich positiv zu beantworten.

### 3. Konzernleitung der Societas Unius Personae

*a) Gruppeninteresse im Exekutivsystem der Societas Unius Personae*

Damit ist der zweiten Frage, die zu Beginn dieses Abschnitts aufgeworfen wurde,[103] nachzugehen: Was sind die konzernleitungsrechtlichen Folgen der europäischen Konzernierungsfähigkeit der SUP? Bzw.: Was sind die Modalitäten für die Verwendung der SUP als Konzernbaustein während der Konzernbetriebsphase? Der Ratsrichtlinienvorschlag[104] gibt zu dieser

---

[98] Cf. *supra* 29, Anm. 118.
[99] Cf. *supra* 29, Anm. 118.
[100] Cf. *supra* 29, Anm. 118.
[101] Cf. Art. 288 Abs. 1 und 3 AEUV; zum Ganzen auch AMSTUTZ 2005: 770 ff.
[102] Cf. *supra* 98.
[103] Cf. *supra* 98.
[104] Cf. *supra* 29, Anm. 118.

### III. Konzernleitungsschranken: Societas Unius Personae

Frage nichts her, so dass man sich in dieser Hinsicht auf unsicherem Terrain bewegt. Hommelhoff hat in diesem Zusammenhang trefflich bemerkt:

»Eine Regelung des gruppenspezifischen Interessenwiderstreits wird sich nicht damit begnügen können, die Tochter-Geschäftsleiter zu verpflichten oder gar ihnen bloß zu erlauben, bei der Formulierung des Tochtereigeninteresses die Interessen des Mutterunternehmens und die der Gruppe insgesamt mit zu berücksichtigen«.[105]

M. a. W. bedarf die rechtliche Gestaltung von Konzernleitungsstrukturen in der SUP der Definition einer gruppenbezogenen Zuständigkeitsordnung der SUP-Organe sowie der Schranken derer konzernrelevanten Kompetenzen. Und zwar nicht bloß innerhalb der SUP selber, sondern auch im Verhältnis von Tochter- und Mutterorganen. In diesem Zusammenhang ist – so mein Vorschlag – an die Doktrin des Gruppeninteresses anzuknüpfen.[106]

Das hat zunächst einmal unionsrechtliche Konsequenzen: Weil in der gegenwärtigen Diskussion die Auffassung vorherrschend ist, dass diese Doktrin legislationstechnisch in der Form der (unverbindlichen) Empfehlung nach Art. 288 Abs. 1 und 5 AEUV zu erlassen sei,[107] hängt die Rechtsgeltung der nachstehend entwickelten konzernorganisationsrechtlichen Grundsätze davon ab, ob die Mitgliedstaaten besagter (inhaltlich noch unbestimmter) Empfehlung folgen werden (sog. »*commitments*«[108]). In diesem Sinne begründet letztere keine unionsrechtliche Pflicht dieser Staaten, die *doctrine of the group interest* zu übernehmen. Wir bewegen uns hier also im Bereich des europäischen *soft law*.[109]

Im Mittelpunkt der Überlegungen steht nachfolgend die Frage, was es bedeutet, die Konzernleitungsstrukturen in der SUP nach Maßgabe der erwähnten Doktrin zu konkretisieren. Im Grunde geht es darum, ob und ggf. inwiefern das Organisationsstatut der konzerneingegliederten SUP der Konzernleitungspflicht der Mutter Grenzen zieht und die Pflichten, die sich daraus ergeben, modifiziert. Man stößt hier auf eines der vielen Paradoxe des Konzerns:[110] Ist im Lichte des Rechts der SUP »beherrschte«

---

[105] HOMMELHOFF 2014b: 1071; cf. ferner auch KINDLER 2015: 356 ff.
[106] Cf. in diesem Zusammenhang auch CONAC 2015: 163.
[107] Cf. *supra* 26 f.
[108] Cf. TERPAN 2014: 40 ff.
[109] Zur Frage der Rechtswirkung von *soft law* in der Union statt aller SCHWARZE 2011: 3 ff.
[110] Cf. vor allem DRUEY 1998: 75 ff.

Geschäftsführung – auf den ersten Blick: ein begriffliches *conundrum* – überhaupt vorstellbar und, wenn ja, wie ist dieser Geschäftsführungsmodus zu verstehen und zu handhaben?

### b) Unternehmensgegenstand der Societas Unius Personae

Der Umstand, dass sich der Unternehmensgegenstand als die oberste Leitlinie allen Handelns der Gesellschaftsorgane ausnimmt, also auch der Organe einer konzerneingegliederten SUP, stellt *ius commune* dar.[111] Diese Organe müssen demnach mit allen ihnen zur Verfügung stehenden Ressourcen das im Unternehmensgegenstand festgehaltene Ziel ohne jegliche Beschränkung (aber auch ohne jegliche Ausdehnung) verwirklichen.[112] *In nuce* besagt dieser Befund – und das ist der springende Punkt –, dass der Zuständigkeitsbereich und die Eigenverantwortlichkeit der Organe in der beherrschten Gesellschaft durch die Konzerneingliederung in keiner Art und Weise aufgehoben oder beschränkt, sondern lediglich auf die Konzernstrategie hin orientiert werden. Endogene oder exogene Zwecksetzung der SUP: Das ist die konzernrechtsrelevante Differenz.

Bevor auf die konzernrechtlichen Implikationen dieser Aussage – nämlich auf die genauen Schranken, die die Doktrin des Gruppeninteresses der Konzernleitungspflicht der Mutterorgane auf Tochterebene setzt – eingegangen wird, sei vorweg präzisierend festgehalten: Unionsrechtlich betrachtet gilt für die Organisationsverfassung der SUP grundsätzlich nationales Recht (Art. 7 Abs. 4 lit. b] i. V. m. Art. 12 Abs. 1 lit. a, c und d] des Ratsvorschlags[113]). Dieses Recht der Mitgliedstaaten wird allerdings in zwei Fällen durch europäisches Recht derogiert:

(1) Einerseits durch die sich aus Art. 11 Abs. 3 lit. ca) des Ratsvorschlags[114] – interpretiert im Lichte von dessen Erwägungsgründen 3, 7, 8 und 13[115] – aufdrängende Lehre vom System der Satzungskompetenz, die, wie dargestellt,[116] unionsrechtliche Rechtskraft hat.

---

[111] Dazu schon *supra* 94.
[112] Cf. SCHMIDT-LEITHOFF 2013: § 1 N 6: »[Der Unternehmensgegenstand] zieht der Tätigkeit der Geschäftsführer, aber auch der anderen Organe, deutliche, nur durch Satzungsänderung verrückbare Grenzen«.
[113] Cf. *supra* 29, Anm. 118.
[114] Cf. *supra* 29, Anm. 118.
[115] Cf. *supra* 29 f.
[116] Cf. *supra* 101 ff.

(2) Falls die Mitgliedsstaaten ein *commitment* eingehen, die geplante Empfehlung der Kommission über die *doctrine of the group interest* anzunehmen,[117] so bestimmen sich die Schranken der Konzerngewalt in der SUP nicht aus dem nationalen Recht, sondern aus den Grundsätzen, die sich für die Leitungsstrukturen der gruppeneingegliederten SUP aus dieser Doktrin ergeben und die sogleich darzustellen sind. M. a. W. überlagern und ersetzen die Grenzen, die die erwähnte Doktrin der Konzernmacht in der abhängigen SUP zieht, jene des nationalen GmbH-Rechts.[118]

Was sind nun konkret die Schranken, die die Doktrin des Gruppeninteresses den Konzernleitungsstrukturen in der beherrschten SUP setzt? Dieser Schranken sind zwei:

*c) Konzernleitungsschranke I: Fehlen konzerngliedübergreifender Zuständigkeiten*

Als Erstes folgt aus dieser Doktrin eine Einfriedung der Kompetenzen der Mutterorgane. Und zwar in dem Sinne, dass im SUP-Konzern keine konzerngliedübergreifenden Zuständigkeiten bestehen (Fehlen eines Weisungsrechts der Konzernspitze[119]). Die Organe der Tochter haben ihres Unternehmensgegenstandes wegen[120] grundsätzlich in Eigenregie zu entscheiden, in welcher Weise ihre SUP der Konzernstrategie am besten zu dienen hat. Damit stellt sich die Frage, ob dieser Satz nicht insofern ein Paradox bildet, als auf Anhieb nicht ersichtlich ist, wie eine derart weitgehende Entscheidungsfreiheit der Organe einer beherrschten SUP mit dem Konzept der – wohlgemerkt konzernbegründenden – einheitlichen Leitung vereinbar ist. Kann einheitliche Leitung unter diesen Bedingungen noch durchgesetzt werden (was im Falle einer negativen Antwort zur Folge hätte, dass SUP-Konzerne gar nicht mehr geführt werden könnten)?

Allein, das Paradox ist nur ein scheinbares. Eigenverantwortliche Geschäftsführung der Tochterorgane und einheitliche Leitung stehen nur dann in Konflikt, wenn man die Theorie der satzungsmäßigen Konzern-

---

[117] Cf. *supra* 26 f.
[118] Cf. auch 115, Anm. 150.
[119] Dieser Umstand ist die Folge davon, dass die lettische Ratspräsidentschaft den kommissarischen SUP-Richtlinienvorschlag abgeändert und das Recht des Einzelgesellschafters der SUP, die Leitungsorgane zu instruieren, ersatzlos gestrichen hat; cf. *supra* 29.
[120] Cf. *supra* 104 ff.

eingliederung der beherrschten SUP missversteht.[121] Der Unternehmensgegenstand der gruppeneingegliederten SUP ist *re vera* dahingehend zu deuten, dass er deren Organe nicht nur zu Dienstleistungen an die Mutter und/oder an andere Konzernglieder, sondern auch (und zumal) zu aktiver Mitwirkung bei der Realisierung der Konzernstrategie verpflichtet. Handeln diese Organe nicht in diesem Sinne, behindern sie die Konzernführung. Dadurch aber verstoßen sie gegen den Unternehmensgegenstand ihrer eigenen SUP. Die Doktrin des Gruppeninteresses ändert an diesem Grundsatz nichts. Sie bestätigt ihn. Wenn also vorliegend die Rede davon ist, dass die Organe der abhängigen SUP Konzernverwirklichungsfunktion innehaben, so beschreibt das einen unionsrechtlich zugewiesenen Entscheidungsspielraum dieser Organe, der von zwei Eckdaten eingekreist wird: Zum einen von ihrer Pflicht, in voller Autonomie über das Ob und das Wie der Implementation der Konzernstrategie in der SUP zu entscheiden, und zum anderen von ihrer Aufgabe, stets dafür zu sorgen, dass einheitliche Leitung auch tatsächlich (in zentralisierten Konzernstrukturen) aktuell bzw. (in dezentralen Konzernstrukturen) aktualisierbar bleibt.[122] Damit wird im Konzern ein heterarchiegerechtes Kooperationsmoment verankert: Mutter- und Tochterorgane planen und realisieren zusammen – beide aber jeweils in umfassender Eigenverantwortlichkeit – die Durchführung des SUP-Konzerns.[123]

Die Feststellung, dass die Doktrin des Gruppeninteresses dem herrschenden Unternehmen keine durchgreifende Kompetenzen (namentlich kein Weisungsrecht) einräumt, läuft allerdings nicht darauf hinaus, dass diesem Unternehmen unmittelbarer Einfluss auf die SUP-Töchter absolut versagt bliebe. Darauf wird man aufmerksam, wenn man sich die Frage stellt, was »Konzernleitung« eigentlich bedeutet. In der Doktrin wurde in dieser Hinsicht klug hervorgehoben:

»Leitung kann verstanden werden als eine Position, Leitungshandeln als das Verhalten dieser Instanz und Leitungspflicht als Pflicht zur Wahrnehmung der

---

[121] Cf. *supra* 98 ff.

[122] Cf. in erster Linie SCHNEIDER 1991: 575 f.: »Die geschäftsführenden Organe der Tochterunternehmen bleiben im faktischen Konzern für die Wahrung sowohl der Rechtmäßigkeit als auch der Zweckmäßigkeit der Unternehmensleitung im Verhältnis zur eigenen Gesellschaft rechtlich zuständig«; ferner auch WILHELM 1981: 225 f.

[123] Cf. trefflich SCHNEIDER 1991: 574: »Die Konzernleitung, die laufende Verwaltung und die Kontrolle im Konzern erfolgt im Verbund, nämlich durch die Organe des herrschenden Unternehmens und durch die Organe der beherrschten Unternehmen«.

### III. Konzernleitungsschranken: Societas Unius Personae

Macht. So denkt vor allem der Jurist. Für den Ökonomen sind Leitungsimpulse einfach Informationen, die auf eine Steuerung anderer Organisationsangehöriger zielen«.[124]

Geht man den Begriff der »Konzernleitung« in diesem Licht an, so wird klar, dass der Konzernspitze – aus strukturellen Gründen des Konzerngebildes – ein zentrales Steuerungsinstrument verbleibt: Weil die Konzernstrategie nur von der Muttergesellschaft – kraft der ihr zukommenden Gesamtübersicht über das Konzerngeschehen – determiniert werden kann, entscheidet sie auch über den strategischen Informationsfluss im Konzernverbund.[125] Dieser Umstand wirkt sich dahingehend aus, dass dem herrschenden Unternehmen die Möglichkeit eröffnet wird, Einfluss auf die Art und Weise zu nehmen, wie die SUP-Töchter ihre konzernrealisierende Funktion wahrnehmen und ausüben. Denn die Konzernspitze ist in der Lage, konzernstrategische Informationen in der Gruppe dergestalt zu verteilen oder zurückzubehalten, dass ihre Töchter bei der Konkretisierung ihrer strategischen Ausrichtung in die eine oder andere Richtung getrieben werden.[126] Sofern sich die Mutter daran hält, sich nicht in die Entscheidungsprozesse der Organe der SUP-Töchter durch Konzerngewalt (z. B. mittels »befehlender« Weisungen) einzumischen, ist diese informationelle Einflussnahme legitim.[127]

Auch hat das Fehlen eines (subjektiven) Weisungsrechts der Muttergesellschaft keineswegs zur Folge, dass die Konzernstrategie nicht gerichtlich vollstreckbar wäre. Weil jeder Beschluss der Gesellschafter oder der Exekutivorgane der SUP-Tochter, der gegen die Konzernstrategie verstößt, eine Verletzung der Satzung der konzerneingegliederten SUP darstellt, stehen der Konzernspitze (in ihrer Eigenschaft als direkte oder indirekte Gesellschafterin der beherrschten SUP) die nationalen Anfechtungs-, Nichtigkeits- und Geschäftsführerhaftungsklagen als Durchsetzungsmittel zur Verfügung. Dieses Instrumentarium respektiert konsequent das Prinzip, wonach sich die Organe der Tochter im Konzern als autonome Entscheidungsträger ausnehmen und wird obendrein dem heterarchischen Charakter des Konzernverbundes gerecht.[128]

---

[124] Druey 2012: 148 f.
[125] Zur Frage des Informationsflusses im Konzernverbund generell Mader 2015, 2016.
[126] Zum Problem auch EMCA 2013: 18 f.
[127] Cf. zum Ganzen auch Hommelhoff 2014a: 65.
[128] Cf. eingehend Amstutz 1993: 405.

## d) Konzernleitungsschranke II: Nachteilsausgleichssystem

Das soeben Vorgetragene klärt die Grenzen der Konzerngewalt in der abhängigen SUP im Verhältnis von Mutter- und Tochterorganen. Der Doktrin des Gruppeninteresses ist in ihren tochterbezogenen Implikationen aber auch aufgetragen, die Konzernleitungsschranken zu definieren, die dem konzernrealisierenden Handeln der Tochterorgane als solchem gesetzt sind. Wie gesehen,[129] gründet diese Doktrin auf dem Gedanken, dass die beherrschte SUP (nebst den anderen Konzerngliedern) als eines der Zentren unternehmerischer Entscheidungsautonomie im Konzernverbund zu verstehen ist,[130] ihre Organe aber zugleich der satzungsgemäßen Pflicht unterstehen, konzernstrategisch mit der Mutter zu kooperieren.[131] Entsprechend fragt sich, ob diese Kooperationspflicht ein Höchstmaß kennt, d.h. ob es eine nicht mehr zulässige Zusammenarbeitsintensität gibt, die, falls erreicht, die Kooperationspflicht in ein Kooperationsverbot umwandelt.

Auszugehen ist an dieser Stelle davon, dass die *doctrine of the group interest* auf dem in Europa nahezu unumstrittenen Grundsatz fußt, wonach Konzernleitung nur dann legitim sein kann, wenn die damit einhergehenden Benachteiligungen der beherrschten Gesellschaft ausgeglichen werden.[132] Die Konkretisierung dieses Grundsatzes ist allerdings nicht einfach. Rechtsvergleichend gibt es zwei große Ausgleichsmodelle: Das deutsche Veranlassungshaftungsmodell der §§ 311 ff. AktG, das nach dem Prinzip des Einzelausgleichs[133] funktioniert, und das französische, von der Rechtsprechung entwickelte (nach dem *leading case* benannte) *Rozenblum/Allouche*-Modell, das auf dem Grundsatz des Gesamtausgleichs beruht.[134] Während das deutsche Modell sich als schwer praktikabel

---

[129] Cf. *supra* 107 f.

[130] Das entspricht der Metapher des Konzerns als »vielköpfige Hydra«; dazu *supra* 68 f.

[131] Cf. *supra* 108.

[132] Dazu die Nw. aus dem Schrifttum in AMSTUTZ 1993: 408, Anm. 2296.

[133] Das bedeutet, dass jede für die Tochter nachteilige Konzernleitungsmaßnahme nur dann legitim ist, wenn sie messbar und vollumfänglich innert Geschäftsjahresfrist entschädigt wird; cf. AMSTUTZ 1993: 409 ff.

[134] Gesamtausgleich läuft auf eine breite und zeitoffene Berücksichtigung der Vorteile hinaus, die der Konzernverbund (verstanden als ein Gebilde, das von der »*complémentarité des activités*« der Konzernglieder geprägt ist; so COZIAN/VIANDIER/DEBOISSY 2016: N 1530) der Tochter zukommen lässt und welche die dieser konzernstrategisch bedingt zugefügten Nachteile aufwiegen.

### III. Konzernleitungsschranken: Societas Unius Personae 111

erwiesen hat,[135] scheint sich in Europa allmählich ein Konsens zu bilden, dass der konzernorganisationsrechtliche Nachteilsausgleich in den Kriterien der *Rozenblum/Allouche*-Praxis zu suchen ist.[136] Dieser Konsens ist in jüngerer Zeit auch für das Verständnis der Doktrin des Gruppeninteresses in ihren tochterbezogenen Implikationen ausschlaggebend geworden.[137] In der Sache ist dieses Verständnis, wie jetzt zu zeigen ist, gerechtfertigt. Zu diesem Zwecke wird an die Frage angeknüpft, welche Schranken besagte Doktrin dem Handeln der Organe einer gruppeneingegliederten SUP zieht.

Das *Rozenblum/Allouche*-Urteil vom 4. Februar 1985[138] (nachstehend: »*Rozenblum*«) bildet den Höhepunkt einer Reihe von Gerichtsentscheiden, die bis auf die 1950er-Jahre zurückgehen und seither im Rahmen einer behutsamen Rechtsprechung fortgeführt wurden.[139] Obschon die

---

[135] Cf. etwa FORUM EUROPAEUM KONZERNRECHT 1998: 704, 711 f.; ferner THOLEN 2014: 222 f.: »[Das] System des Einzelausgleichs nach deutschem Vorbild […] hat sich in der Vergangenheit als zu wenig flexibel erwiesen und wird in der Praxis zudem häufig nicht beachtet«; ferner auch (mit Blick u. a. auf die Ausgleichsregeln) RENNER 2014; 453: »Das Konzernrecht des deutschen Aktiengesetzes steht zur Realität der Unternehmensorganisation seit jeher in einem spannungsreichen Verhältnis«; demgegenüber sehr zufrieden mit dem deutschen Aktienkonzernrecht HABERSACK 2016b: 694: »Die §§ 311 ff. AktG über ›faktische‹ Konzern- und einfache Abhängigkeitsverhältnisse werden im neueren Schrifttum im Grundsatz durchaus positiv beurteilt, und das sehr zu Recht: Die mit der Leistung von Nachteilsausgleich des § 311 Abs. 2 AktG verbundene Verdrängung allgemeiner Ausgleichsmechanismen […] erleichtert den Aufbau von Gruppenstrukturen und die Durchführung gruppeninterner Austauschbeziehungen«; solche vorbehaltlos positive Einschätzungen der §§ 311 ff. AktG sind in der jüngeren Doktrin selten anzutreffen.
[136] Dazu FORUM EUROPAEUM KONZERNRECHT 1998: 510; ferner auch EMCA 2013: 6.
[137] Cf. in diesem Sinne THOLEN 2014: 222 f.: »[Den] Vorschlägen [in der Union die Prinzipien der *Rozenblum*-Rechtsprechung einzuführen] ist insoweit zuzustimmen, als dass sie […] ein System [einführen], welches […] unter bestimmten Voraussetzungen auch eine Überlagerung des Tochterinteresses durch das Konzerninteresse ermöglicht«.
[138] *Rozenblum/Allouche*-Urteil, D. 1985: 478 ff.
[139] Dazu namentlich BOURSIER 2005: 273 ff.; ferner (aus allgemeiner Perspektive der französischen Rechtsprechung) PARIENTE 2007: 317 ff.; zum wichtigsten Vorläufer von *Rozenblum* – dem *Willot/Saint frères*-Urteil, D. 1975: 37 ff. – AMSTUTZ 1993: 417 f.; den konzernorganisationsrechtlichen Hauptsatz des *Rozenblum*-Urteils bildet die folgende Erwägung: »[P]our échapper aux prévisions des articles 425 (4°) et 437 (3°) de la loi du 24 juillet 1966 [sc. abus de biens sociaux], le concours financier apporté par les dirigeants de fait ou de droit d'une société à une autre entreprise d'un même groupe

Deutung des Urteils in der Lehre uneinheitlich ist,[140] erkenne ich darin drei Schranken, die die Konzernleitung in der beherrschten SUP einhegen:

(1) Vorhandensein einer Konzernstrategie: Das erste Kriterium macht die Zulässigkeit eines konzernverwirklichenden Entscheides der SUP-Tochter davon abhängig, dass eine rational ausgedachte, in sich stimmige Konzernstrategie die Aktivitäten im Gesamtunternehmen der Gruppe koordiniert. Damit soll die Gefahr eines »wilde[n] Gewurstel[s] und [... des] ständige[n] Hin- und Herschieben[s] von Finanzmitteln zum Zwecke der Vermeidung von Engpässen« gebannt werden.[141] Hinter diesem Kriterium steckt aber noch mehr, nämlich ein Prinzip von erheblicher Tragweite, das einen (ersten) Legitimationstest für die Organe der SUP-Tochter enthält. Dieser Test ist zweischichtig:

(a) Das fragliche Organ muss vorab prüfen, ob sich ein »*dirigeant ordonné et consciencieux d'une entreprise dépendante*« auf die konzernkonkretisierende Maßnahme einlassen würde, was den schon hervorgehobenen Umstand unterstreicht, dass einheitliche Leitung geteilte Leitung ist.[142]

(b) Der Maßstab, an den sich das Organ der beherrschten SUP bei dieser Prüfung halten muss, besteht darin, die fragliche Entscheidung »*à la lumière de la politique d'ensemble élaborée par le chef de file du groupe*«[143] zu evaluieren, um die konzernstrategische Kohärenz dieser Entscheidung und somit ihre Legitimität zu kontrollieren.[144]

(2) Ausgewogenheit des Eingriffs und Gegenleistung: Die zweite Voraussetzung von Rozenblum für die Legitimität nachteiliger Entscheidungen der Organe der konzerneingegliederten SUP zieht die Konsequenzen aus

---

dans laquelle ils sont intéressés directement ou indirectement, [1] doit être dicté par un intérêt économique, social ou financier commun, apprécié au regard d'une politique élaborée pour l'ensemble de ce groupe, et [2] ne doit ni être démuni de contrepartie ou rompre l'équilibre entre les engagements respectifs des diverses sociétés concernées, [3] ni excéder les possibilités financières de celle qui en supporte la charge« (*Rozenblum/Allouche*-Urteil [Anm. 138]: 478).

[140] Mit anderen Schwerpunktsetzungen z. B. FORUM EUROPAEUM KONZERNRECHT 1998: 705 ff.; ECLE 2012: 8; ICLEG 2015: 1; cf. aber neuerdings (wie hier) FORUM EUROPAEUM ON COMPANY GROUPS 2015: 513.
[141] LUTTER 1991: 262.
[142] Cf. *supra* 68 f.
[143] Tribunal correctionnel de Paris v. 26.11.1968, Gaz. Pal. 1969 I 309 ff.
[144] Cf. OHL 1982: 241 m.Nw.

### III. Konzernleitungsschranken: Societas Unius Personae

der ersten. Ganz anders als das deutsche Ausgleichssystems der §§ 311 ff. AktG, das den Konzern als Gebilde versteht, welches auf vertikaler Macht beruht, steht hinter *Rozenblum* die Vorstellung der Gruppe als funktionell abgestimmte Verteilung von unternehmerischen Aufgaben auf eine Mehrheit von Gesellschaften. Dieses Leitbild – das gleichsam das (erste) Kriterium einer »*politique élaborée pour l'ensemble [... du] groupe*« praktisch greifbar werden lässt – unterstreicht den Umstand, dass in der nach *Rozenblum* begriffenen Heterarchie eines funktionsfähigen und effizient organisierten Konzernverbunds wechselseitige unternehmerische Abhängigkeiten zwischen den Konzerngliedern bestehen. Weil jedes Konzernglied zu anderen Gruppengesellschaften im Verhältnis einer unternehmerischen Komplementarität steht – was letztlich auf Ebene der Mutter auch von der Lehre des »Konzernzwecks« abgesichert wird[145] –, darf nach *Rozenblum* (womöglich im Sinne einer Vermutung) erwartet werden, dass die konzerninternen Beziehungen zwischen den Konzerngliedern keine »Einbahnstraßen« darstellen, dass also »faire« Austausche stattfinden und eine grundsätzliche Ausgewogenheit in der Verteilung der Lasten und Profite besteht. Vor diesem Hintergrund verlangt *Rozenblum*, dass der Nachteil, den eine konzernierte SUP erfährt, »*ne doit [... pas] être démuni de contrepartie*«. Diese Formulierung darf gerade nicht im Sinn von § 311 AktG verstanden werden, sondern schafft eine Art konzerndimensionale *business judgement rule* (»BJR«) für die Organe der SUP-Tochter:[146] Diese müssen nach den Maßstäben der BJR begründen können,[147] dass sie zum Zeitpunkt der nachteiligen Weisung erwarten durften, ihre Gesellschaft würde irgendeinmal in etwa entsprechendem Umfang vom Konzernverbund profitieren. Demnach bedarf es keines (rechtlich durchsetzbaren) Anspruchs der Tochter auf Nachteilsausgleich. Ebenso wenig muss der Nachteil bezifferbar sein. Schließlich fordert *Rozenblum* auch keine Frist, innerhalb welcher die »*contrepartie*« eintreten soll. Die begründete Aussicht darauf genügt (auch wenn es Jahre dauern sollte).[148]

---

[145] Cf. *supra* 92 f.
[146] Cf. zu dieser Frage eingehend TEICHMANN 2013: 195 ff.; krit. MÜLBERT 2015: 657 ff.
[147] Cf. TEICHMANN 2013: 195.
[148] MÜLBERT 2015: 658 ff., hat Kritik an diesem *Rozenblum*-Kriterium geübt. Zunächst bezweifelt er, dass ein »›ungefähr‹ Ausgleich« *à la Rozenblum* einen effektiven Aussenseiterschutz zu gewährleisten vermag. Alsdann würde das *Rozenblum*-Aus-

(3) Verbot des Belastungsexzesses: Dass die Organe der SUP-Tochter das sog. »Integritätsinteresse« ihrer Gesellschaft bzw. deren selbständige Existenzfähigkeit bewahren müssen,[149] folgt unmittelbar aus dem heterarchischen Konzernleitbild, das dem zweiten Kriterium von *Rozenblum* zugrunde liegt. Insofern handelt es sich bei diesem dritten Kriterium in der Sache um eine nicht näher zu begründende Selbstverständlichkeit.

4. Funktion

Das vorgelegte Modell der Konzernleitungsschranken nach dem Recht der SUP und der Doktrin des Gruppeninteresses zeichnet sich durch dreierlei aus:

(1) Es verlangt zwingend eine Gruppeneingliederung der SUP über deren Satzung, indem im Unternehmensgegenstand (nebst anderen operativen Zweckelementen) der Dienst an den Konzernverbund als Generalziel vorgegeben wird.

(2) Just dieses Gebot erlaubt es, dass die exekutive Autonomie der Organe der SUP in vollem Umfang bewahrt wird. Im Ergebnis bewirkt

---

gleichskonzept wegen seiner zeitlichen Offenheit die Geschäftsleiter überfordern. Schließlich sei dieses Konzept durch eine D&O-Versicherung kaum abzudecken. Diese Kritik ist durch die Grundvorstellung, die hinter §§ 311 AktG steht, wonach ein Konzern etwas »Gefährliches« darstellen soll, geprägt. Sie trägt dem Umstand kaum Rechnung, dass die Heterarchie der Unternehmensgruppe starke wechselseitige Abhängigkeiten zwischen den Konzerngliedern schafft. In diesem Zusammenhang scheint die angelsächsische Sichtweise, wonach die Konzernorganisation grundsätzlich Effizienzen erzeugt und dementsprechend *per se* keinen »Gefährdungstatbestand« für Außenseiter bildet, um einiges realistischer. MÜLBERTS Auffassung scheint im Übrigen die präventiven und schadensliquidierenden Effekte des Konzernhaftungsrechts und des Konzerninsolvenzrechts zu unterschätzen. Abschließend ist hervorzuheben, dass das dritte *Rozenblum*-Kriterium (Verbot von Belastungsexzessen, das ja auch dem deutschen Recht unter dem Stichwort des Schutzes des »Integritätsinteresses« der abhängigen Gesellschaft bekannt ist) von MÜLBERT nicht berücksichtigt wird. Kurzum: Mir will scheinen, dass *Rozenblum* mit der Konzernwirklichkeit, die Flexibilität (und nicht dogmatische »Paralyse«) verlangt, im Vergleich zum Ausgleichssystem der §§ 311 ff. AktG besser im Einklang steht (so auch EMCA 2013: 5). Dies zumal auch im Hinblick darauf, dass die *Rozenblum*-Kriterien – anders als §§ 311 ff. AktkG – betriebswirtschaftliche Kriterien (Kohärenz der Gruppenstruktur und Stimmigkeit der Konzernstrategie) zu juristischen Voraussetzung der Legitimität der Operationen eines Konzernverbundes erheben.

[149] Cf. AMSTUTZ 1993: 426 f. m.Nw.

es, dass diese Organe in unbeschränkter Eigenverantwortlichkeit um die Durchführung des Konzerns besorgt sein müssen.[150] Das zeigt in aller Deutlichkeit, dass einheitliche Leitung ein heterarchisches Konzept ist.

(3) Allerdings kennt dieses Konzept aus Gründen, die aus der Relationierung des Organisationsstatuts der beherrschten SUP mit demjenigen der Konzernspitze (T→M; »von unten nach oben«) folgen, absolute Schranken, die stichwortartig nochmals erwähnt seien: Vorhandensein einer in sich stimmigen Konzernstrategie, Eingriffsausgewogenheit und Gegenleistung für die der abhängigen SUP zugefügten Nachteile, Verbot des Belastungsexzesses der beherrschten SUP.

Aus diesem unionsrechtlichen Schrankensystem ergibt sich eine wichtige konzernfunktionelle Konsequenz:

Der Umstand, dass das geplante Unionskonzernrecht die beherrschte SUP zwar als auf die Gruppe ausgerichtetes, zugleich aber in dieser Aufgabe als ungestörtes Entscheidungszentrum begreift, das von ihren Organen in eigener Verantwortlichkeit zu führen ist,[151] setzt die Grundlagen, um auf den verschiedenen Stufen des Konzernverbundes die Vorgaben der Lehre von der Hypertextorganisation umzusetzen. Und zwar geht es um die Schaffung dessen, was diese Lehre kreatives Chaos nennt.[152] Die Möglichkeit, dieses hypertextorganisatorische Merkmal zu aktualisieren, schafft das Unionsrecht einerseits dadurch, dass es die selbstorganisatorischen Kräfte in der SUP-Tochter nicht hemmt; vielmehr belässt es – und das gelingt nur deshalb, weil es eine satzungsbegründete Einbindung der beherrschten SUP zwingend verlangt – das Organisationsstatut sämtlicher Konzernglieder unangetastet, obschon letzteres auf exogene Ziele orientiert wird und sich insofern von der Verfassung einer autonomen

---

[150] RODEWALD/PAULAT 2013: 519 ff., haben in ihrer rechtsvergleichenden Studie aufgezeigt, dass einige mitgliedstaatliche Rechte der GmbH ein Instruktionsrecht des Einzelgesellschafters kennen, das je nach nationalem Recht unterschiedlichen Begrenzungen unterstellt ist. Das ändert freilich an der Gültigkeit der *supra* 101 ff. entwickelten Lehre vom Unternehmensgegenstand der konzerneingegliederten SUP nichts. Denn es wurde *supra* 103 f. nachgewiesen, dass die nationalen Schranken der Konzernleitung der SUP (wozu ein Instruktionsrecht in einem mitgliedstaatlichen Recht der GmbH *materiellrechtlich* gehört) von der unionsrechtlichen Ordnung der Konzernleitungsschranken derogiert werden. Das setzt freilich voraus, dass die Mitgliedstaaten die geplante Empfehlung der Kommission über die Doktrin des Gruppeninteresses annehmen und befolgen.
[151] Cf. *supra* 107 f.
[152] Cf. *supra* 57 ff.

Gesellschaft unterscheidet.[153] Andererseits setzt es der Konzerngewalt mit der (auf der *doctrine of the group interest* gründenden) Übernahme der *Rozenblum*-Kriterien Grenzen, so dass für die Tochtergesellschaften die erforderlichen Autonomien erhalten bleiben, um die Ausdifferenzierung einer »Projektteam-Schicht«[154] in der Unternehmensgruppe nachhaltig zu fördern.

## IV. Konzernorganisationsakt: Related Party Transactions

### 1. Ausgangspunkt: »Konzernspezifisches Spannungsverhältnis«

An diesem Punkt der Theoriebildung ist festzustellen, dass die Doktrin des Gruppeninteresses unfertig, ja sogar inkohärent ist: Ihre mutter- und tochterbezogenen Dimensionen widersprechen sich. Worin besteht diese Gegensätzlichkeit genau?

Nachgewiesen wurde, dass die Konzernspitze – sofern das mitgliedstaatliche Gesellschaftsrecht der geplanten kommissarischen Empfehlung über die erwähnte Doktrin folgt[155] – verpflichtet ist, den Konzernverbund umfassend zu führen. Die hier fragliche Doktrin zieht (in ihrer tochterbezogenen Dimension) dieser Konzernleitungspflicht zwei klare Schranken: Einerseits eine Untersagung konzerndurchgreifender Zuständigkeiten der Mutterorgane, andererseits eine am *Rozenblum*-Test orientierte Limitierung des Entscheidungsspielraums, die den Organen der abhängigen SUP im Rahmen ihrer konzernverwirklichenden Funktion eingeräumt ist. Anders gewendet: Nur wenn diese zwei Voraussetzungen erfüllt werden, erlangen Entscheidungen der Organe der konzernverbundenen SUP, die dieser Nachteile zufügen, Legitimität. Nochmals anders formuliert: Diese »Gegenkräfte« aus dem Organisationsstatut der SUP-Tochter verbieten es der Mutter schlechterdings, die Konzernleitungspflicht in dem Ausmaß auszuüben, das ihre eigene Organisationsverfassung verlangt. Das Pflichtprogramm, das vom Recht der Konzernspitze definiert wird, kann nur partiell eingehalten werden.[156] Damit ist das Dilemma perfekt: Das Recht der Obergesellschaften schreibt Leitungspflichten vor, die im verlangten

---

[153] Cf. eingehend *supra* 101 f.
[154] Cf. *supra* 52 f.
[155] Cf. *supra* 105.
[156] Cf. zum realisierbaren Teil der Konzernleitungspflicht *supra* 108 f.

Umfang nicht erfüllt werden können, da es das Recht der Untergesellschaft nicht zulässt. Damit kommt es im Organisationsstatut der Mutter zu Brüchen – namentlich zu Verschiebungen in ihrem System der *checks and balances* zwischen Gesellschafterversammlung und Exekutivorganen –, die überwunden werden müssen.

Die zentrale Frage ist damit, durch welche Rechtstechnik dieses von Hommelhoff trefflich so genannte »konzernspezifische Spannungsverhältnis«[157] aufgelöst werden kann.[158] Ansätze für eine Antwort finden sich in der projektierten Revision der Aktionärsrechterichtlinie, die die Problematik der RPTs betrifft (Art. 9c des Ratsvorschlags[159]). Freilich muss man sich bewusst bleiben, dass die geplanten Änderungen zunächst einmal im Anwendungsbereich beschränkt sind: Sollten sie vom Parlament angenommen werden, so besteht eine Umsetzungspflicht der Mitgliedstaaten lediglich im Hinblick auf das Recht der börsennotierten Gesellschaften. Für nicht kotierte Unternehmen bleibt die Frage ungelöst (und allein eine Lückenfüllung *per analogiam* könnte Abhilfe schaffen; ob dieses Vorgehen politisch konsensfähig ist, bleibt eine höchst schwierige Frage des Unionsrechts, also eine solche, die wohl gegenwärtig nicht überschaubar ist).

### 2. Ordnung der Related Party Transactions als Recht des Konzernorganisationsaktes

#### a) Harmonisierungsdefizite

In seinem Prinzip spricht der geplante Art. 9c Abs. 1 des Ratsvorschlages[160] die Transparenz von Leistungsbeziehungen zwischen Gesellschaft und ihr nahestehenden Personen an.[161] Damit geht allerdings auch eine umsetzungspflichtige Veränderung der nationalrechtlichen Organisationsverfassung jener Gesellschaften einher, die von der Aktionärsrechterichtlinie erfasst werden: RPTs, die die Schwelle der Substanzialität

---

[157] HOMMELHOFF 1982: 163.
[158] Dazu eingehend *infra* 120 ff.
[159] General Secretariat of the Council, Proposal for a Directive of the European Parliament and of the Council Amending Directive 2007/36/EC as Regards the Encouragement of Long-Term Shareholder Engagement and Directive 2013/34/EU as Regards Certain Elements of the Corporate Governance Statement, 28.7.2015, Dok. 11243/15.
[160] Cf. *supra* 29, Anm. 118.
[161] Spezifisch zur Konzerntransparenz ICLEG 2016: 7.

(»*materiality*«) überschreiten, bedürfen – dem Grundsatz nach – der Zustimmung eines der Gesellschaftsorgane.[162] Freilich steht den Mitgliedstaaten bei der Wahrnehmung dieser Pflicht ein großer – und mithin die bezweckte Harmonisierung zersetzender – Spielraum zur Verfügung, der folgendermaßen ausgemessen ist:[163]

(1) Die Mitgliedstaaten dürfen bei der Richtlinienumsetzung wählen, ob die Zuständigkeit für die Genehmigung substanzieller Transaktionen der Gesellschafterversammlung oder dem Leitungsorgan (allenfalls dem Aufsichtsorgan) zugewiesen wird.[164] Sie sind ferner frei zu bestimmen, ob ein vom Leitungs- oder Aufsichtsorgan gebilligter substanzieller Geschäftsvorfall anschließend noch vor die *shareholders* gebracht wird.[165] Dabei müssen die Mitgliedstaaten ein Verfahren einführen, das sicherstellt, dass nahestehende Unternehmen und Personen von ihrer Position nicht profitieren, und das die Gesellschaft und ihre Minderheitsgesellschafter, die keine *related parties* sind, in angemessener Weise schützt (Art. 9c Abs. 2 und 2a des Ratsvorschlags[166]).

(2) Gemäß Art. 9c Abs. 4 des Ratsvorschlags[167] können die Mitgliedstaaten Ausnahmen von der Zustimmungspflichtigkeit substanzieller Transaktionen in zwei Fällen vorsehen:

(a) Zunächst, wenn der Geschäftsvorfall eine 100%-Tochter betrifft, sofern dieser Vorfall keine dritte nahestehende Person involviert;

(b) alsdann, wenn die Transaktion Bestandteil des normalen Geschäftsverlaufes ist und *at arm's length* erfolgt.

---

[162] Cf. supra 31.
[163] Cf. im Einzelnen die verschiedenen Kompromissvorschläge der lettischen Ratspräsidentschaft: General Secretariat of the Council, Proposal for a Directive of the European Parliament and of the Council Amending Directive 2007/36/EC as Regards the Encouragement of Long-Term Shareholder Engagement and Directive 2013/34/EU as Regards Certain Elements of the Corporate Governance Statement, 17.3.2015, Dok. 7088/15; IDEM, 20.3.2015, Dok. 7315/15; IDEM, 22.7.2015, Dok. 10626/15; der definitive Ratsvorschlag ist veröffentlicht unter IDEM, Proposal for a Directive of the European Parliament and of the Council Amending Directive 2007/36/EC as Regards the Encouragement of Long-Term Shareholder Engagement and Directive 2013/34/EU as Regards Certain Elements of the Corporate Governance Statement, 28.7.2015, Dok. 11243/15; zum Ganzen auch VERSE/WIERSCH 2016: 335.
[164] Cf. supra 31.
[165] Cf. General Secret of the Council, 30, Anm. 128: 33.
[166] Cf. supra 30, Anm. 128.
[167] Cf. supra 30, Anm. 128.

(3) Die Definition der Substanzialität einer Transaktion fällt in die Kompetenz der Mitgliedstaaten. Dabei müssen sie freilich verschiedene Voraussetzungen erfüllen, die in Art. 9c Abs. 4a Unterabs. 1 lit. a)–c) des Ratsvorschlags[168] umschrieben sind. Sie werden im Übrigen befugt, in diesem Zusammenhang auch quantitativ definierte Substanzialitätsschwellen aufzustellen (Art. 9c Abs. 4a Unterabs. 2 des Ratsvorschlags[169]).

*b) Related Party Transactions als konzernorganisationsrechtliches Institut*

Von konzernorganisationsrechtlicher Relevanz ist dieser Vorschlag zunächst einmal wegen des Begriffs der »nahestehenden Unternehmen und Personen«. Dem Art. 2 der Aktionärsrechterichtlinie soll eine lit. j) angefügt werden (Art. 1 Abs. 2 des Vorschlags), wonach dieser Begriff »dieselbe Bedeutung [hat] wie nach den internationalen Rechnungslegungsstandards, die gemäß der Verordnung (EG) Nr. 1606/2002 des Europäischen Parlaments und des Rates übernommen wurden«.[170] Verwiesen wird damit auf IAS 24.9, was zur Konsequenz hat, dass sämtliche Mutter-, Tochter-, Enkel- und Schwestergesellschaften in einer Unternehmensgruppe als *related parties* gelten.[171]

Aber auch der Begriff der »Transaktionen« ist von konzernrechtlicher Einschlägigkeit. Unterstellt man – wofür vieles spricht[172] –, dass eine »Transaktion« sich nach IAS 24.9 definiert, erfasst er deutlich mehr als Verträge. Als *transactions* gelten nach besagtem Standard Übertragungen von Ressourcen und Dienstleistungen zwischen nahestehenden Unternehmen und Personen, und zwar ungeachtet dessen, ob ein Entgelt entrichtet wird oder nicht. Konsequenterweise muss deshalb angenommen werden, dass auch konzerninterne Fusions- und Spaltungsbeschlüsse, Konzernverträge, Organisationsverträge (wie etwa kontraktuelle Joint Ventures), Kapitalerhöhungen, wie überhaupt jegliche konzerninterne Übertragung von Ressourcen, erfasst sind.[173] Damit

---

[168] Cf. *supra* 30, Anm. 128.
[169] Cf. *supra* 30, Anm. 128.
[170] Cf. auch *supra* 31.
[171] Cf. zum Ganzen HOMMELHOFF 2014a: 66; DRYGALA 2013: 206; ferner auch RENNER 2015: 514f., 522; a.M. VETTER 2015: 283f. m.Nw.
[172] Cf. VETTER 2015: 284.
[173] IFRS-ISA, IAS 24: Related Party Disclosures, Ziff. 5; a.M. VETTER 2015: 285ff., mit einem ganzen Bündel von Gegenargumenten, die sich, schaut man sie sich genau an, letztlich selbst widersprechen und insofern kaum zu überzeugen vermögen; spürbar

enthält der Kommissionsvorschlag Elemente eines Konzernbildungs- und -umbildungsrechts.[174]

### c) Konzernorganisationsakt durch wirtschaftsrechtliche Interpretation

Nun: Wie können diese Elemente das identifizierte Hommelhoffsche »konzernspezifische Spannungsverhältnis« auflösen?[175] Um diese Frage in Angriff zu nehmen, muss am Umstand angeknüpft werden, dass das allgemeine, in diesem Punkt wohl *ius commune* bildende Körperschaftsrecht zwischen zwei Kategorien von Maßnahmen eine fundamentale Unterscheidung trifft: zwischen Struktur- und Geschäftsführungsmaßnahmen.[176] Im Lichte dieser funktionalen Differenzierung sind die Gesellschafter für jene, das Leitungs- oder Aufsichtsorgan für letztere zuständig. Im Kontext der Konzernstruktur ist der vom Organisationsstatut der beherrschten SUP erzwungene partielle Leistungsverzicht der Mutter zweifelsohne eine Maßnahme struktureller Bedeutung. M. a. W.: In diesem Zusammenhang geht es – auf Ebene der Obergesellschaft – um eine Frage von strukturrechtlichem Rang.[177] Entsprechend muss die HV der Mutter den vom Recht der Untergesellschaft aufgedrängten Teilverzicht auf umfassende Konzernleitung billigen.

Hinter diesem Rechtssatz steht folgende rechtspolitische Überlegung: Wegen des geschilderten zwingenden partiellen Konzernleitungsverzichts sollte dem Gesellschafter einer Muttergesellschaft im Falle von Konzernbildungen und -umbildungen die Gelegenheit gegeben werden, sowohl seine Risikolage zu überdenken, als auch über die (allfällige) Veränderung dieser Risikolage, die durch die geplante Konzernstrukturmaßnahme hervorgerufen wird, zu entscheiden.[178] Entsprechend muss ihm – im Einklang mit der Ratio des Konzernorganisationsrechts, die

---

ist bei diesem Autoren auch, dass es ihm primär um die Bewahrung des nationalen Recht zu tun ist; ein binnenmarktrechtlicher Impetus geht seinen Ausführungen ab, was letztlich auf einen Globalisierungsskeptizismus hinausläuft, der den Realitäten der modernen Wirtschaft zuwiderläuft; bereits vor Jahrhunderten sind solche Positionen von SMITH 1999, entkräftet worden, was die Hoffnungslosigkeit der Argumentationslinie, die VETTER verfolgt, offenbar werden lässt.

[174] Dazu eingehend *supra* 74 ff.
[175] Cf. *supra* 116 f.
[176] Dazu eingehend AMSTUTZ 1993: 458 ff.
[177] Cf. AMSTUTZ 1993: 452.
[178] Cf. MARTENS 1983: 424; WESTERMANN 1984: 373 f.

## IV. Konzernorganisationsakt: Related Party Transactions

bei Konzernstrukturmaßnahmen die Mitwirkung sämtlicher dadurch Betroffenen verlangt[179] – das Recht eingeräumt werden, bei beabsichtigten Konzernstrukturmaßnahmen an einem »Leitungsstruktur-Beschluss«[180] mitzuwirken, der die Tatsache akzeptiert (oder ablehnt), dass die (von Rechtes der Obergesellschaft wegen bestehende) Konzernleitungspflicht nur teilweise erfüllt werden kann.

Dieser Beschluss stellt in wirtschaftsrechtlicher Perspektive[181] einen Organisationsakt dar, der die Konflikte zwischen dem Recht der Konzernleitungsstrukturen und dem Recht der Konzernleitungsschranken bereinigt. In der Sache stellt er die Genehmigung der (sich bei jeder Konzernstrukturmaßnahme immer wieder neu entwickelnden) Risiken durch die Gesellschafter der Mutter dar, die mit dem partiellen Leitungsverzicht einhergehen.[182]

Wie eingangs des Abschnittes angeführt, besitzt Art. 9c des Ratsvorschlags[183] das Potenzial, die Problematik des Konzernorganisationsaktes zu lösen. Man muss nämlich die Zustimmungspflichtigkeit von substanziellen gruppenstrukturellen RPTs nicht bloß als Konzerntransparenzmaßnahme auffassen, sondern darin – im Sinne einer wirtschaftsrechtlichen Auslegung[184] –, auch die Wahrnehmung einer zweiten Funktion erblicken: Beschlüssen der Muttergesellschaft, die solche Transaktionen gutheißen, ist der körperschaftliche Charakter immanent, als konzernorganisationsrechtliche Entscheide zu fungieren. Diese These bedarf der Erläuterung.

Auszugehen ist davon, dass Konzernbildungs- und -umstrukturierungsmaßnahmen, die von der Muttergesellschaft ausgeführt werden und die Schwelle der Substanzialität überschreiten, als genehmigungsbedürftige RPTs zu qualifizieren sind. Denn solche Transaktionen finden – wie ausgeführt[185] – zwischen *related parties* statt, sind doch gruppenverbundene Gesellschaften nach Maßgabe des anwendbaren Standards von IAS 24.9 als solche zu betrachten.[186] Wenn also eine Mutter konzernstrukturelle

---

[179] Cf. *supra* 71.
[180] HOMMELHOFF 1982: 396.
[181] Zum Wirtschaftsrecht und seiner Methode AMSTUTZ 2003.
[182] Cf. im Einzelnen AMSTUTZ 1993: 458 ff.
[183] Cf. *supra* 30, Anm. 128.
[184] Cf. AMSTUTZ 2003: 17 f., 26 ff.
[185] Cf. *supra* 119.
[186] Cf. *supra* 119.

Pläne realisieren will, wie z. B. den Erwerb einer neuen Tochter, die Ausgliederung eines Bestandteils des von ihr selber geführten Unternehmens auf eine Tochter, eine Verschiebung ihrer Beteiligungen innerhalb der Unternehmensgruppe usw.,[187] die als substanziell einzuordnen sind, findet grundsätzlich Art. 9c Abs. 2 des Ratsvorschlags[188] Anwendung. Die Zustimmung zu einem solchen Geschäftsvorfall stellt deshalb – in funktioneller Perspektive – einen Leitungsstruktur-Beschluss des herrschenden Unternehmens dar, weil er den (vom Organisationsstatut der Tochter erzwungenen) partiellen Leitungsverzicht legitimiert.

Allerdings: Ob dieser Beschluss rechtlich als Konzernorganisationsakt betrachtet werden kann, hängt von der Art und Weise ab, wie die Mitgliedstaaten Art. 9c des Ratsvorschlags ins nationale Recht umsetzen.[189] Damit ihm diese Qualifikation zuteil wird, muss er zwei Voraussetzungen erfüllen:

(1) Weil sich aus der Perspektive der Muttergesellschafter substanzielle konzernstrukturelle RPTs als Strukturmaßnahmen im körperschaftsrechtlichen Sinne[190] ausnehmen, müssen sie von den Gesellschaftern abgesegnet werden, welche nach allgemeinen gesellschaftsrechtlichen Prinzipien für organisationsverfassungsrechtliche Fragen ausschließlich zuständig sind. Da Art. 9c Abs. 2 des Ratsvorschlags[191] die Zuweisung dieser Kompetenz auch an das Leitungs- oder Aufsichtsorgan zulässt,[192] ist die Erfüllung dieser ersten Voraussetzung nicht zwangsläufig gewährleistet.

(2) Sodann muss diese Zuständigkeit der Muttergesellschafter für konzernstrukturelle RPTs, die das *materiality*-Kriterium übersteigen, ausnahmslos gelten. Auch diese zweite Voraussetzung ist nicht sichergestellt, weil Art. 9c Abs. 4 1. Lemma des Ratsvorschlags[193] den Mitgliedstaaten die Möglichkeit einräumt, im nationalen Recht eine Ausnahme für die Zustimmungspflichtigkeit substanzieller konzernstruktureller RPTs vorzusehen.[194]

---

[187] Zum Ganzen eingehend *supra* 74 ff.
[188] Cf. *supra* 30, Anm. 128.
[189] Cf. *supra* 118 f.
[190] Cf. *supra* 120 f.
[191] Cf. *supra* 30, Anm. 128.
[192] Cf. *supra* 118.
[193] Cf. *supra* 30, Anm. 128.
[194] Cf. *supra* 118 f.

Was kann aus diesen Feststellungen geschlossen werden? Zunächst einmal, dass die Lehre vom Konzernorganisationsakt eine bloße Option bei der mitgliedstaatlichen Umsetzung von Art. 9c des Ratsvorschlages[195] bleibt, obwohl sie für die Kohärenz der Doktrin des Gruppeninteresses[196] und des Konzepts der konzerneingegliederten SUP[197] eine *conditio sine qua non* darstellt. Ihr Durchbruch im Unionskonzernrecht hängt einmal von ihrer Fähigkeit ab, einen Konsens der Mitgliedstaaten zu generieren, und alsdann davon, dass bei letzteren tatsächlich ein Harmonisierungswille vorhanden ist, um ein in sich stimmiges transnationales Organisationsrecht der Unternehmensgruppen aufzubauen. Zur Zeit sind diese zwei Voraussetzungen fraglos nicht erfüllt. Aber dieser Befund bestätigt nur, dass sich ein europäisches Konzernorganisationsrecht allein schrittweise herausbilden kann.

## 3. Funktion

Der Konzern ist – um eine Metapher aus der Entomologie zu verwenden – eine Organisation, die einem »*homard éclaté*«[198] gleicht, einem Kunstwerk, das die einzelnen Panzerteile eines Hummers auseinander nimmt und trotzdem – durch feine Zinkfäden verbunden – in ihrem natürlichen Zusammenhang zeigt. Man könnte sagen – um im Bild zu bleiben –, dass der Konzernorganisationsakt die Zinkfäden der Unternehmensgruppe darstellen. Er legitimiert die Einheit der Vielfalt und die Vielfalt der Einheit eines Konzerns, der so zutreffend die »schwebende« Rechtsform[199] genannt wurde, indem er die Verwerfungen im Rahmen des Rechts der Unternehmensgruppe, die von den Antinomien zwischen Beherrschung und Beherrschtheit herrühren, glättet, also Konzernbildungs- und -leitungsmaßnahmen einer rechtmäßigen Ordnung zuführt. Dadurch erfüllt er die Uraufgabe des Konzernorganisationsrechts: Nicht bloß den Schutz aller Teilnehmer vor den Gefahren der Gruppenorganisation durch deren Mitwirkung zu gewährleisten, sondern zugleich die Legitimität derselben als »Enabling law« zu erwirken.

---

[195] Cf. *supra* 30, Anm. 128.
[196] Cf. *supra* 116 f.
[197] Cf. *supra* 98 ff.
[198] Cf. www.deyrolle.com/photos-videos.
[199] DRUEY 2004: 123 ff.

Methodologisch stellt er den Inbegriff der Regelungsfigur dar, die dem Konzernverbund angemessen ist: Hypertextorganisatorisch liegt die Funktion des Konzernorganisationsaktes primär in der Absicherung der binnenstrukturellen Ausdifferenzierung des für organisationales Lernen unerlässlichen »Schichtensystems«. Dieser Akt, der sich durch ein »kapillares« System von vielen einzelnen Gesellschafterbeschlüssen auf Ebene der Konzernspitze zusammensetzt, stellt im Grunde ein Kontrollsystem dar, das den *shareholders* durch Transparenz und Beschlusskompetenz ermöglicht, dass die Unternehmensgruppe als lernende Organisation von interessenkonfligierten Konzernleitungsorganen dysfunktionalisiert wird.

*Kapitel 5*

Thesen

I.

Die Studie hat sich als erstes mit der langen Geschichte des europäischen Konzernrechts befasst, die nunmehr über fünfzig Jahre erfolglos andauert (Kapitel 1).[1] Dieser Untersuchungsschritt war aus drei Gründen heuristisch unerlässlich:
  (1) Zunächst hat er gezeigt, welcher gesetzgeberische Spielraum heute – nach der erwähnten langjährigen Debatte – noch zur Verfügung steht. Im Laufe der Jahre wurden zahlreiche legislative Optionen (SE-Konzernrecht, »organische Konzernverfassung«, Übernahme des deutschen Rechts usw.) diskutiert und aus verschiedenen Überlegungen abgelehnt. Gerade dieser Umstand ist bedeutungsvoll, weil er nicht bloß darüber informiert, welche Möglichkeiten der Konzernverrechtlichung als politisch aussichtslos bzw. als juristisch obsolet einzustufen sind; er beleuchtet daneben auch die Motive, die für die Absage an verschiedene Konzernrechtskonzepte ursächlich waren, so dass gewisse Argumente, die in der Vergangenheit vorgetragen wurden, gegenwärtig nicht mehr zu überzeugen vermögen und insofern im unionskonzernrechtlichen Meinungsaustausch keine tragfähige Basis bilden.
  (2) Alsdann hat die historische Perspektive erlaubt, die Zwecksetzung eines europäischen Konzernrechts, die sich in den verschiedenen Anläufen zur Gestaltung eines solchen Rechts über die Jahre gewandelt hat, mit der erforderlichen Präzision zu identifizieren: Während in der Anfangsdiskussion bis in die 1990er-Jahre eine Vollharmonisierung mit dem Ziel angestrebt wurde, den Gläubiger- und Minderheitenschutz in der Unternehmensgruppe auf der Grundlage des damaligen Art. 54 Abs. 3 lit. g EWGV (heute: Art. 50 Abs. 2 lit. g AEUV) in den Mitgliedstaaten auf gleichwertige Standards auszurichten, steht heute etwas ganz anderes auf

---
[1] Cf. *supra* 9 ff.

dem Spiel: Teilharmonisierung mit dem Fokus darauf, ein Konzernorganisationsrecht (»Enabling law«) auf die Beine zu stellen, das die traditionelle Schutzlehre im Recht der verbundenen Unternehmen als solche aufgibt und eine »Verfassung« der Gruppe anvisiert.[2] Dabei geht es in erster Linie darum, die Niederlassungsfreiheit (Art. 49 AEUV) für Unternehmensgruppen zu verwirklichen und zu garantieren.[3] Gelingen kann dies nur, wenn harmonisierte Bedingungen der Konzernbildung und -leitung im grenzüberschreitenden Verkehr gewährleistet werden. Ersichtlich hilft in dieser Hinsicht ein bloßer Schutz der abhängigen Gesellschaft und ihrer Außenseiter nicht weiter. Allein organisationsrechtliche Bestimmungen, die ein heterarchisches »Konzernbildungs- und -geschäftsführungsrecht« schaffen, sind imstande, die erwähnten harmonisierten Handlungsbedingungen für globale Unternehmensgruppen zu verwirklichen,[4] so dass diese die Niederlassungsfreiheitsgarantie von Art. 49 AEUV vollständig in Anspruch nehmen können.

(3) Der heute nicht mehr strittige Ansatz der Teilharmonisierung des Konzernrechts[5] hat zur Folge, dass die gegenwärtigen Gesetzgebungsarbeiten im Recht der transnationalen Unternehmensgruppen – sollten sie zu einem erfolgreichen Abschluss kommen – in eine *lex pasimoniae* münden werden. Sie konzentrieren sich auf drei minimale Konzernrechtsinstitute (Doktrin des Gruppeninteresses, SUP und RPTs),[6] deren wechselseitige Beziehungen im politischen Gesetzgebungsprozess nicht problematisiert wurden. Diese Rechtsinstitute weisen dementsprechend einen fragmentarischen Charakter auf, der durch die *lex communis societatum* ergänzt werden muss.[7] Dieser Umstand hat zur Folge, dass das Leitbild des Konzernverbundes (als Rechtsfindungsinstrument), der bedauerlicherweise weder in Rat noch im Parlament thematisiert wird, mit Mitteln der soziologischen Jurisprudenz erarbeitet werden muss.

---

[2] Cf. *supra* 2f.
[3] Cf. *supra* 2.
[4] Cf. *supra* 65 ff.
[5] Cf. *supra* 14, 85 f.
[6] Cf. *supra* 3, 21 ff.
[7] Cf. *supra* 86 f.

## II.

Das gesetzgeberische Leitbild der Unternehmensgruppe, das hinter dem heute geplanten grenzüberschreitenden Unionskonzernrecht steht, war Thema des Kapitels 2. Dieses Leitbild muss – als unerlässliches Rechtsfindungsinstrument im europäischen Konzernrecht – ausserpositivrechtlich erarbeitet werden, um dem europäischen Konzernrecht in seiner asketischen Ausgestaltung zu einer in sich stimmigen Systematik zu verhelfen. Aus den im Entstehen begriffenen unionskonzernrechtlichen Normen (Doktrin des Gruppeninteresses, SUP, RPTs) lässt sich ein derartiges Leitbild schlechterdings nicht ableiten. Der Grund hierfür liegt letztlich darin, dass der Konzernverbund keine vom Gesetzgeber geschaffene Rechtsfigur darstellt.[8] Er ist ein »soziales Phänomen«, eine »Erfindung« der Kautelarpraxis, und lebt zwar nicht gerade in einem völlig »rechtsfreien Raum«. Denn immerhin bietet dieser Raum Gesellschaftsformen als Konzernbausteine an, die aus welchen in der Welt auch immer bestehenden Rechtsordnungen stammen und der Zusammensetzung transnationaler Konzerne dienen. Aber dieser Raum funktioniert in erratischer Weise.[9] Der transnationale Konzern ist überall ein rechtlich ungeordnetes Gebilde, das von keinen festen Leitlinien gesteuert wird.[10] Ein Recht (in allen Implikationen des Begriffes) der globalen Unternehmensgruppe gibt es zur Zeit nirgendswo. Das muss nachgeholt werden. Die Union ist als eine Art »Labor« für globalisiertes Recht ein sehr geeigneter Raum, um die Fundamente für ein transnationales Konzernrecht zu legen.

Als Kreation der Praxis kann der Konzern leitbildmäßig nur erschlossen werden, wenn man diese Praxis – im Spiegelbild der Sozialtheorie – analysiert.[11] Und das kann nur gelingen, wenn man die Sozialtheorie zweckbezogen erkundet. Der Diskurs von Recht und Sozialtheorie schafft zwar beträchtliche transdisziplinäre Probleme. Ein Umgang mit diesen ist allerdings möglich, wenn man die von der Wissenschaftstheorie angebotenen *translation*-Instrumente nutzt: »Irritation«, »strukturelle Kopplung«, »Interpenetration« sind die basalen Werkzeuge, verfeinert

---

[8] Cf. *supra* 33 ff.
[9] Cf. *supra* 1.
[10] Cf. *supra* 2.
[11] Cf. *supra* 34 f.

freilich durch wissenschaftstheoretische Techniken: *trading zones* und *boundary objects*.[12]

Auf diese Weise gelangt man zu einem Konzernleitbild als heterarchisches Arrangement,[13] das freilich nur in einem heuristisch anspruchsvollen Vorgehen zu gewinnen ist. Involviert ist einerseits die Geschichtswissenschaft (*global history*)[14] und andererseits die *organizational theory*.[15] *In nuce*:

(1) Die Stunde des Konzernverbundes war mit dem Aufkommen der ökonomischen Globalisierung im frühen 19. Jahrhundert gekommen. Mit der Weltgesellschaft entstanden neue soziale Strukturen. Während der Nationalstaat (als national segmentiertes Sozialsystem) zwecks Stabilisierung seiner selbst normative Strukturen geschaffen hat, so dass man weiß, was man im Alltag zu erwarten hat, verhält es sich in der Globalisierung anders. Dort herrschen kognitive Strukturen vor, so dass Erwartungssicherheit zurücktritt und die Fähigkeit zum Lernen große Bedeutung erlangt.[16] Ohne ständiges Lernen kann im Globalisierungskontext nicht gehandelt und erlebt werden. Im Spektrum der vom Gesellschaftsrecht angebotenen Organisationsformen war keine davon auf organisationales Lernen ausgerichtet, sondern samt und sonders auf räumlich segmentierte »Nationalökonomien« zugeschnitten. Die Praxis war darauf angewiesen, sich selber Abhilfe zu schaffen. Mit der Erfindung des Konzerns tat sie das denn auch.[17]

(2) Was eine lernende Organisation ist, zeigen die fortgeschrittensten Theorien der Betriebswirtschaftslehre und insb. die Hypertextorganisationslehre auf, so wie sie von der japanischen *organizational theory* ausgearbeitet worden ist. Danach setzt organisationales Lernen im Unternehmen ausdifferenzierte Strukturen voraus, die Funktionen des *creative chaos*, der *requisite variety* und der *informational redundancy* gewährleisten.[18] Der Konzern ist von seiner Struktur her besonders gut geeignet, diese Funktionen zu erfüllen. Es ist kein Zufall, dass er von der Kautelarpraxis entwickelt wurde, um sich in den kognitiven Strukturen der Globalisierung

---

[12] Cf. *supra* 37 ff.
[13] Cf. *supra* 66 ff.
[14] Cf. *supra* 44 ff.
[15] Cf. *supra* 49 ff.
[16] Cf. *supra* 47 ff.
[17] Cf. *supra* 33.
[18] Cf. *supra* 57 ff.

zu betätigen. Denn bislang ist es unter den privatrechtlichen Organisationsformen das einzige Rechtskleid, das des Lernens fähig ist.[19] Während Personengesellschaften und Körperschaften für normative Gesellschaftsstrukturen, also für ein Wirtschaftsumfeld mit stabilen Erwartungen geschaffen wurden, sah sich die Praxis ab den 1820er-Jahren gezwungen, eine Organisationsform zu erfinden, die mit den kognitiven Strukturen der Globalisierung umzugehen wusste. Das gelang dank der lernenden Organisation des Konzerns. Diese »Erfindung« hat – mit inzwischen angebrachten Verfeinerungen – bis heute Bestand: Eine Alternative zur Unternehmensgruppe gibt es nicht (es sei denn, man würde auf vertragliche Arrangements ausweichen[20]).

### III.

In Kapitel 3 ging es um die Methodologie des Konzernorganisationsrechts.[21] Diese Frage ist jünger als die Funktionsfrage. Erst seit den 1980er-Jahren wird ihr ernsthaft nachgegangen. Gezeigt hat sich, dass diese Methodologie drei Probleme lösen muss:

(1) Vorab müssen die Regelungsbereiche eines Konzernorganisationsrechts identifiziert werden. Sieht man von der traditionellen Schutzlehre ab, die überholt ist, so bieten sich drei Ansätze an:

(a) Der Eingriff des Gesetzgebers schon bei der Entstehung und dann bei der Modifikation der Unternehmensgruppe; diese sog. Konzernbildungs- und Konzernumbildungskontrolle wird dadurch verwirklicht, dass es in dieser Phase zu Beschlüssen der Interessengruppen kommt, die von Konzernierungsmaßnahmen direkt betroffen sind. Diese Beschlüsse sind – je nach konkreter Rechtslage – sowohl auf Ebene der in den Konzern einzugliedernden Gesellschaft als auch auf der Ebene des herrschenden Unternehmens zu fällen.[22]

(b) Sodann besteht der zweite Ansatz in der Ordnung der Konzernbetriebsphase; es geht im Kern um den Konflikt von Konzerninteresse und Konzerngliedsinteressen, was durch Installierung von legitimen Konzernleitungsstrukturen erfolgt; diese sog. Konzernleitungskontrolle besteht

---

[19] Cf. *supra* 49 f.
[20] Cf. *supra* 66 f.
[21] Cf. *supra* 71 ff.
[22] Cf. *supra* 73, 74 ff.

nicht in einer Interessenabwägung (die ein methodisches *conundrum* und deshalb abzulehnen ist[23]); vielmehr bildet sie eine strukturelle Lehre, die sowohl der Muttergesellschaft als auch der Tochtergesellschaft spezifische Handlungs- und Verhaltenspflichten setzt (auf welche in Kapitel 4 eingegangen wurde).

(c) Schließlich wird neuerdings versucht, Konzernbildungs- und Konzernleitungskontrolle zu einem umfassenden Konzernorganisationsrecht zu verbinden.[24] Bemühungen in diese Richtung sind in der Union im Gange, was Gegenstand der Ausführungen in Kapitel 4 bildet.

(2) Alsdann bedarf das Konzernorganisationsrecht des Entwurfes einer Rechtsfigur, die dem Charakter der Unternehmensgruppe gerecht zu werden vermag.[25] Das Problem besteht darin, dass das klassische Privatrecht auf diese Aufgabe nicht vorbereitet ist. Seit der römischen Rechtsgeschichte (und vermutlich schon vorher) wurde mit Austauschfiguren (Vertrag), Interessenwahrungsmodellen (*fiducia*) und Zweckgemeinschaften (*societas*) gearbeitet. Wie dargelegt, weist der Unternehmensverbund eine Besonderheit auf, die es verunmöglicht, diese Organisationsform mit den erwähnten drei traditionellen Rechtsfiguren einzufangen: Kennzeichnend für die Unternehmensgruppe ist eine simultane Doppelorientierung von Kollektiv- und Individualzwecken, die den gesellschaftlichen Strukturen der Globalisierung, innerhalb welcher der angestammte *playground* des Konzerns liegt (Stichwort: Lernen), entspricht. Demnach bedarf der Konzern einer privatrechtlich neuartigen Rechtsfigur: der Doppelzweckgemeinschaft.[26] Anders als der Vertrag, der eine Kontradiktion von Interessen verarbeitet, anders als die Treuhand, die sich der Vertrauensfrage zwecks Wahrung gegebener Interessen widmet, anders als die Gesellschaft, die die Gleichordnung von Interessen organisiert, ist die Doppelzweckgemeinschaft die Rechtsfigur, die Dissense zwischen gleichzeitig vorhandenen Kollektiv- und Individualinteressen kompatibilisiert.

(3) Die methodische Regelungsstruktur eines Konzernorganisationsrechts hängt mit dem Umstand der sich in Europa abzeichnenden Gesetzgebungstechnik der Teilharmonisierung zusammen. Diese Technik läuft darauf hinaus, dass das Unionskonzernrecht lediglich minimale

---
[23] Cf. *supra* 88 f.
[24] Cf. *supra* 73.
[25] Cf. *supra* 76 ff.
[26] Cf. *supra* 79 f.

Institutionen vorgibt. Insofern bedarf diese *lex pasimoniae* der Ergänzung durch Bestimmungen aus dem mitgliedsstaatlichen Körperschaftsrecht bzw. aus der *lex communis societatum*.[27] Dass dieser Umstand schwierige Zusammenspiele zwischen unionsrechtlichen und nationalen Bestimmungen zur Folge hat, dürfte auf Anhieb erkennbar sein. Plädiert wird in dieser Hinsicht zugunsten eines richterrechtlichen Aktivismus, ohne welchen den enormen Herausforderungen eines europäischen Rechts der globalen Unternehmensgruppe nicht entsprochen werden kann. Das europäische Recht der transnationalen Unternehmensgruppe ist auf die Grundsätze des transeuropäischen gesellschaftsrechtlichen *common core* angewiesen, um funktionieren zu können.[28]

## IV.

Kapitel 4 war der Frage der Dogmatik des transnationalen Unionskonzernrechts gewidmet.[29] Die Kernidee einer solchen besteht darin, die Regeln der Doktrin des Gruppeninteresses, der SUP und der RPTs zu einem Organisationsrecht zu verschleifen, so dass *level playing fields* im Bereich der Gruppenbildung und der Gruppenleitung im Binnenmarkt geschaffen werden. Dies mit dem Ziel, die Operationen globaler Unternehmensgruppen zu fördern. Aus wirtschaftsrechtlich-funktioneller Sicht obliegt es einer solchen Dogmatik, zwei Fragen zu beantworten: Wie sind diese Regeln zu verbinden, so dass der Konzernverbund zum einen die Funktionen, welche die Lehre von der Hypertextorganisation doziert, tatsächlich realisiert werden, ohne dass zum andern im Laufe von Konzernbildungs-, Konzernumbildungs- und Konzernleitungsmaßnahmen die Rechte der verschiedenen Interessengruppen auf sämtlichen Konzernstufen beeinträchtigt werden?[30] Bewusst bleiben muss man sich stets des Umstandes, dass die Regeln der Doktrin des Gruppeninteresses, der SUP und der RPTs eine *lex parsimoniae* setzen, die durch den *common core* der mitgliedsstaatlichen Gesellschaftsrechte ergänzt werden muss.

---

[27] Cf. *supra* 86 f.
[28] Cf. *supra* 87.
[29] Cf. *supra* 83 ff.
[30] Cf. *supra* 71.

Die Architektur des europäischen Konzernorganisationsrechts ruht auf drei Stützpfeilern. Zunächst auf den Konzernleitungsstrukturen,[31] d. h. auf den Rechten und Pflichten der Konzernspitze. Damit werden die Modalitäten der Konzerngeschäftsführung definiert, die das Organisationsstatut der Muttergesellschaft mit den Tochtergesellschaften verschleift (M → T). Danach auf den Konzernleitungsschranken,[32] d. h. auf den Regeln der Konzerneingliederung einer beherrschten Gesellschaft und den Grenzen, die der einheitlichen Leitung gesetzt sind. Umschrieben wird hierdurch, wie die Organisationstatute der Tochtergesellschaften mit demjenigen der herrschenden Gesellschaft verknüpft werden (T → M). Letztlich auf dem Konzernorganisationsakt,[33] der die Konflikte löst, die zwischen Regeln der Leitungsstrukturen und Regeln der Konzernleitungsschranken zuweilen auftreten. Was bedeutet diese allgemeine Konzernarchitektur im europäischen Recht?

(1) Im Unionskonzernrecht werden die Konzernleitungsstrukturen auf Ebene der Muttergesellschaft von der Doktrin des Gruppeninteresses umgesetzt. Als strukturelle Lehre[34] vom Konzernorganisationsrecht regelt diese Doktrin die Frage, nach welchen Kriterien die Stellung der Mutterorgane zu umschreiben ist. Abstellend auf die *lex communis* des Unternehmensgegenstands wurde gezeigt, dass das Handeln der Organe der Konzernspitze durch keine Satzungsgrundlage (sog. Konzernöffnungsklausel) abgestützt sein muss, dass aber die Pflichtenlage dieser Organe eine umfassende Konzernleitungspflicht kennt, die in zwei Unterpflichten auszudifferenzieren ist: Zunächst in die Pflicht, Aufbau- und Ablauforganisation der Gruppe in einer Weise zu gestalten, dass eine betriebswirtschaftliche Kohärenz des Gesamtgebildes gewährleistet ist; und ferner in die Pflicht, eine Konzernstrategie zu entwerfen, die eine in sich stimmige Implementation der Operationen in den verschiedenen Konzerngliedern erlaubt.[35]

(2) Die Frage der Konzernleitungsschranken ist ebenfalls in zwei Fragenkreise zu unterteilen.[36] Nach der vorgeschlagenen Auslegung von Art. 11 Abs. 3 lit. ca) des gegenwärtig vom Parlament behandelten SUP-

---

[31] Cf. *supra* 87 ff.
[32] Cf. *supra* 98 ff.
[33] Cf. *supra* 116 ff.
[34] Cf. *supra* 89 f.
[35] Cf. *supra* 91 ff.
[36] Cf. *supra* 98.

Richtlinienentwurfs[37] kann eine SUP nur unter der Voraussetzung als Konzernbaustein Verwendung finden, dass sie durch ihren satzungsmäßigen Unternehmensgegenstand in den Dienst des Konzernverbundes gestellt wird (Problem der Konzerneingliederung der SUP).[38] Wie sich eine SUP als beherrschtes Unternehmen führen lässt, wird von der Doktrin des Gruppeninteresses gezeigt, da das SUP-Recht (als Richtlinienrecht, das auf Gründungsfragen beschränkt ist) in dieser Hinsicht keine Lösung bereit hält (Problem der Konzernleitung der SUP). Auf dieser Basis konnte nachgewiesen werden, dass das fehlende Weisungsrecht der Mutter im SUP-Konzern dadurch wettgemacht wird, dass kraft »Konzernzweck« in der Satzung der konzerneingegliederten SUP deren Organe verpflichtet sind, sämtliche Maßnahmen zu treffen, um der Konzernstrategie zum Durchbruch zu verhelfen (ansonsten sie den Zweck ihrer eigenen Gesellschaft verletzen);[39] aber die SUP-Organe nehmen diese »konzernverwirklichende« Pflicht in Eigenverantwortung, d. h. nach Maßgabe einer konzerndimensionalen *business judgement rule*, wahr, so dass daraus fallbezogen der Konzernleitungspflicht der Mutterorgane Schranken gezogen sind.[40] Sodann gelten in der konzerneingegliederten SUP – als zweite Schrankenkategorie – die *Rozenblum*-Grundsätze.[41]

(3) Damit entsteht das Phänomen, das Hommelhoff trefflich das »konzernspezifische Spannungsverhältnis« genannt hat: Das Organisationsstatut der Mutter verlangt zwingend eine umfassende Konzernleitungspflicht, die wegen dem Organisationsstatut der Tochter, das dieser Pflicht verschiedene zwingende Schranken zieht, nur teilweise erfüllt werden kann.[42] Deshalb bedarf jede substanzielle Konzern(um-)bildungs- und Konzernleitungsmaßnahme, die für die Konfiguration der Gruppe erheblich ist, der Genehmigung durch die Gesellschafterversammlung der Spitze.[43] Weil jede solche Maßnahme als RPT zu qualifizieren ist, fällt sie unter den geplanten Art. 9c der Aktionärsrechterichtlinie.[44] Diese Bestimmung räumt zwar den Mitgliedstaaten einen großen Umsetzungsspiel-

---

[37] Cf. *supra* 29, Anm. 118.
[38] Cf. *supra* 98 ff.
[39] Cf. *supra* 104 ff.
[40] Cf. *supra* 107 ff., 113.
[41] Cf. *supra* 110 ff.
[42] Cf. *supra* 116 ff.
[43] Cf. *supra* 120 ff.
[44] Cf. *supra* 122 f.

raum ein, so dass es nicht zwingend zu einer Zustimmungszuständigkeit der Gesellschafter kommen muss. In den Fällen aber, da ein Mitgliedstaat in seinem nationalen Recht eine derartige Gesellschaftergenehmigung vorsieht, muss dieser Beschluss – sofern es um eine Konzerngestaltungsmaßnahme geht – als doppelsinnig gedeutet werden: Einerseits als Zustimmung zur fraglichen RPT als solche, andererseits als Genehmigung des Umstandes, dass die Mutterorgane in der neu entstehenden oder abgeänderten Konzernstruktur nur unter partiellem Leitungsverzicht handeln können wird.[45] All die Beschlüsse im geschilderten Sinne, die im Laufe des »aktiven Lebens« eines Konzerns von den Gesellschaftern der Konzernspitze gefällt werden, bilden zusammen den Konzernorganisationsakt (als »kapillaren Rechtsakt«), der das Hommelhoffsche »konzernspezifische Spannungsverhältnis« auflöst.[46]

---

[45] Cf. *supra* 121 f.
[46] Cf. *supra* 116 f., 123 f.

# Schriftenverzeichnis

AHLSTRÖM, LENA MOELSTAM 2002: Prerequisites for Development of Products Designed for Efficient Assembly: Study about making knowledge productive in the automobile industry, Stockholm: Universitetsservice US AB.
AMSTUTZ, MARC 1993: Konzernorganisationsrecht: Ordnungsfunktion, Normstruktur, Rechtssystematik, Bern: Stämpfli.
- 2001: Evolutorisches Wirtschaftsrecht: Vorstudien zum Recht und seiner Methode in den Diskurskollisionen der Marktgesellschaft, Baden-Baden: Nomos.
- 2003: Historizismus im Wirtschaftsrecht: Überlegungen zu einer evolutorischen Rechtsmethodik, in: Schweizer Rainer J. et al. (Hrsg.), Festschrift für Jean Nicolas Druey zum 65. Geburtstag, Zürich: Schulthess, 9 ff.
- 2004: Die Verfassung von Vertragsverbindungen, in: Marc Amstutz (Hrsg.), Die vernetzte Wirtschaft: Netzwerke als Rechtsproblem, Zürich: Schulthess, 45 ff.
- 2005: In-Between Worlds: Marleasing and the Emergence of Interlegality in Legal Reasoning, ELJ 11, 770 ff.
- 2007: Ex facto ius oritur: Überlegung zum Ursprungsparadox des Rechts, Soziale Systeme 13, 243 ff.
- 2011: Eroding Boundaries: On Financial Crisis and an Evolutionary Concept of Regulatory Reform, in: Poul F. Kjaer/Gunther Teubner/Alberto Febbrajo (Hrsg.), The Financial Crisis in Constitutional Perspective: The Dark Side of Functional Differentiation, Oxford/Portland: Hart, 223 ff.
- 2013a: Métissage: On the Form of Law in World Society, ZVglRWiss 112, 336 ff.
- 2013b: The Nemesis of European Private Law: Contractual Nexus as a Legislative Conundrum, in: Stefan Grundmann/Fabrizio Cafaggi/Giuseppe Vettori (Hrsg.), The Organizational Contract: From Exchange to Long-Term Network Cooperation in European Contract Law, Farnham: Ashgate Publishing, 323 ff.
- 2013c: Der zweite Text: Für eine Kritische Systemtheorie des Rechts, in: Marc Amstutz/Andreas Fischer-Lescano (Hrsg.), Kritische Systemtheorie: Zur Evolution einer normativen Theorie, Bielefeld: transcript, 365 ff.
- 2015: The Evolution of Corporate Social Responsibility: Reflections on the Constitution of a Global Law for Multinational Enterprises, SZW 87, 189 ff.
- 2016: Konzernorganisationsrecht 2.0, SZW 88, 9 ff.
AMSTUTZ, MARC/TEUBNER, GUNTHER (Hrsg.) 2009: Networks: Legal Issues of Multilateral Co-operation, Oxford/Portland: Hart.
ANDERSEN, HANNE 2013: Bridging Disciplines: Conceptual Development in Interdisciplinary Groups, in: Heiner Fangerau et al. (Hrsg.), Classification

and Evolution in Biology, Linguistics and the History of Science: Concepts – Methods – Visualization, Stuttgart: Franz Steiner, 33 ff.

ARNOLD, MICHAEL 2005: Mitwirkungsbefugnisse der Aktionäre nach Gelatine und Macrotron, ZIP 36, 1573 ff.

ASSMANN, HEIZ-DIETER 1990: Microcorporatist Structures in German Law of Groups of Companies, in: David Sugarman/Gunther Teubner (Hrsg.), Regulating Corporate Groups in Europe, Baden-Baden: Nomos, 317 ff.

BARTMAN, STEEF M. 2007: From Autonomy of Interests to Concurrence of Interests in Dutch Group Company Law, ECL 4, 207 ff.

BAUMS, THEODOR/KRÜGER ANDERSEN, PAUL, The European Model Company Act Project, ECGI – Law Working Paper No. 97/2008, http://ssrn.com/abstract=1115737.

– The European Model Company Act Project, in: Michel Tison et al. (Hrsg.), Perspectives in Company Law and Financial Regulation, Cambridge: Cambridge University Press 2009, 5 ff.

BÄLZ, ULRICH 1974: Einheit und Vielheit im Konzern, in: Fritz Bauer et al. (Hrsg.), Funktionswandel der Privatrechtsinstitutionen: Festschrift für Ludwig Raiser zum 70. Geburtstag, Tübingen: Mohr Siebeck, 287 ff.

BERGER, BENEDIKT 2016: Konzernausgangsschutz: Die Beendigung von Beherrschungs- und Gewinnabführungsverträgen, Tübingen: Mohr Siebeck.

BÖCKLI, PETER 2009: Schweizer Aktienrecht, 4. Aufl., Zürich: Schulthess.

BORS, MARC 2003: Die Figur der Rechtsfigur, in: Peter Gauch/Pascal Pichonnaz (Hrsg.), Rechtsfiguren: K(l)eine Festschrift für Pierre Tercier, Zürich: Schulthess.

BOURSIER, MARIE-EMMA 2005: Le fait justificatif de groupe dans l'abus des biens sociaux, Rev. soc. 123, 273 ff.

BUXBAUM, RICHARD M. 1979: The Relation of the Large Corporation's Structure to the Role of Shareholders and Directors: Some American Historical Perspectives, in: Norbert Horn/Jürgen Kocka (Hrsg.), Recht und Entwicklung der Großunternehmen im 19. und frühen 20. Jahrhundert: Wirtschafts-, sozial- und rechtshistorische Untersuchungen zur Industrialisierung in Deutschland, Frankreich, England und den USA, Göttingen: Wallstein, 243 ff.

BYDLINSKI, FRANZ 1991: Juristische Methodenlehre und Rechtsbegriff, 2. Aufl., Wien/New York: Springer.

CAMPBELL, DONALD THOMAS 1969: Ethnocentricism of disciplines and the fish-scale model of omniscience, in: Muzafer Sherif/Carolyn W. Sherif (Hrsg.), Interdisciplinary relationships in the social sciences, Chicago: Aldine, 328 ff.

CHANDLER, ALFRED D. JR./DAEMS, HERMAN 1979: Administrative Coordination, Allocation and Monitoring: Concepts and Comparisons, in: Norbert Horn/Jürgen Kocka (Hrsg.), Recht und Entwicklung der Großunternehmen im 19. und frühen 20. Jahrhundert: Wirtschafts-, sozial- und rechtshistorische Untersuchungen zur Industrialisierung in Deutschland, Frankreich, England und den USA, Göttingen: Wallstein, 28 ff.

CHIAPPETTA, FRANCESCO/TOMBARI, UMBERTO 2012: Perspectives on Group Corporate Governance and European Company Law, ECFR 9, 261 ff.

COLLINS, HARRY/EVANS, ROBERT/GORMAN, MIKE 2006: Trading Zones and Interactional Expertise, Stud. Hist. Phil. Sci. 38, 657 ff.
COLLINS, HUGH 2009: Networks and Comparative Sociological Jurisprudence, in: Gralf-Peter Caliess et al. (Hrsg.), Soziologische Jurisprudenz: Festschrift für Gunther Teubner zum 65. Geburtstag, Berlin: De Gruyter Recht, 249 ff.
CONAC, PIERRE-HENRI 2013: Director's Duties in Groups of Companies: Legalizing the Interest of the Group at the European Level, ECFR 10, 194 ff.
- 2015: The Societas Unius Personae (SUP): A »Passport« for Job Creation and Growth, ECFR 12, 139 ff.
CONSTANDSE, JOERI M. 2013: Exploring Organisational Knowledge Creation: What is the Practical Value of Nonaka's Hypertext Model and How Can it Be Applied?, Enschede: University of Twente Press.
COZIAN, MAURICE/VIANDIER, ALAIN/DEBOISSY, FLORENCE 2016: Droit des sociétés, 29. Aufl., Paris: LexisNexis.
CROZIER, MICHEL/FRIEDBERG, ERHARD 1977: L'acteur et le système: Les contraintes de l'action collective, Paris: Le Seuil.
DAVID, JÉRÔME/DAVID, THOMAS/LÜTHI, BARBARA 2007: Orte der Globalgeschichte: Erbe, Anspruch und Gefahren, traverse 3, 13 ff.
DAVIS, GERALD F./MARQUIS, CHRISTOPHER 2005: Prospects for Organization Theory in the Early Twenty-First Century: Institutional Fields and Mechanisms, Organization Science 16, 332 ff.
DEDEYAN, DANIEL 2015: Regulierung der Unternehmenskommunikation: Aktien- und Kapitalmarktrecht auf kommunikationstheoretischer Grundlage, Zürich/Baden-Baden: Schulthess/Nomos.
DIGAN, GAVIN 2015: Exploring the Impact that Organisational Culture and Structures have on Knowledge Management Initiatives, Dublin: ARROW@DIT.
DRUEY, JEAN NICOLAS 1980: Aufgaben eines Konzernrechts, ZSR 99 II, 273 ff.
- 1981: Interessenabwägung: eine Methode?, in: Juristische Abteilung der Hochschule St. Gallen für Wirtschafts- und Sozialwissenschaften/St. Gallischer Juristenverein (Hrsg.), Beiträge zur Methode des Rechts: St. Galler Festgabe zum schweizerischen Juristentag 1981, Bern/Stuttgart: Haupt, 131 ff.
- 1998: Die drei Paradoxe des Konzernrechts, in: Roland von Büren (Hrsg.), Aktienrecht 1992–1997: Versuch einer Bilanz: zum 70. Geburtstag von Rolf Bär, Bern: Stämpfli, 75 ff.
- 2000: Leitungsrecht und -pflicht im Konzern, in: Charlotte M. Baer (Hrsg.), Vom Gesellschafts- zum Konzernrecht, Bern et al.: Haupt, 1 ff.
- 2004: Organisationsnetzwerke: Die »schwebende« Rechtsform, in: Marc Amstutz (Hrsg.), Die vernetzte Wirtschaft: Netzwerke als Rechtsproblem, Zürich: Schulthess, 123 ff.
- 2005: Neues aus dem Konzernrecht: Oder: Man bittet, das Skalpell nicht mit dem Buschmesser zu verwechseln, AJP 15, 1083 ff.
- 2012: Die Zukunft des Konzernrechts, in: Bernd Erle et al. (Hrsg.), Festschrift für Peter Hommelhoff zum 70. Geburtstag, Köln: Otto Schmidt, 135 ff.
DRYGALA, TIM 2013: Europäisches Konzernrecht: Gruppeninteresse und Related Party Transactions, AG 58, 198 ff.

Duns Scoti, Ioannis 1963: Opera omnia, in: Charles Balić et al. (Hrsg.), Bd. 6, Città del Vaticano: Typis Polyglottis Vaticanis.

Eisenberg, Eric M. 1984: Ambiguity as Strategy in Organizational Communication, Communication Monographs 51, 227 ff.

Ekkenga, Jens 2013: Neue Pläne der Europäischen Kommission für ein Europäisches Konzernrecht: Erste Eindrücke, AG 57, 181 ff.

EMCA 2013: European Model Company Act (EMCA): Chapter 16: Groups of Companies, 1/10/2013, http://law.au.dk/fileadmin/Jura/dokumenter/CHAPTER_16_GROUPS_OF_COMPANIES.pdf.

Enriques, Luca 2015: Related Party Transactions: Policy Options and Real-World Challenges (with a Critique of the European Commission Proposal), EBOR 16, 1 ff.

Esser, Josef 1970: Vorverständnis und Methodenwahl in der Rechtsfindung: Rationalitätsgarantien der richterlichen Entscheidungspraxis, Frankfurt a. M.: Athenäum.

– 1972: Methodik des Privatrechts, in: Manfred Thiel (Hrsg.), Enzyklopädie der Geisteswissenschaftlichen Arbeitsmethoden: Methoden der Rechtswissenschaft, Teil I, München/Wien: Oldenbourg, 3 ff.

– 1990: Grundsatz und Norm in der richterlichen Fortbildung des Privatrechts: Rechtsvergleichende Beiträge zur Rechtsquellen- und Interpretationslehre, 4. Aufl., Tübingen: Mohr Siebeck.

European Company Law Experts (ECLE) 2012: The Future of European Company Law (response to the European Commission's Consultation), May 2012, https://europeancompanylawexperts.wordpress.com/the-future-of-european-company-law-response-to-the-european-commissions-consultation-2012/.

– 2013: Making Corporate Governance Codes More Effective (response to the European Commission's Action Plan of December 2012), December 2013, https://europeancompanylawexperts.wordpress.com/making-corporate-governance-codes-more-effective-2013/.

– 2015: Shareholder Engagement and Identification, February 2015, https://europeancompanylawexperts.wordpress.com/shareholder-engagement-2015/.

Fernàndez-Armesto, Felipe 2006: Pathfinders: A Global History of Exploration, Oxford et al.: Oxford University Press.

Fleckner, Andreas M. 2010: Europäisches Gesellschaftsrecht, in: Stefan Grundmann et al. (Hrsg.), Festschrift für Klaus J. Hopt zum 70. Geburtstag am 24. August 2010: Unternehmen, Markt und Verantwortung, Berlin/New York: de Gruyter, 659 ff.

Flüchter, Antje/Jucker, Michael 2007: Wie globalisiert war die Vormoderne?: Ein Plädoyer für einen neuen Blick in den asiatischen Raum, traverse 3, 97 ff.

Flynn, D. O./Giràldez, A. 2008: Path Dependence, Time Lags and the Birth of Globalisation: A Critique of O'Rourke and Williamson, European Review of Economic History 8, 81 ff.

Former Reflection Group on the Future of EU Company Law 2013: Response to the European Commission's Action Plan on Company Law and Corporate Governance, ECFR 10, 304 ff.

FORUM EUROPAEUM KONZERNRECHT 1998: Konzernrecht für Europa, ZGR 27, 672 ff.

FORUM EUROPAEUM ON COMPANY GROUPS 2015: Eckpunkte für einen Rechtsrahmen zur erleichterten Führung von grenzüberschreitenden Unternehmensgruppen in Europa, ZGR 45, 507 ff.

FRANK, ANDRE GUNDER 1998: ReOrient: Global Economy in the Asian Age, Berkeley, CA: University of California Press.

FLEISCHER, HOLGER 2014: Related Party Transactions bei börsennotierten Gesellschaften: Deutsches Aktien(konzern)recht und Europäische Reformvorschläge, BB 45, 2691 ff.

FRIEDLÄNDER, HEINRICH 1927: Konzernrecht: Das Recht der Betriebs- und Unternehmens-Zusammenfassungen, Mannheim/Berlin/Leipzig: J. Bensheimer.

GALISON, PETER LOUIS 1997: Image and Logic: A Material Culture of Microphysics, Chicago: The University of Chicago Press.

GERNER-BEUERLE, CARSTEN/PAECH, PHILIPP/SCHUSTER, EDMUND PHILIPP 2013a: Study and Director's Duties and Liability, London: LSE.

- 2013b: Annex to Study on Director's Duties and Liability, London: LSE.

GESSLER, ERNST 1985: Einberufung und ungeschriebene Hauptversammlungszuständigkeit, in: Marcus Lutter/Hans-Joachim Mertens/Peter Ulmer (Hrsg.), Festschrift für Walter Stimpel zum 68. Geburtstag am 29. November 1985, Berlin/New York: de Gruyter, 771 ff.

GOETTE, WULF 2006: Organisation und Zuständigkeit im Konzern, AG 49, 522 ff.

GORMAN, MICHAEL E. 2010: Trading Zones and Interactional Expertise, Cambridge, MA: MIT Press.

GROSSFELD, BERNHARD 1979: Die rechtspolitische Beurteilung der Aktiengesellschaft im 19. Jahrhundert, in: Helmut Coing et al. (Hrsg.), Wissenschaft und Kodifikation des Privatrechts im 19. Jahrhundert, Bd. 4, Frankfurt a. M.: Klostermann, 236 ff.

GRUNDMANN, STEFAN 2012: European Company Law: Organization, Finance and Capital Markets, 2. Aufl., Cambridge: Intersentia.

GUYON, YVES 1982: Examen critique des projets européens en matière de groupes de sociétés (le point de vue français), in: Klaus J. Hopt (Hrsg.), Groups of Companies in European Laws: Legal and Economic Analyses on Multinational Entreprises, Volume II, Berlin/New York: de Gruyter, 155 ff.

HABERSACK, MATHIAS 2005: Mitwirkungsrechte der Aktionäre nach Macrotron und Gelatine, AG 48, 137 ff.

- 2016a: Vor § 311, in: Volker Emmerich/Mathias Habersack (Hrsg.), Aktien- und GmbH-Konzernrecht: Kommentar, 8. Aufl., München: Beck, 569 ff.

- 2016b: Aktienkonzernrecht: Bestandsaufnahme und Perspektiven, AG 23, 691 ff.

HABERSACK, MATHIAS/VERSE, DIRK A. 2011: Europäisches Gesellschaftsrecht, 4. Aufl., München: Beck.

HAN, BYUNG-CHUL 2013: Im Schwarm: Ansichten des Digitalen, Berlin: Matthes&Seitz.

HANNAH, LESLIE 1979: Mergers, Cartels and Concentration: Legal Factors in the U. S. and European Experience, in: Norbert Horn/Jürgen Kocka (Hrsg.), Recht und Entwicklung der Großunternehmen im 19. und frühen 20. Jahrhundert: Wirtschafts-, sozial- und rechtshistorische Untersuchungen zur Industrialisierung in Deutschland, Frankreich, England und den USA, Göttingen: Wallstein, 306 ff.

HARMS, WOLFGANG 1968: Konzerne im Recht der Wettbewerbsbeschränkungen: Eine wirtschafts- und gesellschaftsrechtliche Untersuchung, Köln et al.: Heymanns.

HAUSMANN, YANNICK/BECHTOLD ELISABETH 2015: Corporate Governance of Groups in an Era of Regulatory Nationalism: A Focused Analysis of Financial Services Regulation, ECFR 12, 341 ff.

HEERMANN, PETER W. 1998: Drittfinanzierte Erwerbsgeschäfte: Entwicklung der Rechtsfigur des trilateralen Synallagmas auf der Grundlage deutscher und U.S.-amerikanischer Rechtsentwicklungen, Tübingen: Mohr Siebeck.

HENZE, HARTWIG 2000: Leitungsverantwortung des Vorstands: Überwachungspflicht des Aufsichtsrats, BB 30, 209 ff.

– 2003: Holzmüller vollendet das 21. Lebensjahr, in: Mathias Habersack et al. (Hrsg.), Festschrift für Peter Ulmer zum 70. Geburtstag am 2. Januar 2003, Berlin/New York: de Gruyter, 211 ff.

HERTNER, PETER 1979: Fallstudien zu deutschen multinationalen Unternehmen vor dem Ersten Weltkrieg, in: Norbert Horn/Jürgen Kocka (Hrsg.), Recht und Entwicklung der Großunternehmen im 19. und frühen 20. Jahrhundert: Wirtschafts-, sozial- und rechtshistorische Untersuchungen zur Industrialisierung in Deutschland, Frankreich, England und den USA, Göttingen: Wallstein, 388 ff.

HINDRICKS, FRANK 2013: Collective Acceptance and the Is-Ought Argument, Ethic Theory Moral Prac. 16, 465 ff.

HIRTE, HERIBERT 1980: Bezugsrechtsausschluss und Konzernbildung: Minderheitenschutz bei Eingriffen in die Beteiligungsstruktur der Aktiengesellschaft, Köln et al.: Heymanns.

HOFFMANN-BECKING, MICHAEL 2012: Gibt es das Konzerninteresse?, in: Bernd Erle et al. (Hrsg.), Festschrift für Peter Hommelhoff zum 70. Geburtstag, Köln: Otto Schmidt, 433 ff.

HOFMEISTER, HOLGER 2008: Veräußerung und Erwerb von Beteiligungen bei der Aktiengesellschaft: Denkbare Anwendungsfälle der Gelatine-Rechtsprechung, NZG 10, 47 ff.

HOMMELHOFF, PETER 1982: Die Konzernleitungspflicht: Zentrale Aspekte eines Konzernverfassungsrechts, Köln et al.: Heymanns.

– 1988: Konzernmodelle und ihre Realisierung im Recht, in: Jean Nicolas Druey (Hrsg.), Das St.Galler Konzernrechtsgespräch: Konzernrecht aus der Konzernwirklichkeit, Bern/Stuttgart: Haupt, 109 ff.

– 2012: Förder- und Schutzrecht für den faktischen GmbH-Konzern, ZGR 4, 535 ff.

– 2014a: Ein Neustart im europäischen Konzernrecht, KSzW 1, 63 ff.

– 2014b: Die Societatis Unius Personae: Als Konzernbaustein momentan noch unbrauchbar, GmbHR 45, 1065 ff.

HOMMELHOFF, PETER/LÄCHLER, CHRISTOPH 2014: Förder- und Schutzrechte für den SE-Konzern, AG 59, 257 ff.
HOPT, KLAUS J. 1992: Harmonisierung im europäischen Gesellschaftsrecht: Status Quo, Probleme, Perspektiven, ZGR 21, 265 ff.
- 2007: Konzernrecht: Die europäische Perspektive, ZHR 171, 199 ff.
- 2013: Europäisches Gesellschaftsrecht im Lichte des Aktionsplans der Europäischen Kommission vom Dezember 2012, ZGR 42, 165 ff.
- 2015a: Corporate Governance in Europe: A Critical Review of the European Commission's Initiatives on Corporate Law and Corporate Governance, NYU J.L.&Bus. 12, 139 ff.
- 2017: Groups of Companies: A Comparative Study of the Economics, Law and Regulation of Corporate Groups, in: Jeffrey N. Gordon/Wolf-Georg Ringe, (Hrsg.), Oxford Handbook of Corporate Law and Governance, Oxford et al.: Oxford University Press (im Druck; zitiert nach http://papers.ssrn.com/sol3/papers.cfm?abstract_id=2560935).
HORN, NORBERT 1979: Aktienrechtliche Unternehmensorganisation in der Hochindustrialisierung (1860–1920): Deutschland, England, Frankreich und die USA im Vergleich, in: Norbert Horn/Jürgen Kocka (Hrsg.), Recht und Entwicklung der Großunternehmen im 19. und frühen 20. Jahrhundert: Wirtschafts-, sozial- und rechtshistorische Untersuchungen zur Industrialisierung in Deutschland, Frankreich, England und den USA, Göttingen: Wallstein, 123 ff.
HOYNINGEN-HUENE, PAUL 1990: Kuhn's Conception of Incommensurability, Stud. Hist. Phil. Sci. 21, 481 ff.
- 1997: Thomas S. Kuhn, J. Gen. Phil. Sci. 28, 235 ff.
HUBER, EUGEN 1921: Recht und Rechtsverwirklichung: Probleme der Gesetzgebung und der Rechtsphilosophie, Basel et al.: Helbing&Lichtenhahn.
HUGHES-WARRINGTON, MARNIE 2006: Review: The Birth of the Modern World 1780–1914: Global Connections and Comparisons by C.A. Bayly, Oxford: Blackwell 2004, Journal of Global History 1, 295 f.
HULL, DAVID L. 1988: Science as a Process: An Evolutionary Account of the Social and Conceptual Development of Science, Chicago/London: The University of Chicago Press.
HÜFFER, UWE 2003: Zur Holzmüller-Problematik: Reduktion des Vorstandsermessens oder Grundlagenkompetenz der Hauptversammlung?, in: Mathias Habersack et al. (Hrsg.), Festschrift für Peter Ulmer zum 70. Geburtstag am 2. Januar 2003, Berlin/New York: Walter de Gruyter, 279 ff.
HUTTER, MICHAEL 1989: Die Produktion von Recht: Eine selbstreferentielle Theorie der Wirtschaft, angewandt auf den Fall des Arzneimittelpatentrechts, Tübingen: Mohr Siebeck.
IGGERS, GEORG G./WANG, Q. EDWARD 2008: A Global History of Modern Historiography, Harlow: Pearson Longman.
IMAI, KEN'ICHI/NONAKA, IKUJIRO/TAKEUCHI, HIROTAKA 1983: Managing the New Product Development Process: How Japanese Companies Learn and unlearn, in: K.B. Clarck/R.H. Hayes/C. Lorenz (Hrsg.), The Uneasy Alliance:

Managing the Productivity-Technology Dilemma, Boston: Harvard Business School Press.

IMMENGA, ULRICH 1980: Die rechtliche Erfassung unternehmerischer Leitungseinheit: Konzernrecht, WuR 32, 73 ff.

INFORMAL EXPERT GROUP ON COMPANY LAW (ICLEG) 2015: Minutes of the meeting, 1 october 2015, http://ec.europa.eu/transparency/regexpert/index.cfm?do=groupDetail.groupDetailDoc&id=20911&no=1.

– 2016: Report on Information of Groups, March 2016, http://ec.europa.eu/justice/civil/files/company-law/icleg-report-on-information-of-groups-march-2016_en.pdf.

JUNG, STEFANIE 2015: Societas Unius Personae (SUP): The New Corporate Element in Company Groups, EBLR 26, 645 ff.

KARATHANASSIS, DIMITRIOS 2014: Gehorsamsstrukturen im Konzern: Das Konzept der hierarchischen Heterarchie, Basel et al.: Helbing&Lichtenhahn.

KATZ, RALPH/ALLEN, THOMAS J. 1982: Investigating the Not Invented Here (NIH) Syndrom: A Look at the Performance, Tenure and Communication Patterns of 50 R&D Project Groups, R&D Management 12, 7 ff.

KINDLER, PETER 2015: Die Einpersonen-Kapitalgesellschaft als Konzernbaustein: Bemerkungen zum Kompromissvorschlag der italienischen Ratspräsidentschaft für eine Societas Unius Personae (SUP), ZHR 179, 330 ff.

KNUDSEN, ANN-CHRISTINA L./GRAM-SKJOLDAGER, KAREN 2014: Historiography and Narration in Transnational History, Journal of Global History 9, 143 ff.

KOCKA, JÜRGEN/SIEGRIST, HANNES 1979: Die hundert größten deutschen Industrieunternehmen im späten 19. und frühen 20. Jahrhundert: Expansion, Diversifikation und Integration im internationalen Vergleich, in: Norbert Horn/Jürgen Kocka (Hrsg.), Recht und Entwicklung der Großunternehmen im 19. und frühen 20. Jahrhundert: Wirtschafts-, sozial- und rechtshistorische Untersuchungen zur Industrialisierung in Deutschland, Frankreich, England und den USA, Göttingen: Wallstein, 55 ff.

*Kölner Arbeitskreis für Wirtschaftsrecht e.V.* (Hrsg.) 2015: Schwerpunktheft: Unternehmensnetzwerke, KSzW 6, 1 ff.

KRAMER, ERNST A. 2016: Juristische Methodenlehre, 5. Aufl., München/Wien/Bern: Beck/Manz/Stämpfli.

KREBS, VALDIS 2007: Managing the 21st Century Organization, IHRIM Journal XI, 2 ff.

KRÜGER ANDERSEN, PAUL 2010: The European Model Company Act (EMCA): A New Way Forward. in: Ulf Bernitz/Wolf-Georg Ringe (Hrsg.), Company Law and Economic Protectionism: New Challenges to European Integration, Oxford: Oxford University Press, 303 ff.

KUHN, THOMAS S. 1970: The Structure of Scientific Revolutions, in: Otto Neurath et al. (Hrsg.), International Encyclopedia of Unified Science, Bd. II/2, 2. Aufl., Chicago/London: The University of Chicago Press.

KYLE CROSSLEY, PAMELA 2007: What is Global History?, Cambridge et al.: Cambridge Polity Press.

LADEUR, KARL-HEINZ 1986: »Prozedurale Rationalität« – Steigerung der Legitimationsfähigkeit oder der Leistungsfähigkeit des Rechtssystems?: zu Klaus Eder: »Prozedurale Rationalität – Moderne Rechtsentwicklung jenseits von formaler Rationalisierung«, ZfRSoz 2, 265 ff.
- 1990: Selbstorganisation sozialer Systeme und Prozeduralisierung des Rechts: Von der Schrankenziehung zur Steuerung von Beziehungsnetzen, in: Dieter Grimm (Hrsg.), Wachsende Staatsaufgaben – sinkende Steuerungsfähigkeit des Rechts, Baden-Baden: Nomos, 187 ff.

LE CLUB DES JURISTES 2015: Vers une reconnaissance de l'intérêt de groupe dans l'Union européenne?, Paris, http://www.leclubdesjuristes.com/rapport-vers-une-reconnaissance-de-linteret-de-groupe-dans-lunion-europeenne.

LEINO, SIMO-PEKKA 2015: Reframing the Value of Virtual Prototyping: Intermediary Virtual Prototyping – The Evolving Approach of Virtual Environments Based Virtual Prototyping in the Context of New Product Development and Low Volume Production, Tampere: Julkaisija Utgivare Publisher.

LEMBKE, GERALD 2011: Managing Social Marketing, Berlin: Scriptor.

LÉVI-STRAUSS, CLAUDE 1962: La Pensée sauvage, Paris: Plon.

LIEBSCHER, THOMAS 2005: Ungeschriebene Hauptversammlungszuständigkeiten im Lichte von Holzmüller, Macrotron und Gelatine, ZGR 34, 1 ff.

LUHMANN, NIKLAS 2009: Die Weltgesellschaft, in: Niklas Luhmann, Soziologische Aufklärung 2: Aufsätze zur Theorie der Gesellschaft, 6. Aufl., Wiesbaden: VS, 51 ff. (erste Publikation: 1970).
- 1987: Soziale Systeme: Grundriss einer allgemeinen Theorie, Frankfurt a. M.: Suhrkamp.
- 1992: Die Wissenschaft der Gesellschaft, Frankfurt a. M.: Suhrkamp.

LUTTER, MARCUS 1980: Theorie der Mitgliedschaft: Prolegomena zu einem Allgemeinen Teil des Korporationsrechts, AcP 180, 84 ff.
- 1985: Organzuständigkeiten im Konzern, in: Marcus Lutter/Hans-Jürgen Mertens/Peter Ulmer (Hrsg.), Festschrift für Walter Stimpel zum 68. Geburtstag am 29. November 1985, Berlin: Duncker&Humblot, 829 ff.
- 1991: Zur Privilegierung einheitlicher Leitung im französischen (Konzern-)Recht, in: Reinhard Goerdeler (Hrsg.), Festschrift für Alfred Kellermann zum 70. Geburtstag am 29. November 1990, Berlin: de Gruyter (Zeitschrift für Unternehmens- und Gesellschaftsrecht: Sonderheft 10), 255 ff.
- 2009: Das unvollendete Konzernrecht, in: Georg Bitter et al. (Hrsg.), Festschrift für Karsten Schmidt zum 70. Geburtstag, Köln: Dr. Otto Schmidt, 1065 ff.
- 2012: Der Erwerb der Dresdener Bank durch die Commerzbank – ohne ein Votum ihrer Hauptversammlung?, ZIP 43, 351 ff.

LUTTER, MARCUS/BAYER, WALTER/SCHMIDT, JESSICA 2012: Europäisches Unternehmens- und Kapitalmarktrecht, 5. Aufl., Berlin/Boston: de Gruyter.

MADER, FLORIAN 2015: Der Informationsfluss im Verbund als Vorfrage einer konzernweiten Legalitätskontrollpflicht, WM 44, 2073 ff.
- 2016: Der Informationsfluss im Unternehmensverbund, Tübingen: Mohr Siebeck.

MALBERTI, CORRADO 2015: The Relationship between the Societas Unius Personae Proposal and the acquis: Creeping Toward an Abrogation of EU Company Law?, ECFR 12, 238 ff.

MARTENS, KLAUS-PETER 1983: Die Entscheidungsautonomie des Vorstands und die »Basisdemokratie« in der Aktiengesellschaft: Anmerkungen zu BGHZ 83, S. 122 (Holzmüller), ZHR 147, 377 ff.

MARTIN, RON 1999: The New »Geographical turn« in Economics: Some Critical Reflections, Cambridge J. Econ. 23, 65 ff.

MARTINEK, MICHAEL 1987: Franchising: Grundlagen der zivil- und wettbewerbsrechtlichen Behandlung der vertraglichen Gruppenkooperation beim Absatz von Waren und Dienstleistungen, Heidelberg: Decker&Schenck.

MATRAS, YARON 2011: Universals of Structural Borrowing, in: Peter Siemund (Hrsg.), Linguistic Universals and Language Variation, Berlin/New York: De Gruyter Mouton, 204 ff.

MAZLISH, BRUCE 2006: The New Global History, New York: Routledge.

MESTMÄCKER, ERNST-JOACHIM 1958: Verwaltung, Konzerngewalt und Rechte der Aktionäre: Eine rechtsvergleichende Untersuchung nach deutschem Aktienrecht und dem Recht der corporation in den Vereinigten Staaten, Karlsruhe: C. F. Müller.

– 2007: A Legal Theory without Law: Posner v. Hayek on Economic Analysis of Law, Tübingen: Mohr Siebeck.

MIDELL, MATTHIAS/NAUMANN, KATJA 2010: Global History and the Spatial Turn: From the Impact of Area Studies to the Study of Critical Junctures of Globalization, Journal of Global History 5, 149 ff.

MÖSCHEL, WERNHARD 1986: Dogmatische Strukturen des bargeldlosen Zahlungsverkehrs, AcP 186, 187 ff.

MÜLBERT, PETER O. 2015: Auf dem Weg zu einem europäischen Konzernrecht?, ZHR 179, 645 ff.

NONAKA, IKUJIRO 1988: Creating Organizational Order Out of Chaos: Self-Renewal in Japanese Firms, California Management Review 30, 57 ff.

– 1990: Redundant, Overlaping Organization: A Japanese Approach to Managing the Innovation Process, California Management Review 32, 27 ff.

NONAKA, IKUJIRO/TAKEUCHI, HIROTAKA 2012: Die Organisation des Wissens: Wie japanische Unternehmen eine brachliegende Ressource nutzbar machen, Frankfurt/New York: Campus.

NONAKA, IKUJIRO/VON KROGH, GEORG 2009: Tacit Knowledge and Knowledge Conversion: Controversy and Advancement in Organizational Knowledge Creation Theory, Organization Science 20, 635 ff.

NÖRR, KNUT WOLFGANG 1986: Zur Entwicklung des Aktien- und Konzernrechts während der Weimarer Republik, ZHR 150, 155 ff.

– 1988: Zwischen den Mühlsteinen: Eine Privatrechtsgeschichte der Weimarer Republik, Tübingen: Mohr Siebeck.

O'BRIEN, PATRICK 2006: Historiographical Traditions and Modern Imperatives for the Restoration of Global History, Journal of Global History 1, 3 ff.

O'CONNOR, KAORI 2009: The King's Christmas Pudding: Globalization, Recipes, and the Commodities of Empire, Journal of Global History 4, 127 ff.

OHL, DANIEL 1982: Les prêts et avances entre sociétés d'un même groupe, Paris: Litec.
O'ROURKE, KEVIN H./WILLIAMSON, JEFFREY 2002: When Did Globalisation Begin?, European Review of Economic History 6, 23 ff.
– 2004: Once More: When Did Globalisation Begin?, European Review of Economic History 8, 109 ff.
OSTERLOH-KONRAD, CHRISTINE 2015: Diskussionsbericht zu den Referaten von Jochen Vetter und Peter Kindler (Diskussionsleitung: Wolfgang Schön), ZHR 179, 385 ff.
OTT, CLAUS 1977: Recht und Realität der Unternehmenskorporation: Ein Beitrag zur Theorie der juristischen Person, Tübingen: Mohr Siebeck.
PARIENTE, MAGGY 2007: The Evolution of the Concept of »Corporate Group« in France, ECFR 5, 317 ff.
PFEIFER, NICOLE/RÜGGEBERG, TOBIAS/SCHUMACHER, JENS 2004: Zentralisieren oder Dezentralisieren: Wie werden Entscheidungsbefugnisse effizient verteilt?, perspektive blau: www.perspektive-blau.de.
PHELAN, JAMES/MALONEY, EDWARD 1999/2000: Authors, Readers, and Progression in Hypertext Narrative, Days and Works 17&18, 265 ff.
POMERANZ, KENNETH/TOPIK, STEVEN 2012: The World That Trade Created: Society, Culture, and the World Economy: 1400 to the Present, 3. Aufl., Armonk, NY: M. E. Sharpe.
PRIESTER, HANS-JOACHIM 2011: Aktionärsentscheid zum Unternehmenserwerb, AG 18, 654 ff.
REICHERT, JOCHEM 2005: Mitwirkungsrechte und Rechtsschutz der Aktionäre nach Macrotron und Gelatine, AG 49, 150 ff.
REINHARDT, KAI/SCHNAUFFER, HANS-GEORG 2004: Vom innovativen System zur systematischen Innovation: Die Hypertext-Organisation in der Praxis, Unternehmensberater 17, 25 ff.
RENNER, MORITZ 2014: Kollisionrecht und Konzernwirklichkeit in der transnationalen Unternehmensgruppe, ZGR 43, 452 ff.
– 2015: Hauptversammlungszuständigkeit und Organadäquanz, AG 60, 513 ff.
RODEWALD, JÖRG/PAULAT, SARAH 2013: Führung von Gruppengesellschaften durch Gesellschafterweisungen im faktischen Konzern: Möglichkeit und Grenzen in Deutschland und in ausgewählten EU-Staaten, GmbHR 44, 519 ff.
ROHE, MATHIAS 1998: Netzverträge: Rechtsprobleme komplexer Vertragsverbindungen, Tübingen: Mohr Siebeck.
RUGMAN, A. M./VERBECKE, A. 2001: Subsidiary-Specific Advantages in Multinational Enterprises, Strategic Management J. 22, 237 ff.
SACHSENMAIER, DOMINIC 2007: Debates on World History and Global History: The Neglected Parameters of Chinese Approaches, traverses 3, 67 ff.
– 2011: Global Perspectives on Global History: Theories and Approaches in a Connected World, Cambridge et al.: Cambridge University Press.
SCHLUEP, WALTER R. 1973: Privatrechtliche Probleme der Unternehmenskonzentration und -kooperation, ZSR 107 II, 153 ff.

SCHMIDT, KARSTEN 1981: Abhängigkeit, faktischer Konzern, Nichtaktienkonzern und Divisionalisierung im Bericht der Unternehmensrechtskommission, ZGR 10, 455 ff.
SCHMIDT-LEITHOFF, CHRISTIAN 2013: § 1 GmbHG, in: Heinz Rowedder/ Christian Schmidt-Leithoff (Hrsg.), Gesetz betreffend die Gesellschaften mit beschränkter Haftung: GmbHG, Kommentar, 5. Aufl., München: Franz Vahlen, 139 ff.
SCHMOECKEL, MATHIAS/MAETSCHKE, MATTHIAS 2016: Rechtsgeschichte der Wirtschaft: Seit dem 19. Jahrhundert, 2. Aufl., Tübingen: Mohr Siebeck.
SCHNAUFFER, HANS GEORG/STAIGER, MARK/VOIGT, STEFAN 2003: Hypertext-Organisation in der Entwicklung: Kampf den »Wissens-Inseln«, Management und Qualität 9, 10 ff.
SCHNEIDER, UWE H. 1981: Konzernleitung als Rechtsproblem, BB 36, 249 ff.
– 1991: Der Konzern als Rechtsform für Unternehmen: Zum Regelungsgegenstand eines Konzernverfassungsrechts, in: Ernst-Joachim Mestmäcker/Peter Behrens (Hrsg.), Das Gesellschaftsrecht der Konzerne im internationalen Vergleich, Baden-Baden: Nomos, 563 ff.
SCHWARZE, JÜRGEN 2011: Soft Law im Recht der Europäischen Union, EuR 8, 3 ff.
SEIBT, CHRISTOPH H. 2014: Richtlinienvorschlag zur Weiterentwicklung des europäischen Corporate Governance-Rahmens: Vorschlag der EU-Kommission zur Änderung der Aktionärsrechterichtlinie und Empfehlung zur Qualität der Berichterstattung über die Unternehmensführung, DB 34, 1910 ff.
SLOBODIAN, QUINN 2015: How to See the World Economy: Statistics, Maps, and Schumpeter's Camera in the First Age of Globalization, Journal of Global History 10, 307 ff.
SMITH, ADAM 1999: Der Wohlstand der Nationen: Eine Untersuchung seiner Natur und seiner Ursachen, in: Horst Claus Recktenwald (Hrsg./Übersetzer), 8. Aufl., München: dtv. (erste Publikation: 1776).
SØRENSEN, KARSTEN ENGSIG 2016: Groups of Companies in the Case Law of the Court of Justice of the European Union, EBLR 27, 393 ff.
STACHOWIAK, HERBERT 1973: Allgemeine Modelltheorie, Wien/New York: Springer.
STAR, S. L./GRIESEMER, J. R. 1989: Institutional Ecology, »Translations« and Boundary Objects: Amateurs and Professionals in Berkeley's Museum of Vertebrate Zoology, 1907–39, Soc. Stud. Sci. 19, 387 ff.
STEARNS, PETER N. 2010: Globalization in World History, London/New York: Routledge.
TASCHNER, HANS CLAUDIUS/BODENSCHATZ, NADINE 2014: Geschichte der Europäischen Aktiengesellschaft, in: Dirk Jannot/Jürgen Frodermann (Hrsg.), Handbuch der Europäischen Aktiengesellschaft: Societas Europaea, 2. Aufl., Heidelberg: C. F. Müller, 11 ff.
TEICHMANN, CHRISTOPH 2013: Europäisches Konzernrecht: Vom Schutzrecht zum Enabling Law, AG 58, 184 ff.
– 2014a: Europäische Harmonisierung des GmbH-Rechts: Der Beitrag der Societas Unius Personae (SUP) zur grenzüberschreitenden Niederlassungsfreiheit, NJW 49, 3561 ff.

- 2014b: Konzernrecht und Niederlassungsfreiheit: Zugleich Rezension der Entscheidung EuGH, Rs. 186/12 (Impacto Azul), ZGR 44, 45 ff.
- 2015: Corporate Groups within the Legal Framework of the European Union: The Group-Related Aspects of the SUP Proposal and the EU Freedom of Establishment, ECFR 12, 202 ff.

TEICHMANN, CHRISTOPH/FRÖHLICH, ANDREA 2015: How to make a Molehill out of a Mountain: The Single-Member Company (SUP) Proposal after Negotiations in the Council, in: A. Jorge Viera González/Christoph Teichmann (Hrsg.), Private Company Law in Europe: The Race for Flexibility, Madrid: Aranzadi (im Druck; zitiert nach http://www.jura.uniwuerzburg.de/fileadmin/02130100/Teichmann_Fröhlich_SUP.pdf).

TERPAN, FABIEN 2014: Soft Law in the European Union: The Changing Nature of EU Law, ELJ 20 , 40 ff.

TEUBNER, GUNTHER 1990a: Unitas Multiplex: Das Konzernrecht in der neuen Dezentralität der Unternehmensgruppen, ZGR 20, 189 ff.
- 1990b: »Verbund«, »Verband« oder »Verkehr«? Zur Außenhaftung von Franchise-Systemen, ZHR 154, 295 ff.
- 1992: Die vielköpfige Hydra: Netzwerke als kollektive Akteure höherer Ordnung, in: Wolfgang Krohn/Günter Küppers (Hrsg.), Emergenz: Die Entstehung von Ordnung, Organisation und Bedeutung, Frankfurt a. M.: Suhrkamp, 189 ff.
- 2004a: Netzwerk als Vertragsverbund: Virtuelle Unternehmen, Franchising, Just-in-time in sozialwissenschaftlicher und juristischer Sicht, Baden-Baden: Nomos.
- 2004b: Coincidentia oppositorum: Das Recht der Netzwerke jenseits von Vertrag und Organisation, in: Marc Amstutz (Hrsg.), Die vernetzte Wirtschaft: Netzwerke als Rechtsproblem, Zürich: Schulthess, 11 ff.
- 2015a: Rechtswissenschaft und -praxis im Kontext der Sozialtheorie, in: Stefan Grundmann/Jan Thiessen (Hrsg.), Recht und Sozialtheorie: Interdisziplinäres Denken in Rechtswissenschaft und -praxis, Tübingen: Mohr Siebeck, 141 ff.
- 2015b: Einleitung: Netzwerke als Herausforderung für die interdisziplinäre Arbeit, KSzW 6, 3 ff.

THE EUROPEAN MODEL COMPANY LAW ACT PROJECT (EMCA) 2008: The European Model Company Law Act Project, in: Theodor Baums/Paul Krüger Andersen (Hrsg.), ECGI Working Paper Series in Law, Working Paper N° 097/2008, March 2008, www.ecgi.org/wp.

THOLEN, LAURENZ 2014: Europäisches Konzernrecht: Eine Untersuchung auf der Grundlage eines Vergleichs des deutschen und englischen Rechts, Berlin: Duncker&Humblot.

TILMANN, WINFRIED 1986: Wirtschaftsrecht, Berlin et al.: Springer.

TIMM, WOLFRAM 1980: Die Aktiengesellschaft als Konzernspitze: Die Zuständigkeitsordnung bei der Konzernbildung und Konzernumbildung, Köln et al.: Heymanns.

TSCHÄNI, RUDOLF 1978: Funktionswandel des Gesellschaftsrechts: Die europäisch-gemeinschaftlichen Versuche einer strukturellen Unternehmenskontrolle – illustriert am Verhältnis von Gesellschafts- und Wettbewerbsrecht, Bern: Stämpfli.

ULMER, PETER 1989: Grundstrukturen eines Personengesellschaftskonzernrechts, in: ders. (Hrsg.), Probleme des Konzernrechts: Symposion zum 80. Geburtstag von Wolfgang Schilling, Heidelberg: Verlag Recht und Wirtschaft, 26 ff.

*Unido* 2013: Emerging Trends in Global Manufacturing Industries, Wien: United Nations Industrial Development Organization.

VAN HOE, ARIE 2014: Enterprise Groups and Their Insolvency: It's the (Common) Interest, Stupid!, ECFR 11, 202 ff.

VAN HULLE, KAREL/MAUL, SILJA 2004: Aktionsplan zur Modernisierung des Gesellschaftsrechts und Stärkung der Corporate Governance, ZGR 33, 484 ff.

VERSE, DIRK A. 2016: § 14 GmbHG, in: Martin Henssler/Lutz Strohn (Hrsg.), Gesellschaftsrecht: Gesellschaftsrecht: BGB, HGB, PartGG, GmbHG, AktG, GenG, UmwG, InsO, AnfG, IntGesR, München: Beck.

VERSE, DIRK A./WIERSCH, RACHID RENÉ 2016: Die Entwicklung des europäischen Gesellschaftsrechts 2014–2015, EuZW 27, 330 ff.

VETTER, JOCHEN 2015: Regelungsbedarf für Related Party Transactions?, ZHR 179, 273 ff.

VON GOLDAMMER, EBERHARD 2003: Heterarchie und Hierarchie: Zwei komplementäre Beschreibungskategorien, Vordenker 2003, http://www.vordenker.de/heterarchy/het_intro_ger.htm.

WEBER-REY, DANIELA/GISSING, EVGENIA 2014: Gruppen-Governance: Das Gruppeninteresse als Teil des internen Governance-Systems im Finanzsektor, AG 58, 884 ff.

WELLER, MARC-PHILIPPE/BAUER, JOHANNA 2015: Europäisches Konzernrecht: Vom Gläubigerschutz zur Konzernleitungsbefugnis via Societas Unius Personae, ZEuP 9, 22 ff.

WEICK, K.E. 1991: The Nontraditional Quality of Organizational Learning, Organization Science 2, 116 ff.

WESTERMANN, HARM-PETER 1984: Organzuständigkeit bei Bildung, Erweiterung und Umorganisation des Konzerns, ZGR 13, 352 ff.

WIEDEMANN, HERBERT 1988: Die Unternehmensgruppe im Privatrecht: Methodische und sachliche Probleme des deutschen Konzernrechts, Tübingen: Mohr Siebeck.

– 2011: Aufstieg und Krise des GmbH-Konzernrechts, GmbHR 42, 1009 ff.

WIELSCH, DAN 2009: Iustitia mediatrix: Zur Methode einer soziologischen Jurisprudenz, in: Gralf-Peter Caliess et al. (Hrsg.), Soziologische Jurisprudenz: Festschrift für Gunther Teubner zum 65. Geburtstag, Berlin: De Gruyter Recht, 395 ff.

WIETHÖLTER, RUDOLF 2014a: Vom besonderen Allgemeinprivatrecht zum allgemeinen Sonderprivatrecht?, in: Peer Zumbansen/Marc Amstutz (Hrsg.), Recht in Recht-Fertigungen: Ausgewählte Schriften von Rudolf Wiethölter, Berlin: BWV, 199 ff.

– 2014b: Sozialwissenschaftliche Modelle im Wirtschaftsrecht, in: Peer Zumbansen/Marc Amstutz (Hrsg.), Recht in Recht-Fertigungen: Ausgewählte Schriften von Rudolf Wiethölter, Berlin: BWV, 249 ff.

WILHELM, JAN 1981: Rechtsform und Haftung bei der juristischen Person, Köln et al.: Heymanns.

WILLIAMSON, OLIVER E. 1990: Die ökonomischen Institutionen des Kapitalismus: Unternehmen, Märkte, Kooperationen, Tübingen: Mohr Siebeck.

WILLKE, HELMUT 1983: Entzauberung des Staates: Überlegungen zu einer sozietalen Steuerungstheorie, Königstein: Athenäum.

WINTER, JOHANNES 2009: Zwischen Hierarchie und Heterarchie: Kompetenzveränderungen in Tochterbetrieben internationaler Automobilunternehmen am Standort Polen, Berlin: Lit.

WOOLF, DANIEL 2011: A Global History of History, Cambridge et al.: Cambridge University Press.

XU, LI DA 2011: Enterprise Systems: State-of-the-Art and Future Trends, IEEE Transactions on Industrial Informatics 7, 630 ff.

ZARCULA, ANDREEA-MALVINA 2006: Wissensmanagement in Forschungseinrichtungen: Konzeption und Praxis, Darmstadt: Technische Universität Darmstadt Press.

ZÖLLNER, WOLFGANG 1979: Die Anpassung von Personengesellschaftsverträgen an veränderte Umstände, Heidelberg/Karlsruhe: C. F. Müller.

# Sachregister

Abhängigkeit 75 Anm. 22, 111 Anm. 135, 113 f. Anm. 148
Ablauforganisation 25, 132
abus de biens sociaux 111 Anm. 139
– cf. auch Rozenblum-Rechtsprechung
adäquate Varietät (*requisite variety*) 54, 55 Anm. 106, 57, 59 ff., 64, 80, 97
– cf. auch Hypertextorganisation
Akt
– cf. Konzernorganisationsakt
Ambiguität (*strategic ambiguity*) 59 Anm. 130, 60
Anlagevermögen 93
Analogie (zwischen Konzern und Unternehmenskorporation) 73 ff.
Anfechtungsklage 109
*at arm's length* 30, 118
Aufbauorganisation 25, 132
Auflösung
– cf. konzernspezifisches Spannungsverhältnis (Hommelhoffsches)
Aufsichtsrat 31, 89 Anm. 28, 118
Ausdifferenzierung
– organisationale A. 8, 59, 64, 81, 124, 128
Ausgliederung 122
Auslegung 29, 60, 67 f., 79, 99, 101, 103, 104, 132
– wirtschaftsrechtlich-funktionelle A. 119 f.
Autonomie (der abhängigen Gesellschaft) 56, 59, 64, 68, 106 ff., 114 ff., 133

Beherrschung 91 ff.
Beherrschungsbeteiligung 91, 93 ff.
Beschluss 109, 121 f., 124

Beteiligungserwerb 75
Beteilungsverschiebung 75
– cf. auch Umhängung
Beteiligungsverwaltung 91, 93, 132
Betrieb 8, 49, 65 f., 91, 93
– cf. auch Gewerbe; Unternehmen
Betriebswirtschaft(-swissenschaft) 5, 25, 49 ff., 128 f.
Binnenmarkt 2, 11 f., 131
*boundary objects* 36, 40 f., 43, 50, 54, 64, 128
– cf. auch Interdisziplinarität/Transdiziplinarität; *trading zones*
*business judgement rule* (konzerndimensionale *b.*; BJR) 113

*checks and balances* 74, 117
Code (Systemtheorie) 39
*common core* (der europäischen Rechte) 91, 131
Corporate Governance 13, 23 f.

Dezentralität (der Konzernleitung) 6, 10, 47, 52, 54, 56, 62, 64, 68, 90, 96 f., 108
*dirigeant de fait* 111 f. Anm. Anm. 139
– cf. auch *Rozenblum*-Rechtsprechung
Dissens 78
– politischer D. 27; cf. auch Konsens
Dogmatik 4, 6, 8, 35 Anm. 7
– D. des Unionskonzernrechts 83 ff., 131
Doktrin des Gruppeninteresses
– cf. Gruppeninteresse
Doppelorientierung des Handelns 5 f., 8, 66 f., 77 ff.
Doppelzweckgemeinschaft 79 f., 130

Dreischichtenssssystem 52 ff., 63 f., 124
Dysfunktion 11 Anm. 13, 124

Effizienz 52, 62, 113 f. Anm. 148
Eigenverantwortlichkeit 106 ff., 114 f.
Eingliederung
– cf. Konzerneingliederung
Einheit und Vielfalt im Konzern 4
einheitliche Leitung 10, 12, 29, 56, 60 f., 64, 67 ff., 86, 107 f., 112, 115, 132
Konzernleitungspflicht 17, 91, 93 ff., 96 ff., 105 f., 116, 121, 132 ff.
Einzelausgleich 11o f.
– cf. auch Nachteilsausgleich
Emergenz
– der Globalisierung 44 ff.
– des Konzerns 49 ff.
Enabling law 3, 7, 73, 84, 86, 123, 126
Enkelgesellschaft 25, 75, 80, 119
– cf. auch Tochtergesellschaft
Enttäuschung (-sverarbeitung)
– cf. kognitive E.; normative E.;
Epistemologie 36, 38, 40
Erleben 47
– cf. auch Handeln
Ermessen 88 f., 93
Erwägungsgrund (einer Richtlinie) 27 f., 29, 99 ff., 106
Erwartung
– cf. kognitive E.; normative E.
Exekutivorgan
– cf. Geschäftsführungs- bzw. -leitungsorgan; Leitungsorgan

faktischer Konzern
– cf. Konzern
*fiducia*
– cf. Interessenwahrung, Treuhand
Finanzierung 3 Anm. 15, 74
Franchising 36 Anm. 17
Fremdreferenz (Systemtheorie) 36
Frühindustrialisierung 44 ff.
Funktion 3, 33 ff., 66, 101, 109, 116
– F. des Konzerns 5, 7 f., 34 Anm. 3 und 4, 41 ff., 43 ff., 46 ff., 48 ff., 54 ff.,
58 f., 60 f., 62 f., 63 ff., 66 ff., 72, 74, 76, 77, 82; F. des Gruppeninteresses 21 f., 25; F. der Konzernleitungsstrukturen 86, 96 ff.; F. der Konzernleitungsschranken 86, 113 ff.; F. des Konzernorganisationsaktes 31, 86, 120 ff., 120 f., 131
Funktionsdifferenzierung (als körperschaftsrechtliches Prinzip) 74

Gesamtausgleich 110 f.
– cf. auch Nachteilsausgleich
Geschäftsbereich 93 Anm. 44
Geschäftsführung bzw. -leitung 98, 120, 126
– G. in der Unternehmensgruppe 2, 11, 16, 23 f., 86, 132; »beherrschte« G. 8, 105 f., 107 ff., 133
Geschäftsführungs- bzw. -leitungsorgan 27 ff., 91 ff., 93 ff., 112, 118, 120, 122
Geschäftsführerhaftung 11
Geschäftsführerhaftungsklage 109
Geschäftssystem 52 ff., 59 ff., 63 f.
– cf. auch Hypertextorganisation
Gesamtausgleich 110 f.
– cf. auch Nachteilsausgleich
Gesellschafter 11 f., 27 ff., 30 f., 94 f., 99 ff., 109, 115 Anm. 150, 120 ff.
– Rechte des G. 10, 12, 14, 19, 22 f., 72 f., 75 f., 91 f., 107 Anm. 119, 118
Gesellschaftsinteresse 11, 25, 28, 73, 88 f., 90, 101, 104 f., 106, 111 Anm. 137, 114, 129
Gesellschaftsstruktur (soziologische) 47 f.
– cf. auch kognitive Erwartung; normative Erwartung
Gewerbe 49
– s. auch Betrieb; Unternehmen
Gläubigerschutz 10, 12, 13, 19, 72 f.
*global (economic) history* 44 ff.
Globalisierung 2, 4 f., 8, 43 ff., 49 f., 56, 63, 69, 87, 127, 128 f., 130
GmbH 22 f., 33, 81, 99, 100, 101, 107
Gründung (einer SUP) 23, 99 f., 102 f., 133

## Sachregister

Gruppeninteresse 3, 4, 8, 15 ff., 21 f., 24 ff., 28, 42, 71, 86, 87 ff., 98, 104 ff., 114, 116, 123, 126, 127, 131 ff.

Handeln 47
- cf. auch Erleben
Heterarchie 7 f., 63 ff., 76, 79, 81, 84, 89, 96, 99 f., 108 f., 113 f., 115, 126, 128
- cf. auch Konzern
Heuristik 38, 41, 125, 128
Hierarchie 65
Hypertextorganisation 49 ff., 63 f., 65, 71, 79 f., 82, 97, 115, 124, 128, 131
- cf. auch Geschäftssystem; Projektteam; Wissensbasis

Individualinteresse 4, 5 f., 67, 77 f., 79, 130
- cf. auch Kollektivinteresse
Information 19, 108 f.
Informationsredundanz 54 f., 61 ff., 64 f., 80, 97, 128
- cf. auch Hypertextorganisation
Inkommensurabilität (These der) 37 f.
Integration (von Weltmärkten) 44 ff., 63
Integritätsinteresse (der Tochtergesellschaft) 114
Interaktion (unternehmerischer Handlungsfelder) 48
Interdisziplinarität/Transdisziplinarität 5, 33 ff., 57 ff., 59 ff., 61 ff., 127
- cf. auch *boundary objet*; *trading zones*
Interessenabwägung (zwischen Tochter- und Konzerninteresse) 88 f.
Interessengegensatz 5, 77, 79
- cf. auch Vertrag
Interessenverbindung 77, 79
- cf. auch Zweckgemeinschaft
Interessenwahrung 5, 77, 79
- cf. auch Treuhand
Interpenetration (Systemtheorie) 38, 40, 127
- cf. auch *boundary object*; Interdisziplinarität/Transdisziplinarität; *trading zones*

Interpretation
- cf. Auslegung
Intervention (gesetzgeberische) 26
Irritation (Systemtheorie) 38, 40, 127
- cf. auch *boundary object*; Interdisziplinarität/Transdisziplinarität; *trading zones*

Joint Venture 119
juristische Methodenlehre 6, 41 f., 83, 89, 130

Kapitalerhöhung 119
Kapitalmarkt 12 Anm. 20, 19
Kernbereichsharmonisierung 11 f., 85
kognitive Erwartung 48, 49, 51, 56, 63, 128 f.
- cf. auch normative Erwartung
Kollektivinteresse 4, 5 f., 67, 77 f., 79, 130
Kommunikation 35, 39 f., 55, 57, 58, 62 Anm. 143, 64
Kompatibilisierung
- cf. Dissens, Konsens
Kompetenz (Organ-) 31, 74 f., 92, 93 f., 95, 100 ff., 104, 105, 106 ff., 116, 118, 119, 122, 124
Komplexität (Systemtheorie) 39 f., 49, 51, 57, 78 f.
Komplexitätssteigerung (Systemtheorie) 52 Anm. 90
Konfiguration (der Konzernheterarchie) 62, 76, 134
Konflikt (in Konzernverhältnissen) 86, 107 f., 121, 129, 132
- cf. auch konzernspezifisches Spannungsverhältnis (Hommelhoffsches)
Konsens 48, 78
- cf. auch Dissens
Kontext 53 f., 63, 128
- lokaler K. 38, 40, 65
kontrafaktisch stabilisierte Erwartung
- cf. normative Erwartung
Konzern 3, 4 ff., 7 f., 10, 34 f., 41 ff., 127 f.
- faktischer K. 10, 16, 72; K. als Heterarchie 7 f., 63 ff., 76, 79, 81, 84, 89,

96, 99 f., 108 f., 113 f., 115, 126, 128; VertragsK. 10, 16
– cf. auch Gruppeninteresse; Hypertextorganisation
Konzernbaustein (SUP als) 17, 30 f., 98 ff.
Konzernbegriff 10 f., 64, 68 f., 88
– cf. auch Konzern
Konzernbetriebsphase 76, 129
Konzernbildungskontrolle 2, 19, 25, 73, 74 f., 86, 91, 98 ff., 120 f., 123, 126, 130, 131
Konzerneingliederung 98 ff., 132
– cf. auch SUP
Konzerneröffnungsklausel 91, 132
Konzerninteresse
– cf. Gruppeninteresse
Konzern-Klausel 91 ff.
Konzernleitungskontrolle 2, 19, 22, 73, 75 f., 91, 104 ff., 108 f., 123, 126, 129 f., 131
Konzernleitungspflicht 17, 93 ff., 105, 106, 116, 121, 132, 133
– cf. auch einheitliche Leitung
Konzernleitungsstrukturen 16, 25, 86, 87 ff., 104 ff., 121, 132
Konzernleitungsschranken 86, 98 ff., 107 ff., 110 ff., 114 ff., 121, 132 f.
Konzernmutter
– cf. Konzernspitze
Konzernorganisationsakt 86, 116 ff., 123, 132, 134
Konzernorganisationsrecht 4 ff., 78, 80 ff., 102, 126, 129 f.
konzernorganisationsrechtliche Methode 8, 71 ff., 91, 129 ff.
Konzernpolitik
– cf. Konzernstrategie
Konzernrechtsdogmatik 84 ff.
– cf. auch Dogmatik
Konzernrechtsgeschichte 43 ff.
Konzerntransparenz 19 f.
– cf. auch Rechnungslegung
konzernspezifisches Spannungsverhältnis (Hommelhoffsches) 97, 116 f., 120, 133

Konzernspitze 12, 25, 59, 62, 66, 88, 91 f., 93 f., 96 f., 98, 99, 107, 109, 115, 116, 124, 132, 134
Konzernstrategie 13, 96, 106, 108 f., 110, 112, 115, 132
Konzernstruktur 1, 13, 19, 108, 120
Konzerntochter
– cf. Tochtergesellschaft
Konzernverfassung 73
– organische K. 7, 10 f.
Konzernvertrag 119
– cf. auch Konzern
Konzernweisung 17, 27 ff., 108
Konzernzweck (Lehre vom K.) 91 f., 96, 113, 133
Kooperation 67, 82
– K. zwischen Mutter und Tochter 88, 108, 110 ff.
kreatives Chaos 54, 56, 57 ff., 59, 64, 80, 115, 128
– cf. auch Hypertextorganisation

Leitungsorgan 31
– cf. auch Geschäftsführung bzw. -leitung
Lernen (organisationales) 48, 49 ff., 63 f., 71, 74, 76, 82, 124, 128 f., 130
– cf. auch Hypertextorganisation
*lex communis societatum* 87, 93, 126, 131, 132
Literaturtheorie 50 Anm. 84

Mediatisierungseffekt 74 f., 81
Mehrebenen-Integration (hypertextorganisationstheoretische) 58
Meta-Modell
– cf. Modell
Methode 29, 124
– cf. auch Auslegung; konzernorganisationsrechtliche M.; juristische Methodenlehre
Minderheitsschutz 2, 11 f., 31, 118, 125
Mitbestimmung 82 Anm. 56
Modell 10 f., 36, 38, 41, 52, 57, 58, 59, 114, 130

Muttergesellschaft
- cf. Konzernspitze
Mutterorgan 91 ff., 105, 106, 107, 116, 132 f., 134

Nachteilsausgleich 11, 13 f., 110 ff., 115,
- cf. auch Einzelausgleich; Gesamtausgleich; *Rozenblum*-Rechtsprechung
Netz 53, 66 ff., 79, 84, 86, 88, 98
- cf. auch Franchising
Netzakt 79
Netzwerk
- cf. Netz
Nichtigkeitsklage 109
Niederlassungsfreiheit 2 f., 11, 23, 100, 104, 126
Nominalgüter 93
normative Erwartung 48
- cf. auch kognitive Erwartung
Normativität 48
- soziale N. 33, 34 Anm. 3, 41 f. Anm. 45, 43 f.

Ordnung (-sbildung) 7, 84 f.
Ordnungsfunktion
- cf. Funktion
Organisation 2, 4, 8, 43 f., 47, 78 f.
- lernende O. 48, 49 ff., 63 f., 71, 74, 76, 82, 124, 128 f., 130; cf. auch Hypertextorganisation
Organisationsakt
- cf. Konzernorganisationsakt
Organisationsstatut (der Konzernglieder) 4 f., 58 f., 64, 80, 85, 86, 97
Organisationstheorie (-lehre) 5, 43, 50 f., 57, 63, 67, 78
Organisationssoziologie 50
- cf. auch Organisationstheorie
Oszillation (zwischen Konzernleitungsformen) 6, 52, 54, 56, 62, 64, 96, 97
- cf. auch Dezentralität; Zentralität
*overlapping* 38, 58, 60

Paradigmenwechsel 37 f.
Paradox 54, 78, 105, 107

*poiesis* 6
Politikversagen 7
Projektteam 52 f., 54, 58, 59 f., 61, 64, 116
- cf. auch Hypertextorganisation
Polykorporatismus 7, 8, 67, 74
Privatautonomie 3 Anm. 15
Privatrechtsgeschichte 4
Privatrechtstheorie 5

Rahmenordnung (für Konzerne) 13, 16, 17, 22, 77, 78, 79, 90, 100
Rahmenregelung
- cf. Rahmenordnung
Realgüter 93
Realien 41 f. Anm. 45
Rechnungslegung(-srecht) 41, 119
Rechtsdogmatik
- cf. Dogmatik
Rechtsfigur 6, 8, 22, 34 Anm. 3, 41, 127, 130
Rechtsfortbildung
- cf. Richterrecht
Rechtsmittel 109
Rechtspolitik 13, 24, 81, 85, 120
Rechtssicherheit 16, 95 Anm. 51
Rechtstatsache 102
Rechtstheorie 41 f. Anm. 45
Regelungsbereich 8, 72 ff., 129
Regelungsfigur 8, 72, 76 ff., 130
Regelungsstruktur 72, 80 ff., 124, 130
Related Party Transactions (»RPTs«) 3, 23 f., 30 f., 42, 71, 84, 86, 116 ff., 126, 127, 131, 133 f.
Relationierung (»relationales Paradigma«) 57, 82, 97, 115
Richterrecht 57 Anm. 119, 86, 131
*Rozenblum*-Rechtsprechung 2 Anm. 8, 16, 43, 72, 101, 110 ff., 116, 133

Schutzrechtslehre 2 f., 7 f., 10, 74, 90
SE 7, 9, 18, 125
Selbstreferenz (Systemtheorie) 36, 37, 44 Anm. 52
Societas Europaea
- cf. SE

Societas Unius Personae
- cf. SUP
*soft law* (europäisches) 105
soziologische Jurisprudenz 6, 33 ff., 126
*squeeze out* 18
strukturelle Kopplung (Systemtheorie) 38, 40, 127
- cf. auch *boundary object*; Interdiziplinarität/Transdisziplinarität; *trading zones*
SUP 22 f., 27 ff., 42, 71, 84, 86, 88, 98 ff., 116, 120, 123, 126, 127, 131, 132 f.
Systemtheorie 34 Anm. 6, 38 ff.

Teilharmonisierung
- cf. Kernharmonisierung
*trading zones* 37 ff., 43, 50, 54, 57 f., 60, 62, 64, 128
- cf. auch *boundary object*; Interdisziplinarität/Transdisziplinarität
Tochtergesellschaft 11, 12, 13, 18, 23, 29, 30, 31, 65 f., 75 f., 80, 86, 88, 97, 98 ff.
- cf. auch Abhängigkeit; Autonomie; Enkelgesellschaft
Tochterorgan 16, 22, 25, 105, 107 ff., 116 f., 118, 119, 121 f., 130, 132, 133
Treuepflicht 103 Anm. 93
Treuhand 77, 130
- cf. auch Interessenwahrung

Umhängung (von beherrschenden Beteiligungen) 75
- cf. auch Beteiligungsverschiebung
Umsetzungspflicht (von Richtlinien ins mitgliedsstaatliche Recht) 31, 103 f., 117 f., 123, 133 f.
Unternehmen 2, 4, 8, 11, 14, 23 f., 25, 30, 49, 51 f., 55 f., 58 f., 61 f., 63 f., 65 f., 67 f., 81 f., 92, 94, 112, 118 ff., 122, 130
- verbundene U. 4, 82, 126; cf. auch Betrieb; Gewerbe

Unternehmensgegenstand 92 ff., 102, 106 ff., 114, 132 ff.
Unternehmensgruppe
- cf. Konzern
Unternehmensinteresse
- cf. Gesellschaftsinteresse
Unternehmenskorporation 73 ff.
- cf. auch Analogie

Vertrag 5 Anm. 26, 77, 130
- cf. auch Interessengegensatz
Vertragskonzern
- cf. Konzern
vielköpfige Hydra 8, 69
Vollharmonisierung 9, 14, 125
- cf. auch Kernharmonisierung; Teilharmonisierung
Vorverständnis (Gadamersches) 54

Weisungsrecht 28, 102, 107, 108, 109, 133
Weltgesellschaft 48, 128
Wirkungseinheit ersten Grades 74
Wirkungseinheit zweiten Grades 74
Wirtschaftsrecht 121
wirtschaftsrechtliche-funktionelle Auslegung
- cf. Auslegung
Wissensbasis 52 f., 61 f., 64
- cf. auch Hypertextorganisation
Wirtschaftssoziologie 7, 47

Zivilistik 5, 6
Zuständigkeit
- cf. Kompetenz
Zweck
- cf. KonzernZ.; Unternehmensgegenstand
Zweckgemeinschaft 5, 77, 78, 130
- cf. auch Interessenverbindung

# Schriften zum Unternehmens- und Kapitalmarktrecht

herausgegeben von
Jörn Axel Kämmerer, Karsten Schmidt und Rüdiger Veil

Die Schriftenreihe *Schriften zum Unternehmens- und Kapitalmarktrecht* (SchrUKmR) wurde 2012 gegründet. Sie wird von Wissenschaftlern des Instituts für Unternehmens- und Kapitalmarktrecht der Bucerius Law School herausgegeben und reflektiert die Tatsache, dass das Unternehmens- und Kapitalmarktrecht in besonderer Weise von der internationalen Wirtschaftspraxis und Erkenntnissen anderer Disziplinen, insbesondere der Wirtschaftswissenschaften, beeinflusst wird. Die Globalität der Finanzmärkte spiegelt sich in einem hohen Grad internationaler Rechtsvereinheitlichung wider. Bei der Fortbildung des Rechts sind Gesetzgeber und Gerichte auf Erkenntnisse der Rechtsvergleichung angewiesen. Die Reihe *SchrUKmR* verfolgt das Ziel, zur Diskussion über grundlegende Themen dieser Rechtsgebiete, insbesondere an der Schnittstelle zu anderen Gebieten des Wirtschaftsrechts oder des Verfassungs- und Europarechts, beizutragen.

ISSN: 2193-7273
Zitiervorschlag: SchrUKmR

Alle lieferbaren Bände finden Sie unter *www.mohr.de/schrukmr*

Mohr Siebeck
www.mohr.de